大截面宫格桩基础承载性能研究

Bearing Behavior of Large-Section Hexagonal Closed Diaphragm Wall Foundation

主　编：任　杰　　张伟丽　　崔林钊
顾　问：戴良军
副主编：姚启海　　庞于涛　　钱　程　　郭永刚
　　　　汤　瑞　　丁　兰　　王　凯　　马　文
　　　　贺炳寅　　刘玉丽　　施俊杰　　张　航

图书在版编目(CIP)数据

大截面宫格桩基础承载性能研究/任杰,张伟丽,崔林钊主编. —武汉:中国地质大学出版社,2024.12. —ISBN 978-7-5625-6020-3

Ⅰ. U443.22

中国国家版本馆 CIP 数据核字第 2024NK2999 号

大截面宫格桩基础承载性能研究	任 杰 张伟丽 崔林钊 **主编**
责任编辑:胡 萌　　　　选题策划:胡 萌	责任校对:徐蕾蕾

出版发行:中国地质大学出版社(武汉市洪山区鲁磨路388号)	邮编:430074
电　　话:(027)67883511　　　传　　真:(027)67883580	E-mail:cbb@cug.edu.cn
经　　销:全国新华书店	http://cugp.cug.edu.cn
开本:787mm×1092mm　1/16	字数:320千字　　印张:12.5
版次:2024年12月第1版	印次:2024年12月第1次印刷
印刷:河北虎彩印刷有限公司	
ISBN 978-7-5625-6020-3	定价:158.00元

如有印装质量问题请与印刷厂联系调换

前　言

在当代大型基础设施工程,特别是跨越大江大河、深水海域的桥梁建设中,基础工程扮演着至关重要的角色。它不仅直接决定了上部结构的安全性与稳定性,更对整个工程的投资规模、建设周期和环境影响有着决定性影响。传统的深水基础形式,如大直径钻孔灌注桩群桩基础,虽然应用广泛,但在材料用量、施工复杂度和造价控制方面,尤其是在深水、厚覆盖层等复杂地质条件下,正面临越来越严峻的挑战。寻求承载力高、沉降可控、经济性好、施工便捷的新型深水基础形式,成为工程界和学术界共同关注的焦点。

正是在这样的背景下,正六边形闭合地下连续墙基础(即大截面宫格桩基础)以其独特的结构形式和潜在的优异性能,展现出巨大的应用前景。它结合了地下连续墙整体性好、刚度大和桩基础深入持力层的优点,形成了一个空间闭合的"筒-芯"协同受力体系。然而,相较于其工程应用的初步尝试,对其承载机理,尤其是在竖向荷载、水平静载及循环荷载作用下的综合性能,以及多宫格布局的相互作用规律,尚缺乏系统深入的理论研究和设计指导。

本书的核心目标,即通过严谨的科学研究,系统地揭示大截面宫格桩基础的工作机理和承载性能,为其在工程实践中的优化设计和推广应用提供坚实的理论基础。为此,本研究采用了室内物理模型试验、精细化数值模拟与理论解析相结合的综合研究方法,对大截面宫格桩基础进行了全方位、多角度的深入探索。

本书正是围绕上述核心研究内容和关键结论展开。全书力求理论联系实际,研究成果不仅深化了对宫格桩基础复杂工作机理的认识,更重要的是,为这种新型基础在重大工程中的安全、经济、高效应用提供了科学的设计理论、实用的计算方法和重要的优化策略。

本研究试验和数值分析主要由中国地质大学(武汉)硕士研究生完成,他们是王永一、孙义贤、丁彪、孙定坤、邓黎、郝军毅、李俊、张泽弛、何强、朱维元等。研究得到了安徽建工建设投资集团有限公司的大力支持,在此表示感谢!

作者期望本书能为从事岩土工程、桥梁工程、港口工程、海洋工程等领域的研究人员、设计工程师、施工技术人员以及高等院校相关专业的师生提供有益的参考,共同推动大截面宫格桩基础技术的进步与应用。书中疏漏之处,恳请读者批评指正。

目 录

1 绪 论 ……………………………………………………………………………… (1)
  1.1 引 言 ………………………………………………………………………… (1)
  1.2 地下连续墙基础研究现状 …………………………………………………… (2)
  1.3 宫格桩基础研究 ……………………………………………………………… (5)

2 大直径宫格桩基础室内模型试验 ………………………………………………… (7)
  2.1 引 言 ………………………………………………………………………… (7)
  2.2 室内模型试验设计原理 ……………………………………………………… (7)
  2.3 相似材料配比试验研究 ……………………………………………………… (10)
  2.4 宫格桩基础模型制作 ………………………………………………………… (15)
  2.5 室内模型设计方案 …………………………………………………………… (18)
  2.6 试验准备及过程 ……………………………………………………………… (23)
  2.7 本章小结 ……………………………………………………………………… (27)

3 宫格桩基础竖向承载性能试验研究 ……………………………………………… (28)
  3.1 引 言 ………………………………………………………………………… (28)
  3.2 宫格桩基础竖向加载试验数据计算 ………………………………………… (28)
  3.3 单宫格桩基础竖向承载试验结果分析 ……………………………………… (30)
  3.4 双宫格桩基础竖向承载试验结果分析 ……………………………………… (34)
  3.5 三宫格桩基础竖向承载试验结果分析 ……………………………………… (39)
  3.6 本章小结 ……………………………………………………………………… (43)

4 宫格桩基础竖向承载性能数值模拟研究 ………………………………………… (44)
  4.1 引 言 ………………………………………………………………………… (44)
  4.2 宫格桩基础竖向承载数值模型建立 ………………………………………… (45)
  4.3 单宫格桩基础试验模型数值模拟结果及分析 ……………………………… (47)
  4.4 单宫格桩基础优化设计 ……………………………………………………… (55)
  4.5 多宫格桩基础竖向承载数值分析 …………………………………………… (61)
  4.6 多宫格桩基础格室效应分析 ………………………………………………… (70)
  4.7 宫格桩基础与群桩基础对比研究 …………………………………………… (72)
  4.8 本章小结 ……………………………………………………………………… (78)

5 宫格桩基础水平承载试验研究 ……………………………………………（79）
  5.1 引　言 …………………………………………………………………（79）
  5.2 桩基承受水平循环荷载研究现状 ……………………………………（79）
  5.3 水平荷载下宫格桩基础模型设计与制作 ……………………………（81）
  5.4 单宫格桩水平荷载试验及性能分析 …………………………………（89）
  5.5 结论与展望 ……………………………………………………………（101）

6 宫格桩基础水平承载特性数值模拟研究 ………………………………（103）
  6.1 引　言 …………………………………………………………………（103）
  6.2 桩基承受水平荷载计算方法 …………………………………………（104）
  6.3 单宫格桩承受水平荷载数值模拟 ……………………………………（105）
  6.4 双宫格桩承受水平荷载数值模拟 ……………………………………（125）
  6.5 三宫格桩承受水平荷载数值模拟 ……………………………………（160）
  6.6 结　论 …………………………………………………………………（188）

主要参考文献 ………………………………………………………………（189）

1 绪 论

1.1 引 言

　　桩基础的应用在世界上具有悠久的历史。1981年1月美国的考古学家在智利的蒙特维尔德附近的树林内发现一个支承在木桩上的木屋,经放射性元素测定后发现,其距今已有12 000～14 000年的历史了。这或许是全球发现的迄今为止人类最古老的建筑物和木桩遗址了。在西方的意大利、英国、瑞典等国家,木桩应用的历史也很悠久。19世纪初期,以前人类建筑主要使用木桩;19世纪后期,由于水泥工业的出现和发展,钢筋混凝土开始应用于建筑工程中,并出现了混凝土桩和钢筋混凝土桩。但由于所采用的混凝土和钢筋的强度都比较低,其计算理论也尚未建立,此时的钢筋混凝土桩与现代的钢筋混凝土桩相比,其桩型和施工技术是非常落后的。第二次世界大战以后,随着各国经济的复苏与发展,高层建筑和重型建筑不断兴建,桩基理论和施工技术有了更大的发展,桩的应用范围不断扩大,各种新桩型、新工艺、新技术层出不穷。桩基础在现代已经成为一种常用的基础形式。

　　桩基础在我国也具有悠久的历史。经考古发现,我国最早的桩在浙江省余姚市的河姆渡村,该桩作为古代干阑式木结构的基础是由方木桩、圆木桩和板桩这3种木桩组成的桩基础,圆木桩的直径一般在6～8 cm之间,板桩厚2～4 cm,宽10～50 cm。木桩下部削尖,入土深度最深可达115 cm,占地面积约4万 km^2。经测定,河姆渡村浅层第二、第三文化层大约距今6000年,深层第四文化层大约距今7000年。这是环太平洋地区迄今发现规模最大、最具典型意义的一处文化遗址和木桩遗址。考古研究表明,中国许多地方存在古人利用木桩支承桥梁、码头、海塘、高塔、房屋或城墙的遗址,另外也可以从古画及古籍中看到有关木桩建筑物的记载。20世纪20年代,我国开始采用钢筋混凝土预制桩和灌注桩。从中华人民共和国成立到改革开放以前,沉管灌注桩、人工挖孔桩、钻孔灌注桩以及预制桩等是主要应用的桩型。自1979年改革开放以来,随着国民经济的超高速增长,我国进入了空前的大规模用桩时期,采用桩基础的高层、超高层建筑可达数万幢。长江、黄河、钱塘江、黄浦江等大江大河上先后兴建的数百座大桥都采用了桩基础,修建于城市里的立交桥、高架桥也多采用桩基础。近年来,在众多科研机构和研究人员的共同努力之下,一些新理论、新工艺、新桩型、新技术得到了研发和应用,桩基研究、设计及施工水平上了一个新台阶。

　　从20世纪80年代开始,中国进入了桥梁建设的高速发展期,到2019年底,我国已有各类桥梁数万座。21世纪,随着世界经济的全球化发展,洲际之间、国家之间、本土与岛屿之间的交流需求更加迫切,大型跨江、跨海工程成为一种趋势。就中国来说,拟建5个跨海工程——渤海湾跨海工程、长江口越江工程、杭州湾跨海工程、珠江口伶仃洋跨海工程以及琼州海峡工程。除以上工程外,尚有大陆与舟山群岛、青岛与黄岛,甚至大陆与台湾的连岛工程,还有众多跨越长江、黄河、珠江等大江大河的桥梁工程。国外,日本拟在21世纪建造跨越伊势湾入口、纪淡海峡及津轻海峡的工程,丹麦计划修建连接洛兰岛与德国的费马恩海峡大桥。此外,洲际间的直布罗陀海峡、博斯普鲁斯海峡、白令海峡等多座跨海大桥正在兴建或规划修建。

这些大型桥梁多修筑在水流湍急、地质条件复杂的大江大河的深水中,不同于一般的基础结构形式,深水桥梁基础独特的受力状态、结构构造、作用功能以及施工技术等都远远超过了一般基础设计的范围和要求。深水桥梁基础工程的主要特点如下。

(1)深水桥梁基础不仅必须面对所遇到的地质条件,还必须解决所有的水文、水利问题。

(2)深水桥梁基础工程是一项风险性很大、时间性极强的工程,还是一项不能仅靠精确计算和详细绘图能解决问题的工程。换言之,它是一项需要靠清晰概念去融汇理论知识与实践经验的工程。

(3)深水桥梁基础所受到的水平力,如水流冲击力、流水压力、船撞力等都比陆上或潜水基础大得多。

(4)深水桥梁基础的稳定性与可靠度,一般受水文条件控制。对于桥梁深水基础而言,水文条件与地质条件具有同样重要的地位。

(5)深水基础应具有高抗自然灾害的能力,而深水基础的地基勘测均需在水下进行原位勘测,工作条件差,要取得真实、可靠的数据难度大,这就要求深水基础的地基勘测手段要更先进、更可靠。

(6)深水基础属于水下隐蔽工程,其设计与施工必须将水流速度、水深等因素及由深水所引起的其他约束条件联系起来综合分析,并采取相应措施。

由此可见,这些长、大桥梁多数修建在水深和流急的大江河上或环境恶劣的海上,往往会遇到岩层埋置较深、地质条件复杂等难题,非常不利于桥梁施工,基础兴建的难度也更大。目前深水桥梁基础多采用大直径钢管桩及柱、大直径钻孔灌注桩、沉井及钢围堰、复合基础等结构形式,但这些传统深水桥梁基础多为群桩+承台的结构形式,桩基数量较多,且为了桥梁水下承台的顺利浇筑,往往需要制作钢围堰、大沉井等大型临时支护结构,待下沉定位后再浇筑封底混凝土,接着施工群桩及承台,整个施工工序流程非常复杂,且临时支护结构成本较高,回收困难,混凝土方量大,造成整个桥梁基础工程造价较高、工期较长。而桥梁下部结构的建造成本一般占整座桥梁的投资比重较大,是影响桥梁经济性的重要因素。因此,如何进行水下桥梁基础施工成本控制往往是一座桥梁工程施工总造价控制的关键。

1.2 地下连续墙基础研究现状

地下连续墙基础自1950年首次应用在意大利圣·玛丽亚水库坝基以来,经过20多年的发展,到20世纪70年代已成为重要的基础工程施工技术,随即推广至世界各地。从诞生至今,地下连续墙基础在日本获得了飞速发展,取得了惊人的成果,地下连续墙被广泛用作桥梁基础并不断转化为新的基础形式(郝育森,1990)。地下连续墙基础在日本取得的多样化发展为我们提供了宝贵的借鉴经验。《公路桥涵地基与基础设计规范》(JTG 3363—2019)根据墙段单元之间的连接组合、平面布置以及使用功能将地下连续墙基础分为部分地下连续墙基础、条壁式地下连续墙基础和井筒式地下连续墙基础。

1. 部分地下连续墙基础

在工程中有一部分地下连续墙前期作为基坑支护结构,在基坑开挖后作为基础结构的一部分,这类地下连续墙基础称为部分地下连续墙基础。从基础受力角度来看,该类基础一般作为扩大基础使用。在平面布置上有矩形、圆形、异形等形式。

2. 条壁式地下连续墙基础

根据墙段单元之间的平面布置和连接组合关系,条壁式地下连续墙基础可分为单壁式、平行复壁式、自由复壁式等类型。其中,自由复壁式地下连续墙又可分为"T"字形、"十"字形、"H"字形、"工"字形、"L"字形、"Y"字形、角点不连接"口"字形、辐射形等类型。条壁式地下连续墙单元通常亦称为条形桩、矩形桩、墙桩或壁板桩。

3. 井筒式地下连续墙基础

地下连续墙与顶板(承台)共同构成的截面为井筒、格室的基础称为井筒式地下连续墙基础,又称为闭合式地下连续墙基础。井筒式地下连续墙基础的主要特点是能充分发挥基础内外侧土体强度、充分利用内外侧摩阻力以带来更加优越的承载性能(程谦恭等,2009)。在墙段连接方面,外侧墙段要求刚性连接,内侧墙段可刚性或铰连接,若不满足此连接要求的地下连续墙基础仍应看作为条壁式地下连续墙基础。

截面形式上,在矩形闭合截面的基础上出现了"日"字形、"田"字形等二室、四室闭合式地下连续墙基础(山田清臣与和田克哉,1995),且在日本已有较为广泛的应用。

我国于20世纪50年代末引入地下连续墙基础,但在桥梁基础中应用较晚,至今我国桥梁基础应用较多的是桩基础和明挖基础。在我国桥梁基础中,地下连续墙在功能上主要有两种类型:一是基坑支护结构,同时还可作为支护后基础结构的一部分;二是直接作为基础结构(白明智,2012)。不同形式的地下连续墙截面作为桥梁基础会表现出不同的受力性能。随着近几十年来地下连续墙在应用形式上的不断创新,在井筒式地下连续墙的基础上又诞生了类似格栅式基础(刘明虎,2021)。

目前关于井筒式地下连续墙基础的研究主要集中在承载性状分析、沉降理论计算以及多室地下连续墙基础的格室效应分析,但尚无较为成熟的理论体系。

1.2.1 井筒式(闭合式)地下连续墙承载性状研究

众多学者对井筒式地下连续墙的承载性状研究主要集中在承载能力和土芯性能方面。区别于传统的单幅地下连续墙基础,井筒式地下连续墙基础由于内部存在土芯,结构受力方式发生了变化。

针对地下连续墙的竖向承载受力分析,李桂花等(1993)在国内首次开展了单片地下连续墙的竖向静载现场试验,对地下连续墙在承受竖向荷载时的荷载传递机理进行了分析,分析其沉降过程中墙端阻力及侧壁摩阻力之间的相互作用关系。傅德明等(1997)通过对现场压桩试验数据的整理,对"一"字形及葫芦形地下连续墙的竖向承载机理进行了探讨,同时,常红等(1998)针对"一"字形、"十"字形、"L"形、折线形地下连续墙进行竖向静载室内模型试验,研究其竖向承载机理及群墙效应。文华等(2007a、2007b)针对矩形闭合地下连续墙基础进行竖向静载荷模型试验,研究其竖向承载力的 4 种组成部分(外侧摩阻力、内侧摩阻力、端阻力及承台土反力)的分布规律及发挥过程,认为在竖向承载计算中不考虑承台的作用和忽略承台土反力是不合理的。随后,文华等(2008)又通过模型试验对湿陷黄土中矩形闭合墙基础的负摩阻力作用机理以及竖向承载性状进行了系统的研究,发现矩形闭合墙由于其良好的抗渗性,在湿陷黄土中抗沉降性要远优于单片地下连续墙。刘云忠等(2010)在对工程的长期监测后,研究井筒式地下连续墙基础在黄土地区的荷载传递机理,分析了不同荷载、不同工作状态下桩身侧摩阻力的分布规律。李建东等(2018)开展了室内缩尺模型试验,探究了井筒式地下连续墙在大厚度黄土场地下的竖向抗压承载特性。霍少磊等(2020)通过在现场开展原位静载试验,给出了更为准确的实测墙侧摩阻力和墙端阻力的比值关系。

在国外研究中,Yajnheswaran 等(2015)通过研究指出地下连续墙柔性增加会导致土中应力重新分布,并使基础内力减小。吴九江(2014)通过对比群桩基础的模型试验发现,在相同地质条件下,单室、两室格栅式基础的极限承载力均高于群桩基础,提高量分别为 116.7%、120.4%。在相同荷载条件下,单室、两室格栅式基础的沉降值更小,应用于软土地基时,格栅式地下连续墙基础要更加优越,所用混凝土量更少。另外,Chen 等(2012)和 Liu 等(2021)分别对井筒式地下连续墙基础在软土地基和做桥梁基础时的力学属性进行了详细研究,提出了软土地基中应用井筒式地下连续墙基础时要提前进行地基处理才能更好地发挥其承载特性的建议。

由于井筒式地下连续墙基础存在土芯,单纯研究基础整体承载能力是片面的,土芯的存在导致墙内受力情况复杂。目前对于井筒式地下连续墙基础土芯的研究较少,可借鉴关于筒桩的土芯分析。王哲等(2005)通过室内试验在考虑顶部盖板约束作用的情况下,假设桩周土弹性和弹塑性阶段桩与土芯同步变形,推导出单桩竖向承载力计算公式。土芯的计算方法目前多为经验公式、半经验公式,对于土芯的计算仍需要更深刻的研究。

1.2.2 井筒式(闭合式)地下连续墙沉降计算研究

关于计算方法,井筒式地下连续墙基础的沉降计算方法研究较为少见,与之类似的大直径筒桩的沉降计算可以作为借鉴。对于井筒式地下连续墙的沉降分析主要集中于单幅地下连续墙,计算方法多为数值理论计算。

Qiang 等(2019)通过能量法,得到了关于偏心荷载下带内部支撑的地下连续墙侧向位移解析解,该方法的特点是区别于传统的基于半弹性空间的 Boussinesq 解或 Mindlin 解,在面对不适用半弹性空间时利用最小势能原理,求出横向荷载作用下的封闭形式解。Wu 等(2016)用荷载传递法计算简化的井筒式地下连续墙基础,与数值软件相结合,提出了用于测试井筒式基础沉降的拟合曲线,并与青森湾大桥实际测量值进行对比研究。Lei 和 Sun

(2014)与刘豆等(2020)分别利用 Mindlin 应力解计算出了地下连续墙引起的地面沉降值和大直径变阶空心桩的沉降值,将基础的摩阻力大致分为外侧摩阻力、内侧摩阻力、端阻力,通过计算 3 个摩阻力所在平面引起的地基附加应力大小,来求土体分层压缩值,进而得到地基沉降总量。Liu 等(2007)基于桩-土-垫层单元模型的位移协调,推导了复合地基模量、桩土应力比和 PCC 复合地基沉降的解析解,解析解有助于了解桩-土相互作用机理,优化 PCC 复合地基设计,预测地基基础沉降,并通过对比 PCC 复合地基的监测数据,与解析解的计算结果吻合较好,验证了所得解的正确性。Ding 等(2016)通过荷载传递法,在考虑管桩之间径向影响的前提下,推导出了轴力和沉降之间的解析解,并通过现场实测验证了解的正确性。现场试验中还发现在中心桩中,随着桩间距的增大和桩长的减小,中心桩中的桩间距增大。侧桩的轴向力随桩间距、桩长和土壤剪切模量的变化而变化,但变化很小,大约等于一根桩分担的平均荷载。对于群桩,桩长越大,影响半径越大。因此,桩长越大,群桩效应越明显。群桩沉降随群桩数量和下卧土剪切模量的增加而减小。

国内学者对于井筒式地下连续墙的沉降研究较少,而关于管桩、大直径筒桩沉降计算则有深入研究。刘占冲(2019)通过室内试验证明了带土芯的预应力管桩沉降曲线类型为缓变型。王哲等(2005)考虑竖向荷载作用下大直径薄壁灌注筒桩内摩阻力发挥情况,采用一种桩内侧阻、桩外侧阻和桩端阻荷载传递模型,对桩周外侧土处于弹性状态时内侧摩阻力开始发挥的情况进行解析求解,推导出大直径薄壁灌注筒桩的轴向荷载-沉降曲线的解析算式。刘洪凯等(2013)应用 Mindlin 解,建立了大直径筒桩的力学模型,成功计算出了在路堤荷载作用下复合筒桩地基的沉降情况。以上学者对于管桩、大直径筒桩的沉降计算研究可为本书宫格式桩基础的沉降计算提供借鉴和思路。

1.2.3　井筒式地下连续墙格室效应研究

Wen 和 Chen(2009)指出组成闭合墙的任一片墙,其工作性状明显不同于独立单片墙,闭合墙承载力将不等于 4 片独立单片墙承载力的简单叠加,沉降特性也不同于单片墙基础,并将其定义为群墙效应。Wu 等(2016)采用数值方法对"格室效应"进行深入分析进而得出相同格室尺寸下,随着格室数目的增加,格栅式地下连续墙的极限承载力并非呈线性增长,且单个格室的承载力大幅削弱、格室间的应力重叠的结论。建议在满足基础承载力要求的前提下,应尽量采用格室尺寸较小且格室数目较少的格栅式地下连续墙基础,以使基础获得更优的承载性能。

1.3　宫格桩基础研究

本研究在矩形截面地下连续墙的基础上,提出一种截面形状为正六边形的地下连续墙基础,由 6 片单幅地下连续墙围成正六边形截面,墙身采用刚性连接,其结构形式、力学性能与闭合式地下连续墙基础类似,主要作为基础结构承受上部结构传递的荷载,因此命名为"宫格桩基础"。

宫格桩基础具体细节如下:利用各种挖槽机械,上部借助钢板桩或钢管桩作为导墙,下部利用泥浆的护壁作用,按不同组合形式在地下挖出六边形的窄而深的沟槽,并将绑扎好的钢筋笼下放至指定位置,在其内部浇筑适当的混凝土(可采用后注浆技术提高桩土间的作用力)而形成一道具有承受竖向、水平向等各种不利荷载的地下连续墙体结构,并将六边形上部密封,形成一个个小承台并作为塔柱的基础,简称为宫格桩。宫格式六边形的截面形状可根据上部承载力、构造要求、基础深度、地质情况,综合考虑六边形的厚度、边长等截面尺寸,在满足理论可行性、技术适用性的前提下,可以选取2个、3个、4个或多个蜂窝状六边形的组合形式(图1-1)。同时,利用六边形良好的对称性可随意组合成截面形式更加复杂的多宫格塔柱一体桩基础,以适应复杂地形条件下的基础工程建设。

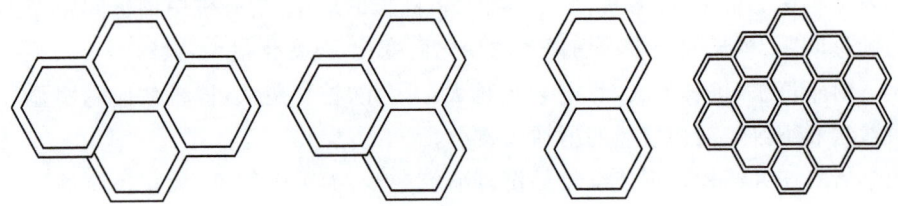

图1-1　宫格桩基础截面形式

宫格桩基础属于新型桩基础形式,在承载特性、尺寸优化以及格室效应等方面的认知依旧不清晰,本研究拟采用室内模型试验探索宫格桩基础的承载性能,试验内容如下:

(1)采用MTS加载系统,对缩尺宫格桩模型施加竖向和水平荷载,采用土压力盒、应变片、激光位移传感器等仪器采集数据,探究宫格桩基础在受载时的轴力大小、桩身周围土压力分布情况,以及内外侧摩阻力和端阻力的变化情况。

(2)制作不同尺寸的缩尺桩模型进行加载试验,探究宫格桩基础尺寸变化对桩的承载性能及桩周土压力的影响。

(3)制作不同宫格数量的缩尺桩模型进行加载试验,探究宫格数量改变对宫格桩基础承载性能及桩周土压力的影响。

基于井筒式地下连续墙桩型,设计出一种新型地下连续墙基础,命名为宫格桩基础,依托中国地质大学(武汉)结构实验室,开展了宫格桩基础竖向加载缩尺模型试验,模型试验内容包括模型试验装置设计、试验方案设计、试验结果与分析3个方面。通过改变宫格桩的构造尺寸研究格室尺寸变化、桩长变化、格室数量变化对宫格桩基础承载力及桩周体压力的影响。

大直径宫格桩基础室内模型试验

2.1 引言

新型结构形式在工程推广应用之前需进行原位试验,但是大型桩基础原位试验需花费大量的人力、物力、财力,而且现场试验存在许多不可控的外界因素,会对试验结果产生干扰。为了更好地探究宫格桩基础的受力和变形规律,在进行原位试验之前先进行室内缩尺模型试验。室内模型试验有如下优点:

(1)目的性强。室内试验大多采用缩尺模型,小尺寸的试验更方便研究某一参数对试验结果的影响,可进行多组对照试验,便于寻找规律。

(2)试验数据准确。现场试验环境复杂,不可控制因素较多,如天气、温度、施工等,室内试验能有效避免这些问题。先进科学的量测系统更加适合在室内展开,能够准确地获取试验数据。

(3)经济性优越。尺寸缩小大大减少了成本支出。

模型试验的一般步骤包括确定材料相似比、室内模型设计、加载系统设计、量测系统设计以及试验结果处理分析。其中,室内模型的可靠度、加载及量测系统的准确性直接决定了试验结果的优劣。

针对大直径宫格桩基础的室内模型试验,采用美国 MTS 电液伺服四通道加载试验系统,用土压力盒、应变片等量测仪器进行监测,对宫格桩基础的力学承载性能进行分析。研究内容主要有以下几点:①宫格桩基础外侧摩阻力、内侧摩阻力、端阻力分布形式及大小;②宫格桩基础的桩周和桩芯土压力分布规律;③宫格桩基础尺寸变化对桩承载性能的影响。

2.2 室内模型试验设计原理

相似理论是研究自然界中各类物质相似性质的理论,借助相似理论基本原理,找到室内模型参数与实际参数之间的比例关系进而进行对比研究。本书试验模型主要从几何相似、力学相似及初始状态相似 3 个方面进行相似比的确定。

2.2.1 相似定律

2.2.1.1 相似第一定律

相似第一定律又称相似正定律,该定律认为,两个系统所发生的现象,如果满足:

①两系统之间的基本物理量,如长度(l)、时间(t)、质量(m)等之间的比例为常数,这一常数被称为相似常数。

②两系统可以用同一个基本方程表示。

因此,条件①中的相似常数将受到某个公共数学方程的相互制约,不可任意选取。通常约束各相似常数的指标被称为"相似指标"。以上两个现象称为相似现象。相似第一定律说明了相似现象的基本性质。

2.2.1.2 相似第二定律

相似第二定律又称Π定律,该定律认为:约束两个相似现象的基本物理方程可以用量纲分析的方法转换成相似判据Π方程来表达新方程,即Π方程。两个相似系统的Π方程必须相同。该定律的基本思想如下:

①如果一个方程含有 n 个物理量和 m 个量纲,则独立相似判据Π值为 $(n-m)$ 个。

②两个相似现象的物理方程可用 $(n-m)$ 个无量纲的关系式代替。

$$\varphi(\Pi_1\ \Pi_2\ \Pi_3\cdots\cdots\Pi_{n-m})=0 \tag{2-1}$$

或

$$\Pi_1=\varphi(\Pi_2\ \Pi_3\cdots\cdots\Pi_{n-m}) \tag{2-2}$$

③在对现象进行研讨时,其相似现象的方程如果还没有被确定,但能够确定一些物理量,这些物理量对该现象有决定意义,则可以通过量纲分析运用Π定律来确定相似判据,为模型与原型之间建立相似关系提供依据。相似第二定律对两个相似系统相似的条件进行了更广泛的概括。

2.2.1.3 相似第三定律

相似第三定律又称相似存在定律,该定律认为:只有具有相同的单值条件和相同的主导相似判据时,现象才互相相似。所指的单值条件如下:

①原型与模型几何条件相似。

②研究中重要的物理常数具有一定的比例关系。

③研究中模型与原型系统的初始状态、边界条件相似。

主导相似判据,是指在系统中由具有重要意义的几何尺寸和物理常数所组成的判据。

上述单值条件及主导相似判据在研究方法与研究目的不同时并不完全相同,需要结合各种模拟方法有针对性地进行探讨。

2.2.2 几何相似

在进行室内试验时,首先要保证几何相似,即在满足室内试验的前提下,试验尺寸与实际尺寸满足下列关系：

$$\frac{l_M}{l_P} = \alpha_l \tag{2-3}$$

$$\frac{l_M^2}{l_P^2} = \alpha_l^2 = \alpha_A \tag{2-4}$$

$$\frac{l_M^3}{l_P^3} = \alpha_l^3 = \alpha_V \tag{2-5}$$

式中：l 为长度；P 为原型；M 为模型；α_l 为长度相似系数；α_A 为面积相似系数；α_V 为体积相似系数。

在设计中应当注意：①对于二维模型，不需要考虑厚度上的相似变化，只考虑平面上的长度和面积比例；②对于三维模型，必要考虑以上 3 个公式的相似比例，即 x、y、z 三方向都应该相似。

2.2.3 力学相似

力学相似包括荷载相似、弹性相似、应力相似，具体阐述如下。

2.2.3.1 荷载相似

荷载相似是指在试验模型上施加的荷载与原型对应位置的荷载大小呈对应比例关系，且在荷载方向上应保持一致，数学表达式为

$$\alpha_P = \frac{P_M}{P_P} \tag{2-6}$$

式中：α_P 为荷载相似系数；P_M 为模型荷载大小；P_P 为原型荷载大小。

2.2.3.2 弹性相似

弹性相似系数为

$$\alpha_E = \frac{E_M}{E_P} \tag{2-7}$$

式中：α_E 为弹性模量相似系数；E_M 为模型材料弹性模量；E_P 为原型材料弹性模量。

2.2.3.3 应力相似

应力相似系数为

$$\alpha_\sigma = \frac{\sigma_M}{\sigma_P} \tag{2-8}$$

根据材料力学中应力与应变之间的关系为

$$\sigma_P = f(\varepsilon_P, x_P, y_P, z_P) = 0 \tag{2-9}$$

由应力相似可得出

$$\sigma_M = \alpha_\sigma \sigma_P = f\left(\frac{\varepsilon_m}{\alpha_\varepsilon}, \frac{x}{\alpha_l}, \frac{y}{\alpha_l}, \frac{z}{\alpha_l}\right) \tag{2-10}$$

式中：ε_M 为模型应变；α_ε 为应变相似比；下角标 M 和 P 分别代表模型和原型。

2.2.4 初始状态相似

所谓初始状态相似是指在试验开始时要模拟实际工程中的自然状态。就土体而言，最主要的是要模拟土地初始地应力。在试验加载前，将土压力盒提前埋入模型箱中，监测其相应的应力，使其符合按照相似比例计算结果大小。

2.3 相似材料配比试验研究

2.3.1 相似性计算

根据 2.2 中相似理论的描述，本次试验相似材料的力学属性应当满足式(2-10)的要求。

$$\begin{cases} \alpha_P = \dfrac{P_M}{P_P} = \dfrac{E_M}{E_P}\dfrac{\varepsilon_M}{\varepsilon_P}\dfrac{A_M}{A_P} \\[2mm] \dfrac{\alpha_\sigma}{\alpha_l \alpha_\gamma} = 1 \\[2mm] \dfrac{\alpha_\varepsilon \alpha_E}{\alpha_l \alpha_\gamma} = 1 \\[2mm] \dfrac{\alpha_\sigma}{\alpha_E \alpha_\varepsilon} = 1 \end{cases} \tag{2-11}$$

式中：α_P 为荷载相似系数；P_M 为模型荷载大小；P_P 为原型荷载大小；E_M 为模型弹性模量；E_P 为原型弹性模量；ε_M 为模型应变；ε_P 为原型应变；A_M 为模型面积；A_P 为原型面积；α_σ 为应力相似比；α_l 为几何长度相似比；α_γ 为容重相似比；α_ε 为应变相似比；α_E 为弹性模量相似比。

取几何相似比分别为 1/30 和 1/60，其中应变为无量纲量，应变相似比取值为 1。采用以石膏为主的相似材料，按照公式计算各个参数的相似比取值。

(1) 取几何相似比为 $\alpha_l = \dfrac{1}{60}$ 时，$\alpha_\varepsilon = \dfrac{\alpha_l \alpha_\gamma}{\alpha_E} = 1$，容重相似比取 $\alpha_\gamma = 1$，弹性模量相似比取 $\alpha_E = \dfrac{1}{60}$，$\alpha_\sigma = \alpha_E \alpha_\varepsilon = \dfrac{1}{60}$，$\alpha_P = \alpha_E \alpha_\varepsilon \alpha_l^2 = \dfrac{1}{60} \times 1 \times \dfrac{1}{60^2} = \dfrac{1}{216\,000}$。

(2) 取几何相似比为 $\alpha_l = \dfrac{1}{30}$ 时，$\alpha_\varepsilon = \dfrac{\alpha_l \alpha_\gamma}{\alpha_E} = 1$，容重相似比取 $\alpha_\gamma = 1$，弹性模量相似比取 $\alpha_E = \dfrac{1}{30}$，$\alpha_\sigma = \alpha_E \alpha_\varepsilon = \dfrac{1}{30}$，$\alpha_P = \alpha_E \alpha_\varepsilon \alpha_l^2 = \dfrac{1}{30} \times 1 \times \dfrac{1}{30^2} = \dfrac{1}{27\,000}$。

综合上述结果，考虑到模型的尺寸效应，尽量放大模型尺寸，取几何相似比为 1/30。由计算结果可知相似材料的弹性模量不大，所以采用石膏为主要材料，此时需使用低弹性模量石膏。查阅资料可知，石膏弹性模量可低至 0.6GPa。若采用的石膏弹性模量为 1GPa，此时，$\alpha_E = \dfrac{1}{30}$，$\alpha_\gamma = 1$，$\alpha_\sigma = \alpha_E \alpha_\varepsilon = \dfrac{1}{30}$，$\alpha_l = \dfrac{\alpha_\sigma}{\alpha_\gamma} = \dfrac{1}{30}$，$\alpha_P = \alpha_E \alpha_\varepsilon \alpha_l^2 = \dfrac{1}{30} \times 1 \times \dfrac{1}{30^2} = \dfrac{1}{27\,000}$。

2.3.2 相似材料的配合比

在正式试验之前进行预试验，已选定合适的配合比。若此时采用预试验的材料质量配比为水∶石膏∶硅藻土＝2∶1∶0.45（后文出现的配比均为质量配比），抗压强度约为1.32 MPa，建议添加长径比为400、体积掺量为0.88kg/m³的聚丙烯纤维，可将干燥石膏的抗折强度从5.5MPa提高到6.4MPa。

选定8种不同配合比进行试验，8种配合比见表2-1。

表2-1 石膏试块的质量配合比

序号	配比	序号	配比
1	石膏∶水＝10∶5	5	石膏∶水泥∶水＝8∶2∶5
2	石膏∶砂∶水＝9∶1∶5	6	石膏∶水泥∶水＝7∶3∶5
3	石膏∶水泥∶水＝9∶1∶5	7	石膏∶水泥∶水∶纤维＝9∶1∶5∶0.015
4	石膏∶水泥∶水＝9∶1∶8	8	石膏∶水泥∶水∶纤维＝9∶1∶5∶0.15

2.3.3 试件制作

参考《建筑石膏 力学性能的测定》（GB/T 17669.3—1999）、《建筑石膏》（GB/T 9776—2022）、《水泥胶砂强度检验方法（ISO法）》（GB/T 17671—2021）等来确定测试石膏试块力学性能的试验方法。

根据试验需要，一次性拌和所需质量的混合料，每种配比制作40mm×40mm×160mm和70mm×70mm×70mm的试块各3个，并进行标记，如图2-1所示。在20℃、90%湿度条件下养护7d，40℃的恒温烤箱中干燥至恒重后，对40mm×40mm×160mm尺寸的试块进行抗折强度测试，然后对其进行抗压强度测试，对70mm×70mm×70mm尺寸的试块进行弹性模量测试。

图2-1 试块制作

2.3.4 试件测试

石膏试块养护完成后，立即进行抗折试验，之后依次进行抗压试验和弹性模量试验。本试验所测的弹性模量为养护7d的石膏试块测试所得的抗压弹性模量。

抗折试验如图2-2(a)所示，抗折强度按照式(2-12)进行计算：

$$R_f = \frac{6M}{b^3} = 0.00234P \tag{2-12}$$

式中：R_f为抗折强度，单位为MPa；M为弯矩，单位为N·mm；b为抗折试块宽度，单位为mm；P为断裂荷载，单位为N。

每组3个试样分别取平均值，与平均值相差10%的试样应舍去。R_f精确至0.001MPa。

使用万能试验机对试块进行抗压试验，如图2-2(b)所示，受压面尺寸为4cm×4cm。因万能试验机工作平面较大，加工两个40mm×40mm×3mm的铁板放置在试块上、下两表面进行加载。计算方法如式(2-13)所示：

$$R_c = P/1600 \tag{2-13}$$

式中：R_c 为抗压强度，单位为 MPa；P 为破坏荷载，单位为 N。

试验数据处理与抗折试验相同。

因石膏试块的抗压强度较低，使用万能试验机进行缓慢加载，加载过程中试块变形很小。在试块表面贴上应变片读取应变，如图 2-2(c)所示。弹性模量计算方法如式(2-14)所示：

$$E = \frac{\sigma}{\varepsilon} = \frac{F}{A \cdot \varepsilon} \tag{2-14}$$

式中：F 为试验加载力，单位为 N；A 为受压截面面积单位为 m^2；ε 为应变，可以从应变采集装置中读取。

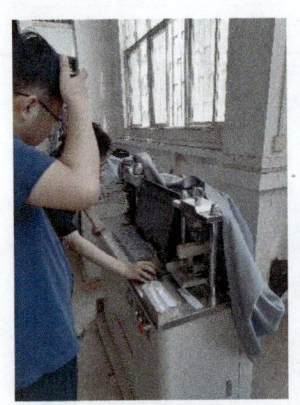

(a)抗折试验　　　　(b)抗压试验　　　　(c)弹性模量试验

图 2-2　抗折、抗压、弹性模量试验

2.3.5　试验结果分析

1. 河砂和水泥对比影响分析

当混合材料中石膏：水为 10：5 时，试样的抗折强度为 0.64MPa，抗压强度为 2.77MPa，弹性模量为 0.906GPa。将此数据作为基准，通过改变不同材料的含量，分析各个成分改变对试样强度和弹性模量的影响。

在混合材料中添加少量河砂，使材料配比石膏：砂：水＝9：1：5 时，抗折强度为 0.61MPa，抗压强度为 2.98MPa，弹性模量为 1.11GPa。由图 2-3 可知，在材料中添加少量河砂，并没有提高试块的抗折强度，甚至试块的抗折强度还略有降低，原因可能是石膏黏聚力小，石膏与砂粒之间不能很好地黏接在一起，进而导致抗折强度的降低。由于砂粒的抗压强度和弹性模量高于石膏，材料中添加河砂可以限制试块的纵向变形，混合材料的抗压强度和弹性模量均有明显提高。

在混合材料中添加少量水泥，使材料配比为石膏：水泥：水＝9：1：5 时，抗折强度为 0.95MPa，抗压强度为 3.62MPa，弹性模量为 0.959GPa。在基准材料中添加少量的水泥，抗折强度和抗压强度都有明显的提高。

添加水泥对抗折强度和抗压强度的提高远胜于添加河砂。这是因为水泥本身黏聚力很大,混合到石膏中之后可以与石膏紧密结合,不但限制了试块受压时的纵向变形,还限制了试块受压时的横向变形。由于水泥的弹性模量低于河砂的弹性模量。因此,添加水泥后,混合材料弹性模量提高的程度低于添加河砂的混合材料。

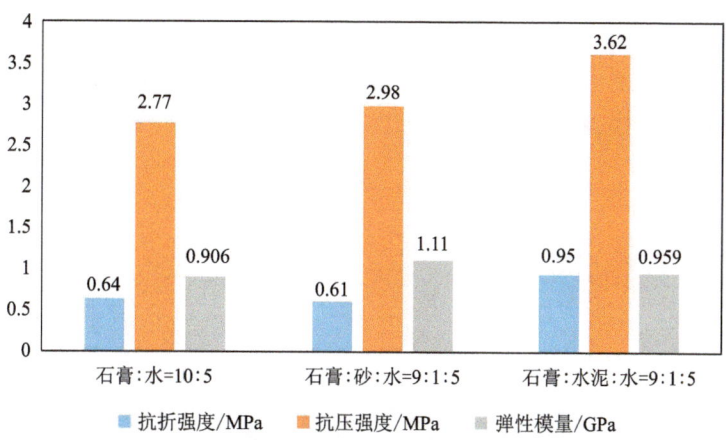

图 2-3　添加河砂、水泥对试块抗折强度、抗压强度和弹性模量的影响

2. 水胶比影响分析

改变混合材料中的水胶比,即水与水泥和石膏总和的质量比,观察水胶比对试块抗折强度、抗压强度和弹性模量的影响。如图 2-4 所示。改变水胶比,使水胶比从 0.5 变为 0.8 后,石膏试块抗折强度和抗压强度均大幅下降,抗折强度降低超过 70%,抗压强度降低超过 60%,弹性模量也有明显降低,降幅在 20% 以上。石膏水化后,多余的水分子会吸附在石膏颗粒表面或者以自由水的形式存在,使得制作的试块中存在各种不同尺寸的孔隙,这些孔隙会减少试块抵抗荷载作用的有效截面面积,同时导致孔隙周围易产生应力集中现象。因此,随着用水量增加,石膏试块抗折强度、抗压强度和弹性模量均存在明显降低。

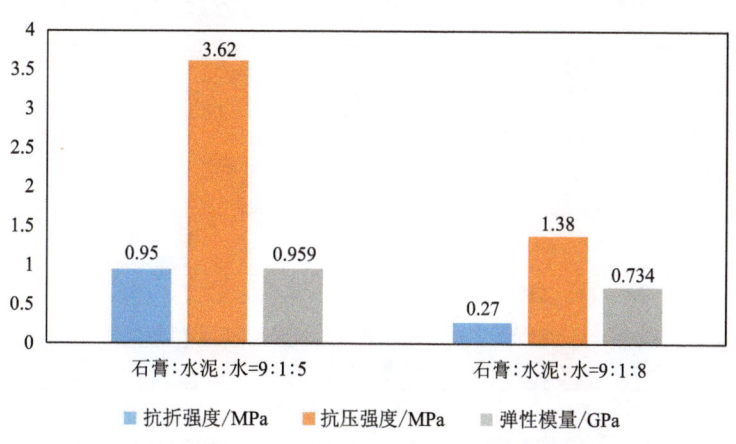

图 2-4　水胶比对试块抗折强度、抗压强度和弹性模量的影响

3. 水膏比影响分析

改变水膏比,即水泥与石膏的质量比,观察试块抗折强度、抗压强度和弹性模量的变化,如图 2-5 所示。随着水泥占比的增加,石膏试块抗折强度和抗压强度的增长速度逐渐变浅。当添加少量水泥时可以明显地增加石膏之间的黏聚力,但当水泥含量到达一定程度后再增加水泥含量,添加的水泥对黏聚力的增加没有更多贡献,呈现出一种边际效应递减的趋势。使用相同质量的水泥来替换石膏时,两者密度相差不大,质量变化不大,但是水泥占比增加后,弹性模量呈现线性增加的趋势。

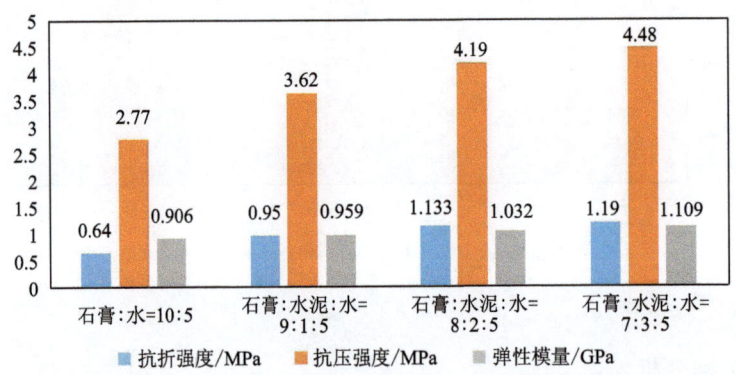

图 2-5 水膏比对抗折强度、抗压强度和弹性模量的影响

4. 聚丙烯纤维影响分析

在试块中添加聚丙烯纤维,观察不同含量聚丙烯纤维对石膏试块抗折强度、抗压强度和弹性模量的影响(图 2-6)。在材料中添加少量聚丙烯纤维,可以明显地提高材料的抗折强度。这是因为在进行抗折试验时,石膏与纤维粘接在一起,纤维承受一部分拉力,从而提高了材料的抗折强度。石膏与纤维的粘接会限制试块在受压时产生横向变形,从而使抗压强度和弹性模量出现略有上升的趋势。

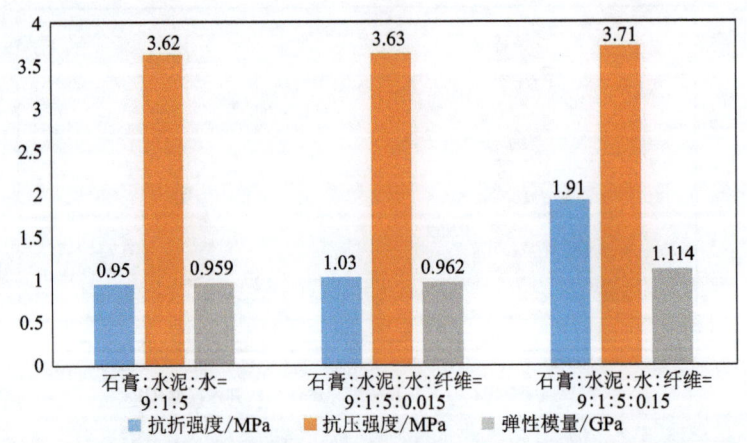

图 2-6 不同含量聚丙烯纤维对石膏试块抗折强度、抗压强度和弹性模量的影响

2.3.6 相似材料试验结论

(1)在石膏中掺入一定质量的水泥在抗压强度和抗折强度两个方面优于掺入同质量的河砂的试块,但是掺入河砂可以更有效地提高试块的弹性模量。

(2)增加水的比重会使多余的水分子以自由水的形式存在,容易在试块中产生孔隙,降低试块抵抗荷载作用的有效截面面积,使石膏试块的抗折强度、抗压强度大幅下降,弹性模量也存在明显降低。

(3)增加材料中水泥的含量,抗压强度和抗折强度的增速随着水泥含量的增加而变慢,呈上凸形曲线关系,弹性模量的增速与水泥含量的增加呈线性关系。

(4)本书在试块中添加聚丙烯纤维,可以使试块的抗折强度得到明显的改善,添加少量纤维对抗压强度和弹性模量没有明显的影响。但当添加大量纤维后,又会因为纤维的存在造成表面平整度等问题的出现。

(5)桩基础缩尺模型试验的相似材料配比为石膏∶水泥∶水=9∶1∶5。

2.4 宫格桩基础模型制作

2.4.1 宫格桩基础模型模具选择

根据前期试验确定的相似材料成分及配合比,进行了模型桩的模具加工及浇筑工作。

1. 铁皮模具

铁皮模具交由板材加工厂加工,材料选定为白色铁皮。如图 2-7 所示,模具由内边、外边和底座构成。内边和外边通过螺钉和底座相连。在模具的上方,有简易的支撑定位。在脱模时,用电动螺丝刀将内外边和底座上的螺钉拆除即可将模具顺利脱开。

图 2-7 铁皮模具

考虑到模型桩的尺寸较大以及截面性状比较特殊,在设计本次桩模具时,只考虑到模型桩脱模时的可操作性,忽视了模具的侧向抗压强度,导致出现模具受压变形无法继续浇筑的情况。在将浇筑材料填入模具浇筑到 80cm 高时，模具变形较小，在可接受的范围内。但在浇筑模型桩顶端的时候，由于浇筑材料的密度较大，桩身高度较高，导致浇筑时侧压力不断增加，最后导致模具的破坏，如图 2-8 所示。

图 2-8 模具破坏情况

在浇筑时可能会遇到石膏凝固太快导致的问题：浇筑材料未倒入模具就已经初凝，浇筑时流动性较差。在浇筑模型桩上部时，前面浇筑的下部已经凝固，模型桩出现分层，整体性较差。浇筑情况如图 2-9 所示。

图 2-9 石膏模型桩现场浇筑情况

针对这个问题，在查阅相关资料后，在桩体浇筑材料中加入 XQ 高分子植物蛋白缓凝剂可有效解决石膏凝固过快问题。该缓凝剂的特点是能有效延长初凝时间，且不影响石膏的强度，1kg 石膏中加入 2g 植物蛋白缓凝剂就能将初凝时间延长至 2h。添加剂虽然可以延缓初凝时间，但是模具受力较大，铁皮太薄，刚度不足，导致模具的侧向变形量较大，因此放弃了铁皮模具，重新定制了第二版铁板模具。

2. 铁板模具

该模具全部由 2mm 厚的铁板组成，侧向上、中、下均匀设置加劲肋。内边里面设置横向支撑，侧向刚度做到足够大，在浇筑时完全不会受到侧压力的影响而产生桩身变形和破坏。铁板模具及浇筑模型桩情况如图 2-10 所示。

(a) 模具俯视图

(b) 模具正视图

(c) 模型桩浇筑

(d) 模型桩脱模

图 2-10　模具及浇筑情况

由于桩身高度较大，而模型桩的厚度仅为 4cm，操作空间有限。在实验室条件下，无法将浇筑材料充分振捣，导致桩身材料分布不均。桩身上部出现明显裂缝、结构强度不够、石膏化学性质不稳定、材料脆性较大等问题，无法保证试验加载过程中桩体正常工作。经过查阅资料，提出以下两个解决办法：一种方法是在浇筑材料中加入纤维，另一种方法是采用有机玻璃作为相似材料。加入纤维能有效加强材料的韧性，不易发生裂纹，但纤维会提高桩身材料的强度，导致材料不满足相似理论计算结果。经过以上探索，决定放弃以石膏为主的混合材料作为缩尺桩模型的相似材料，采用有机玻璃作为相似材料。

2.4.2　有机玻璃相似材料

采用有机材料制作模型桩，常用的室内试验有机材料有尼龙、聚氨酯、有机玻璃等。根据相似理论计算公式计算得出的结果，有机玻璃的强度、弹性模量等力学参数最符合试验和实际工程的参数关系，也方便工厂加工，因此选取有机玻璃作为宫格桩基础缩尺模型的相似材料。图 2-11 为有机玻璃板材示意图。

有机玻璃（polymethyl methacrylate）缩写为 PMMA，化学名称为聚甲基丙烯酸甲酯，为由甲基丙烯酸甲酯聚合而成的高分子化合物，是一种开发较早的重要热塑性塑料。有机玻璃具有较好的透明性、化学稳定性、力学性能和耐候性，也具有易染色、易加工、外观优美等优点。

将有机玻璃切割后，按照试验桩身尺寸进行加工。连接部分采用有机玻璃胶及铰链加固链接，其稳定性和结构可靠性远超以石膏为主的相似材料，能有效避免裂缝、缺角、桩身质量不均匀等缺陷。图 2-12 为加工成型的有机玻璃模型桩照片。

图 2-11　有机玻璃板材示意图

图 2-12　有机玻璃模型桩

2.5　室内模型设计方案

2.5.1　试验模型试验设计方案

室内模型试验设计主要包括模型桩、承台和模型箱的设计，试验目的为探索宫格桩基础的承载性能、摩阻力分布以及尺寸参数对相关性能的影响。因此，本试验通过改变宫格桩模型的桩长与边长，给出 5 种不同尺寸的模型，进行 5 次加载试验。在此基础上确定最优尺寸，进而拼装双宫格及三宫格桩基础并进行加载试验。

2.5.1.1　模型桩试验设计方案

将 6 块有机玻璃板组装成宫格模型桩，板块之间通过强力胶水和铆钉连接，保证桩身整体性。为了保证加载过程中应变片正常使用，在有机玻璃板的侧面铣槽，将应变片贴在槽内，应变片导线顺着槽引出桩外，如图 2-13 所示。

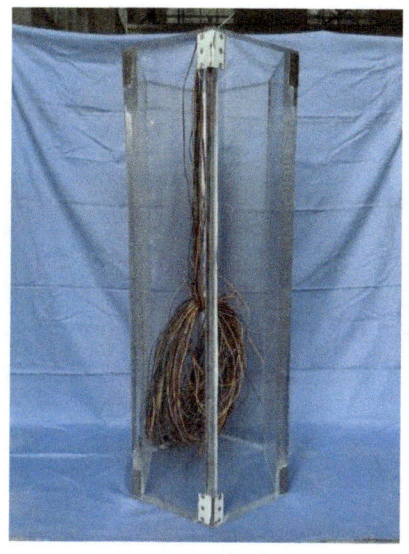

图 2-13　模型桩示意图

影响宫格桩基础尺寸的参数有桩长、截面边长、厚度。考虑到宫格桩基础主要作为摩擦型基础应用,因此在试验时将厚度作为定量,改变桩长和边长,共设计 5 种尺寸的单桩基础,具体尺寸见表 2-2。桩基础模型如图 2-14 和 2-15 所示。

表 2-2　模型桩尺寸

编号	①号桩	②号桩	③号桩	④号桩	⑤号桩	双宫格/三宫格
桩长/cm	100	100	100	110	90	90
边长/cm	20	24	16	20	20	16
厚度/cm	4	4	4	4	4	4

在表 2-2 中,①号桩、④号桩、⑤号桩为一对比组,可探究桩长变化对桩基础承载性能的影响;①号桩、②号桩、③号桩为一对比组,可探究截面边长对桩基础承载性能的影响。

图 2-14　5 种尺寸单宫格模型桩基础

 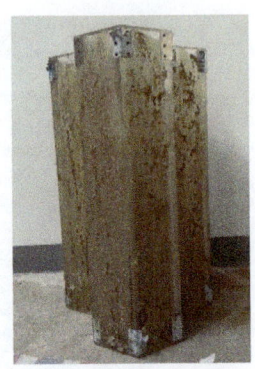

(a) 双宫格模型桩基础　　　　　(b) 三宫格模型桩基础

图 2-15　双宫格及三宫格模型桩基础

2.5.1.2　承台设计方案

作为一种新型的大直径宫格式桩基础，其特点之一在于减少了承台的设计，与基础相连的为上部墩台。墩台作为连接部件与上部桥梁相连，极大地减少了混凝土浇筑量。因此在试验中，考虑到模型桩基础和加载设备作动器的连接方式，以及实际工程情况，本方案提出并设计一种试验用连接承台，如图 2-16 所示。

图 2-16　承台整体示意图

连接承台由表面钢板、卡槽及上部连接件组成，配件有螺栓及垫块。表面钢板与底部 6 个卡槽及上部连接件通过焊接连接，得到 3 个钢部件的组合体，并且卡槽位置形成一个正六边形。螺栓可通过调节伸出卡槽的长度，从而适配不同边长的正六边形桩。垫块由橡胶制作，确保螺栓有效接触模型桩并对模型起到有效保护作用。

2.5.1.3　模型箱设计方案

本试验的目的为探究大直径宫格式桩基础在竖向荷载作用下的承载性能和尺寸参数的影响，考虑到边界效应以及试验场地的现实要求，模型箱长×宽×高为 2m×2m×1.6m，模型箱详细尺寸如图 2-17 所示。模型箱采用铁板焊接而成,边框用方钢加固,侧面铁板厚度为 5mm,其中一侧面用有机玻璃代替,方便试验时观察土体变化。

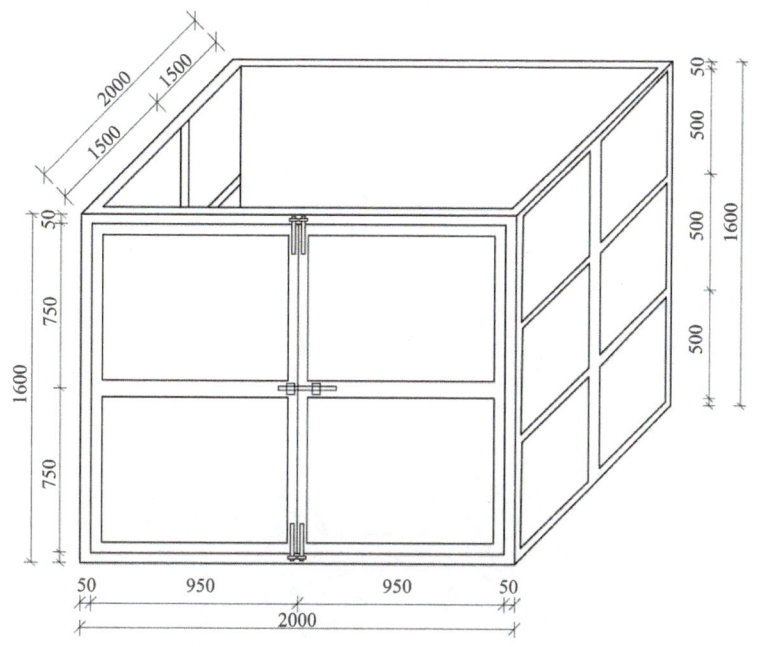

图 2-17　模型箱尺寸图(单位为 mm)

为方便每次试验装填和土体清理,在模型箱一侧安装对开门,如图 2-18 所示。

图 2-18　模型箱现场图

2.5.1.4　模型试验土体

模型试验对桩周土体的主要研究目的是探索土体应力分布及沉降规律,考虑到土体排水以及便于实施等因素,并结合试验目的,本次模型试验选取砂替代土。

2.5.2 试验加载方案

现有的加载方法有 2 种,快速维持加载法和慢速维持加载法,通过对比分析,快速维持加载法更加适合室内试验(郭峰亮等,2015)。因此本次试验采用快速维持加载法。该加载方式是分级加载,在每一级加载结束后,沉降量达到《公路桥涵地基与基础设计规范》(JTG 3363—2019)要求的相对稳定状态后再进行下一级的加载。

试验主要采用 MTS 大型加载系统进行加载,加载系统包括 25t 作动器、反力钢梁、油泵以及 MTS 专业控制软件。图 2-19 为 MTS 大型加载系统。

图 2-19　MTS 大型加载系统

每级加载的荷载大小为预估极限承载力的 1/10,对于不同尺寸的模型桩基础根据各自的极限承载力适当调整每级荷载。在加载过程中,应当注意加载速度保持稳定匀速。在维持荷载的过程中,尽量控制荷载保持稳定不变。在每一级加载结束,施加下一级荷载时,不应产生冲击荷载。

《建筑地基基础设计规范》(GB 50007—2011)对加载过程中沉降读数和终止加载条件给出了要求,MTS 加载系统可以全程监测沉降和荷载的数据,自动进行数据采集,不需要人工读数。《建筑地基基础设计规范》(GB 50007—2011)中终止加载条件针对的是现场加载试验,结合本次试验将砂作为地基土,没有排水过程,沉降稳定时间明显缩短这一特点,对本次试验终止加载条件做出如下调整,即满足以下条件之一即可结束加载。

(1)当荷载-沉降曲线(Q-S 曲线)上有可判定极限承载力的陡降段。

(2)$\Delta S_{n+1}/\Delta S_n \geq 2$,且经 30min 尚未达到稳定。

(3)经过数值模拟分析可知宫格桩基础 Q-S 曲线呈缓变形,桩顶总沉降量大于 100mm 可终止加载。

(4)在特殊条件下,如发生安全问题,立即停止加载。

2.5.3 量测系统

本次试验的量测内容包括桩顶位移、土压力、桩身应变。

(1)桩顶位移量测:桩顶位移由 MTS 加载系统作动器的位移传感器量测,可在加载全程监测桩顶位移的大小,并进行实时记录。

(2)土压力量测:土压力量测设备为微型土压力盒,在试验前预先将土压力盒进行标定和校准。将土压力盒校准之后,按照图 2-20 所示的位置放置在土体中,土压力盒埋深分别是 10cm、40cm、70cm、100cm、120cm。保持土压力盒水平,与土压力盒相连的导线,预留足够长度并保持平顺,减少对土应力盒牵动影响。桩内土压力盒放置在土体中间,桩外土压力盒放置在距离桩身水平距离 5cm、25cm 处。为测试边缘效应的影响,在距离模型箱侧板 5cm 处设置 5 个土压力盒,深度位置与桩周附近土压力盒一致。

(3)桩身应变量测:桩身应变采用粘贴应变片方式进行测量,应变片为 5AA-120Ω±1Ω、灵敏度(2±0.1)‰、免焊型应变片。由于桩端受到的力较大,在粘贴应变片时,桩身 0~20cm 和 80~100cm 深度部分按照间隔 5cm 粘贴应变片,共计 8 组。20~80cm 深度部分按照间隔 10cm 粘贴应变片,共计 6 组。不同桩长模型的应变片粘贴位置可进行相应调整,长度为 100cm 的桩模型应变片粘贴位置如图 2-21 所示。

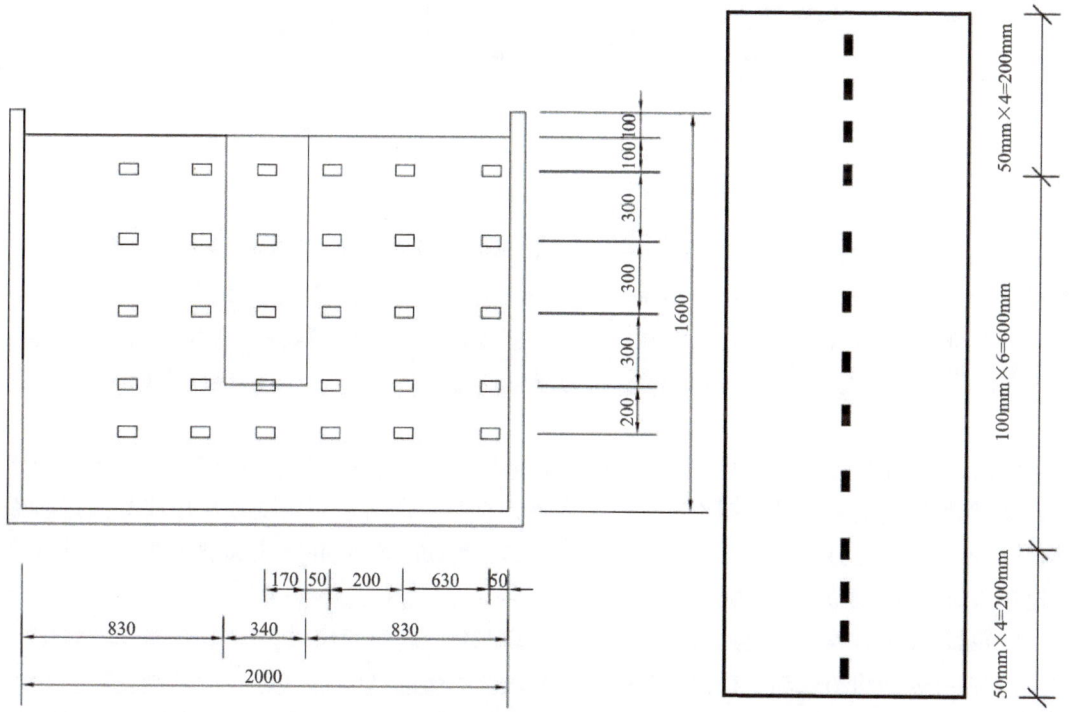

图 2-20　土压力盒分布图(单位为 mm)　　　图 2-21　桩身应变片粘贴位置示意图

2.6　试验准备及过程

室内模拟桩加载试验的准备工作中,土体装填量较大,应变片粘贴、土压力盒布置、桩身表面粗糙处理须在装填之前完成,才能保证试验顺利进行。其中,应变片粘贴位置和模型桩的准确定位最为关键。

2.6.1 模型箱吊装及填砂

试验时分层装填砂,每层装填完毕后进行压实处理,并在每层相应深度预先放置土压力盒,与砂一起压实,以解决压实度控制不好的问题。图 2-22(a)为模型箱安装过程,图 2-22(b)为填砂过程。

(a)模型箱安装　　　　　　　　(b)填沙

图 2-22　模型箱安装及填砂过程

2.6.2 量测仪器安装布置

(1)应变片粘贴。试验采用 BX/BF120-5AA 免焊接应变片,前面已给出应变片粘贴位置。在预试验中发现,若将应变片粘贴在桩身外表面,在加载过程中受砂土挤压会导致测试数据不准确。因此在模型桩加工时,预先在桩拼接处铣出一道凹槽,将应变片粘贴进凹槽内,以防在加载过程中受到挤压。图 2-23 所示为应变片粘贴照片,每个桩铣出两道凹槽,两道凹槽内应变片都贴在相同高度,以减少试验误差。

(2)为了防止外界因素干扰应变片,影响应变片数值,在粘贴完成的应变片上用 802 防水胶覆盖,将靠近应变片的导线端用 502 胶水固定到桩身。严格按照应变片顺序将导线进行编号,导线延伸至箱底且沿箱体延至箱外,以减少对桩周土的扰动,并防止加载过程中对导线产生拖拽从而影响应变片的读数。

(3)配合加载过程中应变片的量测设备为 uT7130 静态应变仪。

(4)桩身表面粗糙处理。根据《建筑地基基础设计规范》(GB 50007—2011)的要求,作为摩擦型桩基础摩阻力占总阻力的比例应在 90%以上。试验选用的模型桩材料为有机玻璃,由于有机玻璃表面光滑,摩擦系数较小,因此在试验前需要对桩身进行粗糙处理。采用的方法是在桩表面用 801 胶粘着合适级配的砂,使桩体表面的摩擦系数与实际混凝土桩体表面摩擦系数接近,尽可能模拟实际桩身的情况。图 2-24 为桩表面粗糙处理情况。

(5)土压力盒埋设。本次试验采用的土压力盒型号为 DYMH-106。需要注意的是,在填土过程中,土体压实度直接决定了初始状态土应力的大小,要尽可能满足 2.5.3 小节的要求。为了保证土体压实度控制得当,土压力盒在埋设的过程中连接电脑,根据监测的应力值大小确定是否需要继续压实。图 2-25 为土压力盒埋设照片。

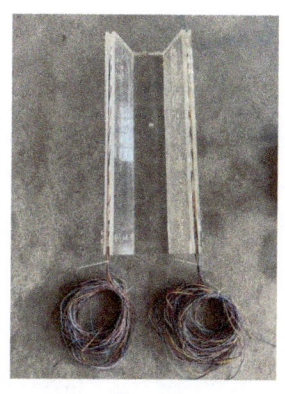
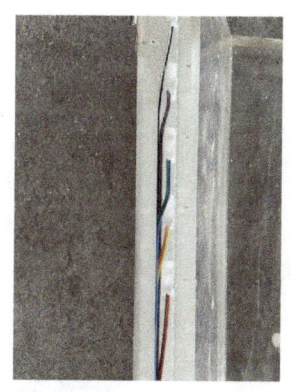

图 2-23　应变片粘贴示意图　　　　图 2-24　桩表面粗糙处理

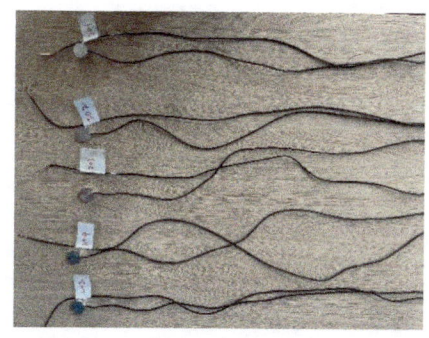
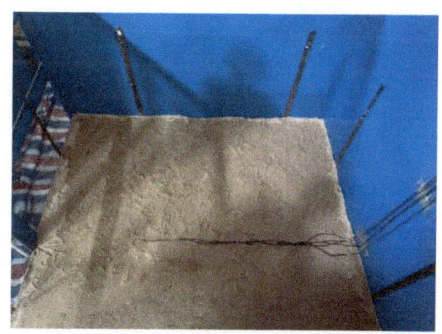

(a) 土压力盒编号　　　　　　　　(b) 土压力盒埋设

图 2-25　土压力盒编号及埋设

2.6.3　模型桩定位校准

在模型桩竖向加载试验前,需要对模型桩提前进行定位与校准(图 2-26)。加载作动器是否在模型桩中心线位置,决定了加载过程中是否有偏心;而桩身垂直与否会影响桩承载力的大小,倾斜角度过大会变为斜桩。因此模型桩基础的定位与校准工作尤为重要。本次试验采用铅锤法、拉线法、水平仪测量等多种辅助手段保证了桩身位置的准确性,具体操作步骤如下:

图 2-26　桩身定位过程

(1) 根据桩身长度,先将砂在试验箱内装填到桩底位置,并在作动器上悬挂铅锤。

(2) 根据铅锤确定的位置,在砂层表面通过拉线确定桩体位置。

(3) 将模型桩吊装在砂层表面标定的位置,并利用水平仪保证桩体的垂直度。

2.6.4 加载过程

加载系统采用 MTS 公司的大型加载系统,加载需提前设计好加载等级,在控制系统中编制好程序,加载过程中要时刻关注加载作动器的位移曲线,若出现陡降或者短时间内大幅度变化需要及时终止试验。加载过程为快速维持逐级加载,预估试验模型桩的极限承载力,将极限承载力分为 10 级,待每级记载结束后观测沉降值保持稳定再进行下一级加载,直至加载结束。详细加载方案见表 2-3,加载需注意要保证加载系统和量测设备同时开始采集,避免存在时间差。MTS 加载及数据采集过程如图 2-27 所示。

表 2-3 各宫格桩加载过程

桩号	①~⑤号单宫格基础			双宫格基础			三宫格基础		
加载级数	加载速率/$kN \cdot s^{-1}$	加载/保持时长/min	加载总长/min	加载速率/$kN \cdot s^{-1}$	加载/保持时长/min	加载总长/min	加载速率/$kN \cdot s^{-1}$	加载/保持时长/min	加载总长/min
1	0.016	10/5	15	0.024	10/5	15	0.027	10/5	15
2	0.016	10/5	30	0.024	10/5	30	0.027	10/5	30
3	0.016	10/5	45	0.024	10/5	45	0.027	10/5	45
4	0.016	10/5	60	0.024	10/5	60	0.027	10/5	60
5	0.016	10/5	75	0.024	10/5	75	0.027	10/5	75
6	0.016	10/5	90	0.024	10/5	90	0.027	10/5	90
7	0.016	10/5	105	0.024	10/5	105	0.027	10/5	105
8	0.016	10/5	120	0.024	10/5	120	0.027	10/5	120
9	0.016	10/5	135	0.024	10/5	135	0.027	10/5	135
10	0.016	10/5	150	0.024	10/5	150	0.027	10/5	150

(a) 加载现场

(b) MTS 控制界面

(c) 数据采集箱

(d) 采集箱连接

图 2-27 MTS 加载及数据采集过程

2.7　本章小结

本章主要介绍了室内模型试验的方案设计及试验加载相关内容。首先对相似理论进行了介绍,然后简单阐述了试验的设计方案,主要包括两方面内容,加载方案设计和量测方案设计。最后根据试验的进展流程,按照吊装、填砂、仪器安装、模型定位、最终调试、加载这一流程对整个试验过程进行了介绍。

在桩模型加载试验中需要注意,预试验时,发现应变片直接粘贴在桩表面会受到砂挤压,应变片的测量数据会受到影响。一般的防护措施,如涂层保护,并不能对应变片形成有效的保护。因此本试验将应变片放置在宫格桩模型拼接面开口处,通过开槽的方式能有效避免应变片受到挤压,同时在接口处开槽对桩身整体性影响较小。

在试验过程中存在两点不足:一是由于模型箱的工作空间有限,砂土装填时是分层装填并夯实,虽提前放置土压力盒监测应力大小,但在箱体内不同位置处的砂土夯实很难达到密实程度相同;二是桩身粗糙处理后摩擦系数并未采用试验进行测定,仅根据试验数据和有限元软件进行了计算分析。

3 宫格桩基础竖向承载性能试验研究

3.1 引言

桩基础及单幅地下连续墙基础在受到竖向荷载作用时会发生竖向位移,当竖向荷载小于极限摩阻力时,桩身不会产生明显位移,当竖向荷载大于极限摩阻力时,桩身发生明显沉降,这是摩擦型桩基础的受力变形特点。摩擦-端承桩与之类似,在达到极限侧摩阻之后,由于桩端存在持力层,桩身会产生端阻力,继续抵抗上部荷载。

与上述摩擦桩和摩擦-端承桩承载机理不同,宫格桩基础由于结构形式发生变化,承载性能也明显改变。宫格桩基础由 6 幅地下连续墙组成,在基础上部有盖板及墩台,中间为原状地基土。在竖向荷载作用时,桩身阻力由外侧摩阻力、内侧摩阻力、端阻力构成,外侧摩阻力、端阻力与实心桩基础受力机理相似,而内侧摩阻力受力机理较复杂。本章通过对试验数据的整理和分析,探究宫格桩基础在竖向荷载作用下其沉降曲线、轴力、摩阻力、端阻力的大小及分布规律,以及桩身尺寸变化对宫格桩基础承载性能产生的影响。

3.2 宫格桩基础竖向加载试验数据计算

3.2.1 桩身应变

根据材料力学中应力应变关系,在本次室内试验中宫格桩模型任意截面的应力大小可按式(3-1)进行计算

$$\sigma_z = \varepsilon_z \times E \tag{3-1}$$

式中:σ_z 为埋深 Z 处桩身截面的应力大小(kPa);ε_z 为试验中桩身应变的测量值($\mu\varepsilon$);E 为有机玻璃装的弹性模量(kPa),经过抗压强度试验,测得其大小约为 3×10^6 kPa。

深度 Z 处对应的桩身截面轴力计算公式为

$$N_z = \sigma_z \times A \tag{3-2}$$

式中:N_z 为深度 Z 处对应桩身截面的轴力大小(kN);A 为宫格桩模型的截面面积(m^2),$A = 6\times\dfrac{\sqrt{3}}{4}(D^2 - d^2)$。其中,$D$ 为宫格桩基础外边长(m);d 为宫格桩基础内边长(m)。

根据竖向荷载作用下各种不同类型基础的荷载传递原理,宫格桩基础的荷载传递如图 3-1 所示。

3 宫格桩基础竖向承载性能试验研究

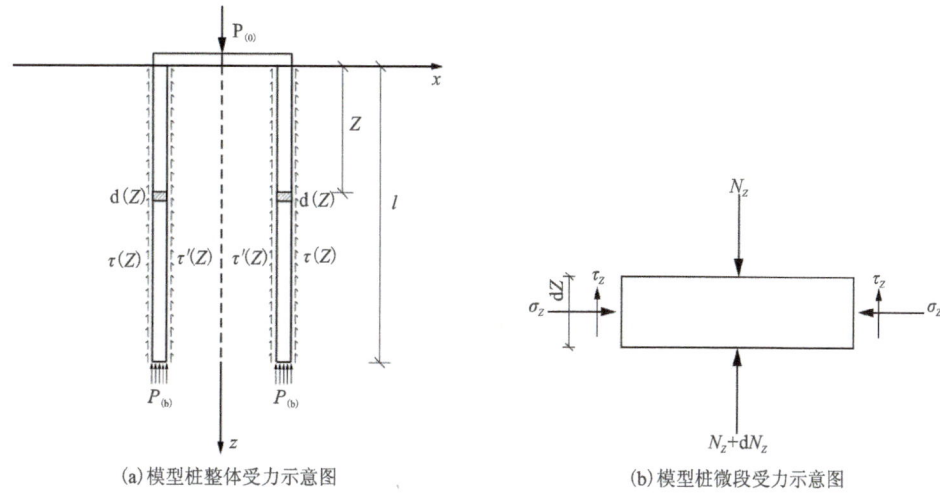

图 3-1 模型桩竖向荷载传递示意图

当桩顶作用荷载 P 时,会在桩身引起轴力,使桩身发生压缩、变形以及向下位移。根据图 3-1(b)微段受力分析可推出式(3-3)。

$$N_z - \tau_z \times 6D \times dZ - \tau'_z \times 6d \times dZ - (N_z + dN_z) = 0 \tag{3-3}$$

因此可得桩身某一面截处轴力和内外侧摩阻力的关系为

$$\tau_z D + \tau'_z d = -\frac{dN_z}{6dZ} \tag{3-4}$$

式中:dN_z 为微段高度 dZ 的轴力增量(kN);τ_z、τ'_z 分别为桩身深度 Z 处的外侧摩阻力和内侧摩阻力;dZ 为微段高度,本次试验应变片粘贴间距分别为 0.05m 和 0.1m,根据试验数据进行计算时 dZ 值可取为 0.05m 或 0.1m。

3.2.2 土压力

本次试验采用的土压力盒为 DYMH-106 土压力传感器,其测试原理为当外部压力发生变化时会引起土压力盒内应变片电阻发生变化,进而采集仪器上应变数值会发生改变。土压力盒内部应变数值和外部压力关系如式(3-5)所示

$$\sigma_z^k = K \times \varepsilon_{测} \tag{3-5}$$

式中:σ_z^k 为根据 K 值计算的土压力大小;K 值经过出厂检验和标定,其数值如表 3-1 所示;$\varepsilon_{测}$ 为测量出来的应变数据。

表 3-1 土压力盒 K 值

编号	201	202	203	204	205	206	207	208	209	210
K	0.107 066	0.104 468	0.106 388	0.102 818	0.105 632	0.100 356	0.103 325	0.104 837	0.104 379	0.103 238
编号	211	212	213	214	215	216	217	218	219	220
K	0.105 147	0.107 833	0.102 958	0.103 238	0.103 764	0.107 390	0.100 264	0.104 947	0.099 882	0.105 319
编号	221	222	223	224	225					
K	0.103 291	0.101 965	0.104 742	0.101 457	0.107 343					

3.3 单宫格桩基础竖向承载试验结果分析

3.3.1 荷载-位移曲线分析

图 3-2 为不同尺寸模型桩的沉降情况,其中图 3-2(a)为①号桩、②号桩、③号桩沉降曲线,图 3-2(b)为①号桩、④号桩、⑤号桩沉降曲线,各桩的具体尺寸在表 2-2 中已经概述。因为受试验过程中多种不确定因素的影响,每个桩加载的最后一级荷载不一定是该桩的极限荷载。

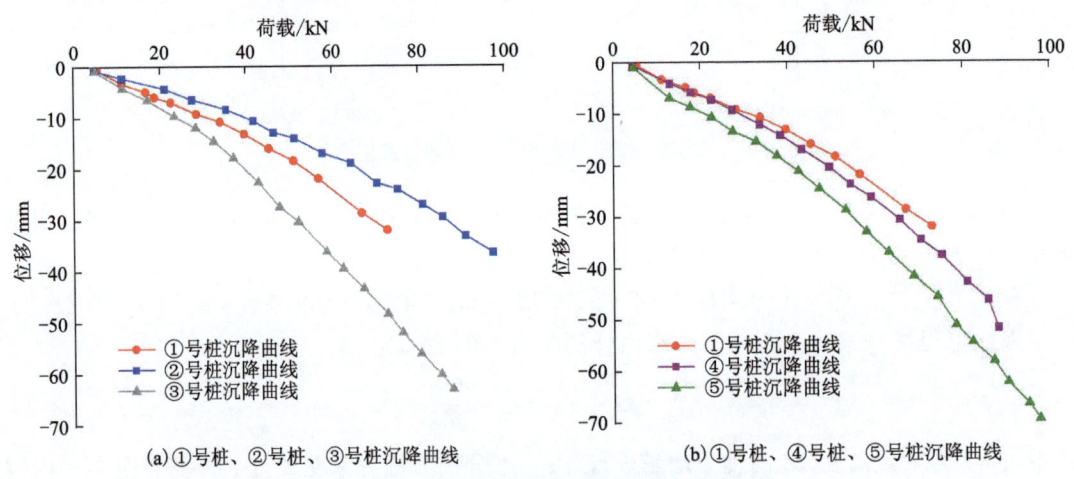

图 3-2 不同尺寸模型桩实测沉降曲线

由图 3-2 可以看出,本次试验宫格桩模型的沉降曲线类型为缓变型,并未出现明显的曲线陡降点。经过分析可知,由于宫格桩基础内部中空,上部有盖板及加载设备,属于封口型基础。土芯在受到挤压之后,向桩内上部移动受到阻碍,同理,桩向下移动时土芯会较大程度地阻止其发生沉降,因此桩基础在受竖向荷载时不会发生明显陡降。5 条沉降曲线显示,加载至 20kN 之前,沉降曲线出现较大程度的重叠,说明在加载前期基础对承载能力的贡献基本一致,受尺寸的影响较小。加载至 20kN 之后,由于桩身尺寸不同,各桩的沉降曲线开始出现差异。

图 3-2(a)为不同边长的模型桩基础沉降曲线对比。③号桩、①号桩、②号桩的桩身长度相同,而边长依次增大,沉降曲线逐渐变缓,即产生相同沉降时对应的荷载依次增大。在相同荷载作用下边长越大,桩产生的沉降越小,显然是由于边长的增加使得桩与土的接触面增大,从而提高了桩的承载力。

图 3-2(b)为不同桩身长度的模型桩基础沉降曲线对比。⑤号桩、①号桩、④号桩的边长相同,其中①号桩和④号桩的沉降曲线比较接近,变化趋势明显比⑤号桩的缓慢,也就是在相同荷载情况下,①号桩和④号桩的沉降比较接近,明显小于⑤号桩的沉降,且④号桩桩身长度较①号桩增加 10cm,但整体承载能力并未出现明显增强,反而出现稍微削弱的情况。通过试验研究发现,桩长的增加使得土芯长度增加,土体在受挤压作用时向桩内运动的高度范围有限,导致内摩阻力并未充分发挥。同时桩长的增加使得桩身的重量增大,而桩的承载能力未得到有效增加,即桩身长度并非越长越好。

3.3.2 桩身应力分析

模型桩在竖向荷载作用下，桩身会发生压缩变形，并向下产生沉降。在此过程中需克服内外侧摩阻力作用，因此桩身应力沿深度方向逐渐减小。由于竖向荷载直接加载至桩身顶部，所以桩身顶部应力达到最大值，合力近似等于外部荷载。根据应变片量测的数据并结合式(3-5)计算应力，绘制各模型桩在各级荷载下的桩身应力分布情况如图 3-3 所示。

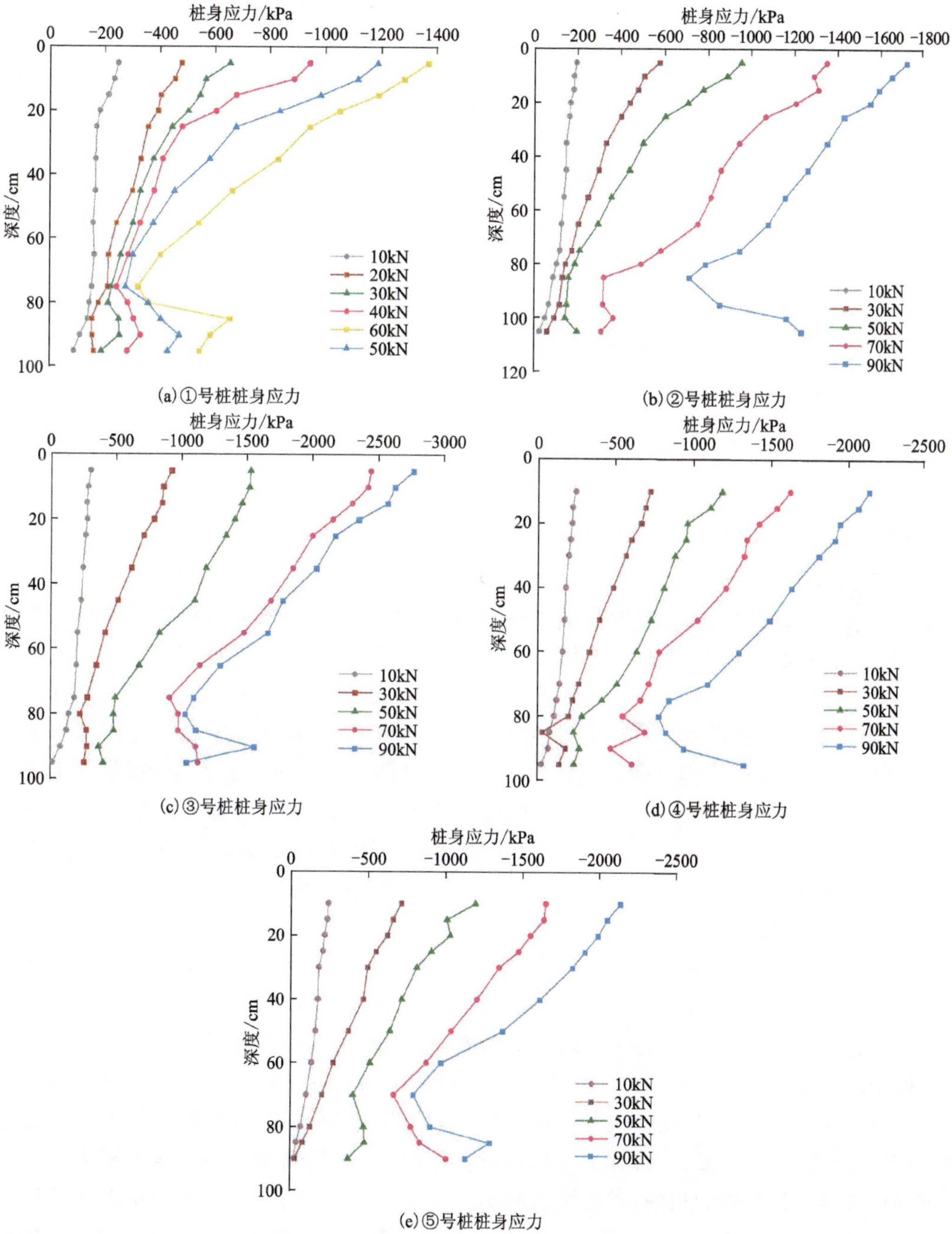

(a) ①号桩桩身应力

(b) ②号桩桩身应力

(c) ③号桩桩身应力

(d) ④号桩桩身应力

(e) ⑤号桩桩身应力

图 3-3 各模型桩桩身应力随深度变化曲线

图 3-3 所示 5 个桩身应力分布曲线规律一致，桩顶应力最大，从桩顶沿桩身向下逐渐减少。大部分桩身应力主要集中在桩顶至深度 60cm，深度 60cm 以下桩身应力所占比例较小。当荷载较小时，桩身应力随深度的衰减速率较小。随着荷载的不断增大，桩身应力随深度衰减速度不断增加。在荷载 50～70kN 范围内桩身应力由上至下衰减速度最快，当荷载继续增大至 70kN 时，桩身应力随深度的分布范围扩大，不断向桩下延伸。相应的桩底部区域应力也有增大的趋势。因此，可以推断当外部荷载继续增加时桩底荷载会明显增加，表明试验时模型桩基础出现了不可忽视的端阻力。

桩边长不同时，桩身应力的分布也存在差别。相比①号桩、②号桩，③号桩边长最小，桩身最细，其桩身应力沿深度的分布较前两者更加均匀。同样在 50kN 荷载的作用下，①号桩、②号桩桩身应力主要集中在桩身上部，③号桩桩身应力向中部扩展，分布形式与前两者发生不同，即随着荷载的增加，桩身应力作用范围更早地向下部延伸，桩身边长的增加在一定程度上加强了其承载能力。但对比①号桩、④号桩、⑤号桩，桩身长度的增加并未使桩身应力分布出现明显的变化。

3.3.3　土压力分析

桩基础在受到竖向荷载作用时，桩身会相对土体产生向下位移或位移趋势。在加载过程中，土体产生附加应力，土压力随之增大，土对桩身的侧向围压增大，桩土之间存在摩擦力，这是桩侧摩阻力的来源。通过预先埋设的土压力盒监测竖向荷载作用下土中产生的附加应力大小及分布情况，进而研究新型宫格桩基础的土应力分布规律、大小以及尺寸参数变化带来的影响。

由图 3-4 可知，在不同深度处同一水平位置的土压力曲线有明显差异。在地面至深度 40cm 范围内，同一水平位置各点的土压力大小差异较小。而深度 40cm 至桩底以下 20cm 范围内，同一水平位置的土压力曲线明显呈现中间大、两边小的马鞍形分布。在桩竖向中轴线上的土压力盒测量的最大值在桩底上下 20cm 处。宫格桩基础在桩底以下 20cm 处的土压力，与实心单桩基础的基底附加应力分布相似，但与实心桩基础不同的是，宫格桩基础内部中空，桩基础在受力时土芯会受到桩底土体挤压作用向桩内上部运动，所以桩芯内部的土压力盒在桩底上部 20cm 范围内也会取得较大值。桩芯内部土压力的产生是由于桩底部土体的向上挤压，而桩底部土压力是由于桩及上部荷载的作用。另外，在同一水平位置，桩周 20cm 范围内土压力较为明显，20cm 范围外土压力随着离桩身距离增大而骤减，直至边缘处几乎为零。由此可见，宫格桩土压力作用范围主要在桩身周围，模型箱边缘处土压力几乎为零，边缘效应问题得到有效解决。

图 3-5 反映了土压力沿深度的分布情况，可以看出桩芯土受到的压力明显大于桩外围的土压力，土压力主要集中在桩底上下 20cm 范围，随着外荷载的增加土压力持续增加，受力范围扩大，中上部土层的土压力也呈现增加的趋势。

模型的尺寸改变会对试验测试结果产生影响，图 3-4(a)～图 3-4(c)分别为①号桩、②号桩、③号桩的土压力分布情况。经过对比可知，③号桩、①号桩、②号桩的土压力最大值分别为 160kPa、230kPa、280kPa。在相同竖向荷载作用时，桩边长越大土中的压力越大。桩的边长直接反映宫格桩基础的粗细，对比图 3-4(a)～图 3-4(c)可知，桩径较大时土芯受挤压高度稍有变化，桩边长为 16cm、20cm 时土芯受挤压作用的范围要大于桩边长为 24cm 时。这说明桩身较粗时内侧摩阻力并没有充分发挥,桩身较细时发挥更加充分。图 3-4(a)、图 3-4(d)、图 3-4(e)分别为①号桩、④号桩、⑤号桩的土压力分布情况。经过对比可知,①号桩、④号桩、⑤号桩的土压力最大值分别为 178kPa,230kPa,182kPa,随着桩身长度的增加,土压力最大值未发生规律性变化。考虑到影响试验结果的多种因素,并且 3 个模型桩土芯受挤压范围也未出现明显差异,认为桩身长度的变化对土压力的影响并不显著。因此在桩长满足承载力要求时增加桩长并不能提高宫格桩的承载性能,在满足承载力的前提下桩身长度越短越满足工程性价比需求。

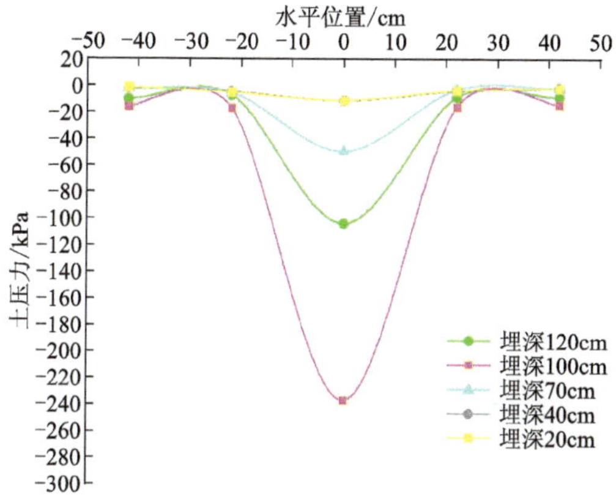

(a)①号桩周土压力分布

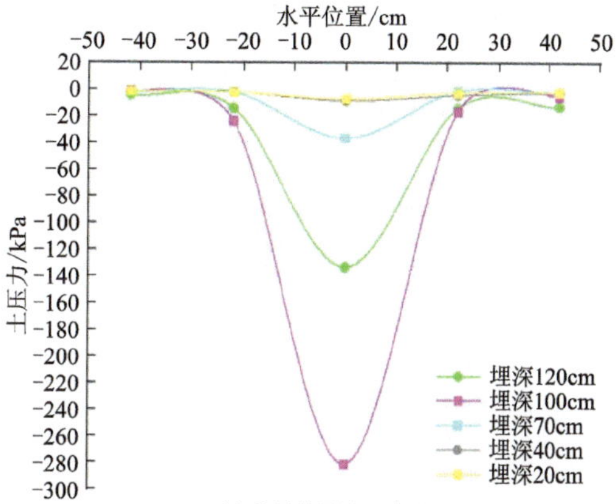

(b)②号桩周土压力分布

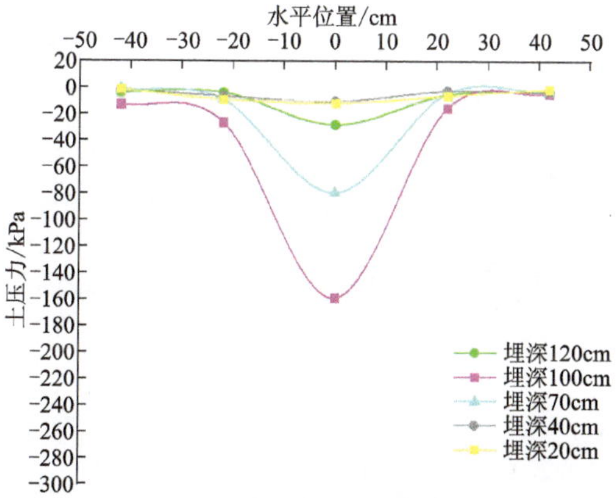

(c)③号桩周土压力分布

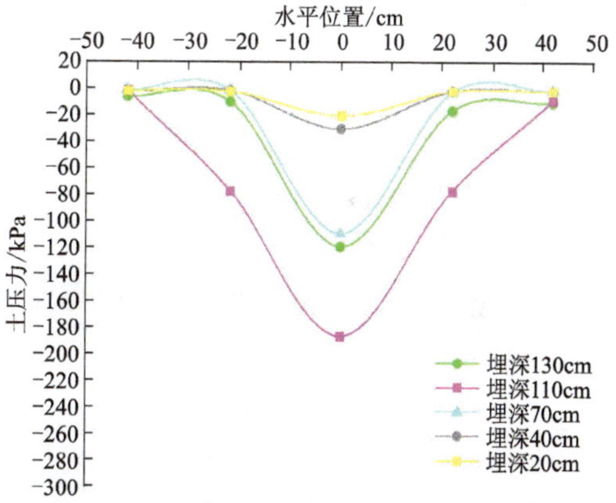

(d)④号桩周土压力分布

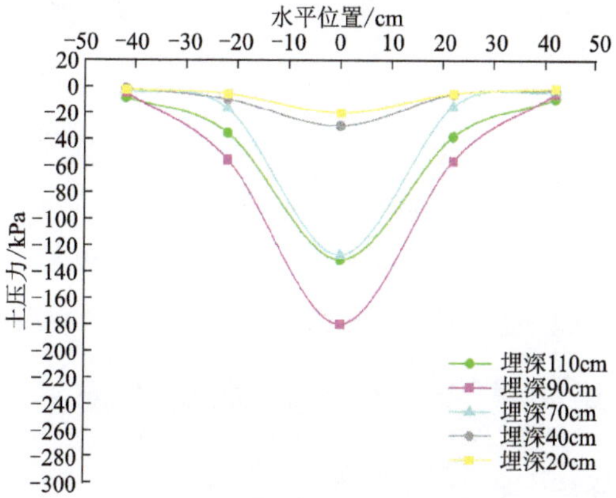

(e)⑤号桩周土压力分布

图 3-4 各模型桩土压力沿水平方向的分布情况

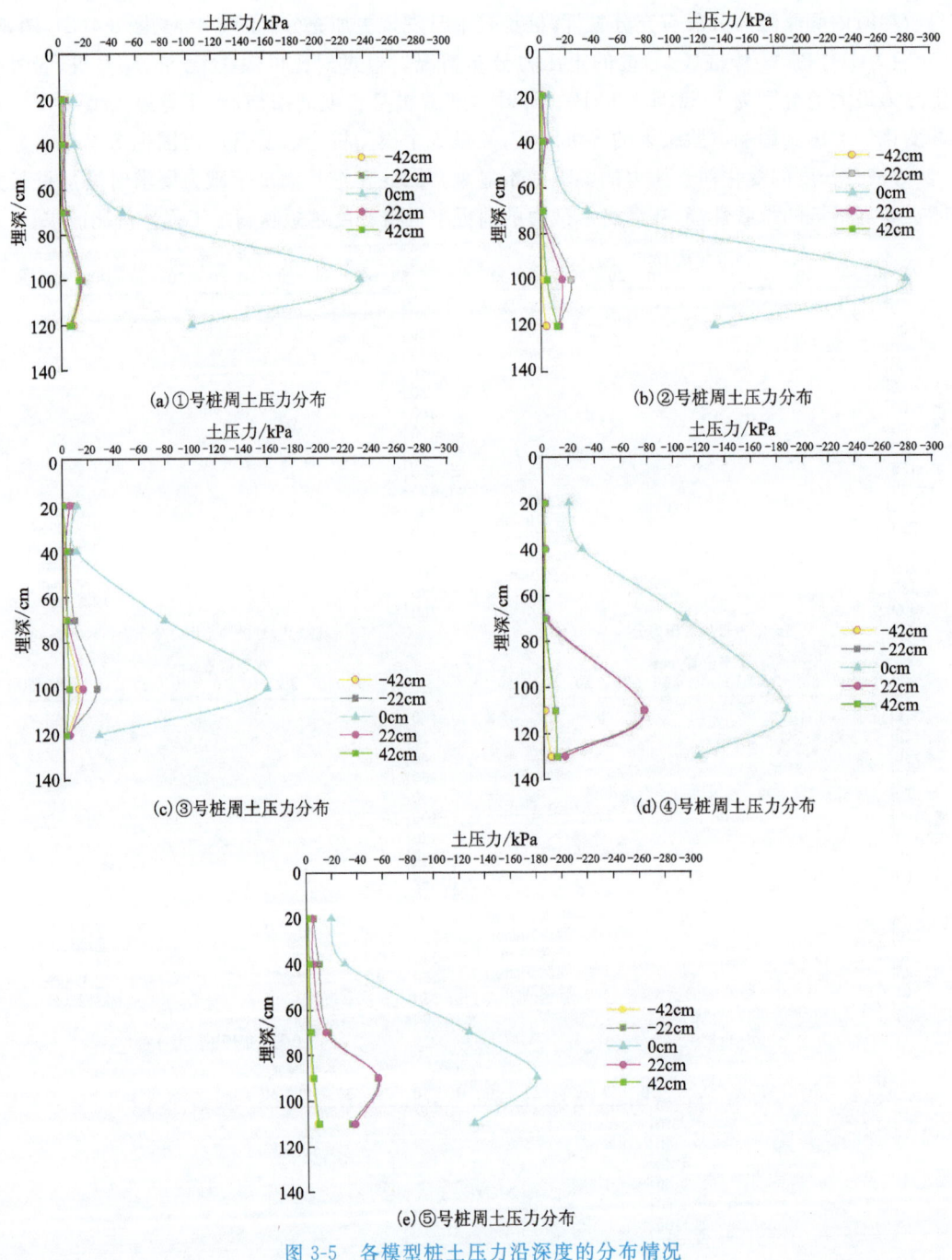

图 3-5 各模型桩土压力沿深度的分布情况

3.4 双宫格桩基础竖向承载试验结果分析

3.4.1 沉降曲线分析

图 3-6 为单宫格和双宫格桩基础的沉降试验曲线。由图可知,在相同试验荷载作用下双

宫格桩基础的沉降值小于单宫格桩基础的。在曲线上取沉降值为-40mm对应的外荷载,可知双宫格桩基础的荷载为81kN,单宫格桩基础为59kN,此时双宫格桩基础的荷载约为单宫格桩基础的1.37倍,而非单宫格桩基础的2倍。由此可见,宫格桩基础的承载能力并非与宫格数量增加呈相同的倍数关系,本研究将这种现象称为"宫格效应"。

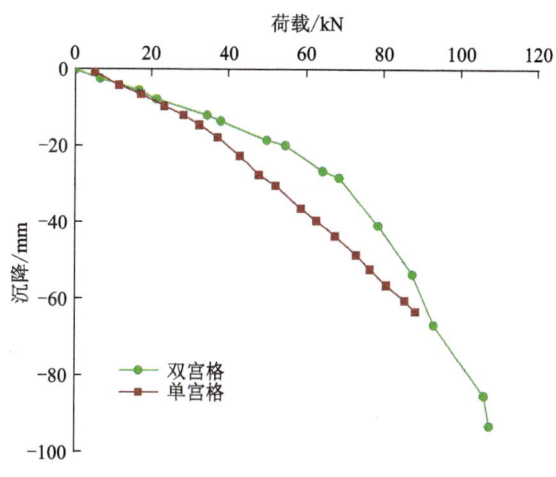

图3-6 单宫格和双宫格桩基础的沉降曲线

由图3-6沉降曲线可知,加载前期两条曲线基本上重合,两条曲线的差异出现在加载至20kN之后。原因在于加载前期荷载相对较小,桩基础的摩阻力都能充分大于外加荷载,沉降主要是土层压缩产生,两者差异较小。随着荷载的增加,桩侧摩阻力沿桩身由上至下达到极限,由于单宫格的摩阻力面积小于双宫格的面积,荷载在单宫格桩中传递的深度大于双宫格桩,因此单宫格桩基础的沉降量大于双宫格桩基础,这是导致两个桩沉降量产生差异的主要原因。随着荷载继续增大,两者的沉降曲线差异逐渐变小,有趋于重合的趋势。这是由于荷载增大到接近极限荷载时,桩的侧摩阻力发挥到极致,新增加的荷载几乎全部传递到桩底,桩身及土体的压缩变形量比较接近,两桩沉降曲线之间的差异变小。此外由于试验时模型箱尺寸有限,桩基础底部的土层厚度较小,与桩底土体的真实变形量有一定差别,建议后续进行现场加载试验更为准确地反映桩的受力情况。

3.4.2 桩身应力分析

图3-7为双宫格桩在各级荷载下不同深度处桩身应力的分布曲线。在加载过程中,最大值出现在桩顶直接施加荷载处,荷载加载至前三级(即43.2kN以前)时,桩身应力主要集中在桩身上部0~40cm范围内,随着桩身深度方向逐渐减小;当荷载达到57.6kN时,桩底部应力逐渐开始增大,桩身应力沿深度呈现了中间小、两头大的趋势;当荷载继续增大至86.4kN时,桩底部的应力远大于桩顶部应力的一半,此时桩端阻力已经开始参与承担外加荷载且大小不可被忽略。在本次试验中可以看出,桩基础作为受力构件,当外荷载较小时,与摩擦桩的受力情况相符;当外荷载较大时,桩端阻力参与了承载作用。但是考虑到实际工程中该桩型定义为摩擦桩,计算承载力时不计入桩端阻力,说明试验的结果与实际工程中的受力情况有一定

差异,这个差异的缩小可以通过改变模型桩长以及桩土之间的摩阻力来实现,这也反映了缩尺模型桩试验需要考虑试验的尺寸效应和桩土界面的摩擦效应。

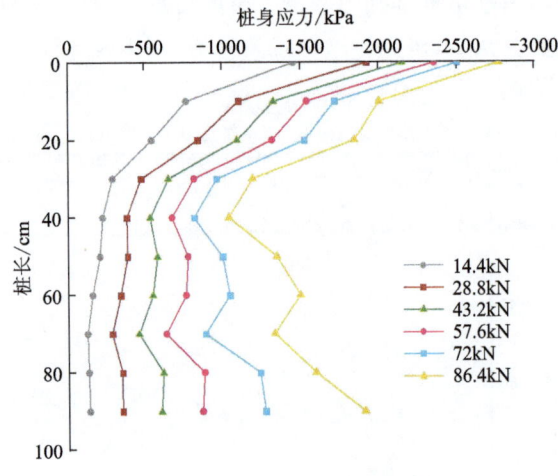

图 3-7 双宫格桩身应力曲线

3.4.3 土压力分析

图 3-8 为双宫格桩基础周围土体在各级荷载下的土压力沿水平方向的分布曲线。由图 3-8(a)～图 3-8(g)可知,在 80～110cm 深度范围土压力较大。由于双宫格桩基础的长度为 90cm,靠近桩底部周围的土体压力值明显大于其他位置,而靠近桩顶的土压力较小。分析原因如下:模型桩较短,桩侧摩阻力较小,荷载很快传递至桩底,因此桩底部的土压力明显大于其他位置的土压力,且桩底部的土体有向桩内挤入的趋势,桩底部附近的桩芯土压力也明显大于上部土压力。在 0～40cm 深度范围,靠近桩顶的土压力值较小,且随荷载增大的变化较小,这是由于底部土芯的向上挤压运动并未对土芯顶部产生较大影响。随着荷载的增加,桩端力的增大,桩芯土受挤压范围向上扩展,在深度为 60cm 附近的土压力会随着荷载增大产生较大的增长,但增长幅度没有土芯底部变化明显,此范围可作为土芯受挤压的临界影响范围。

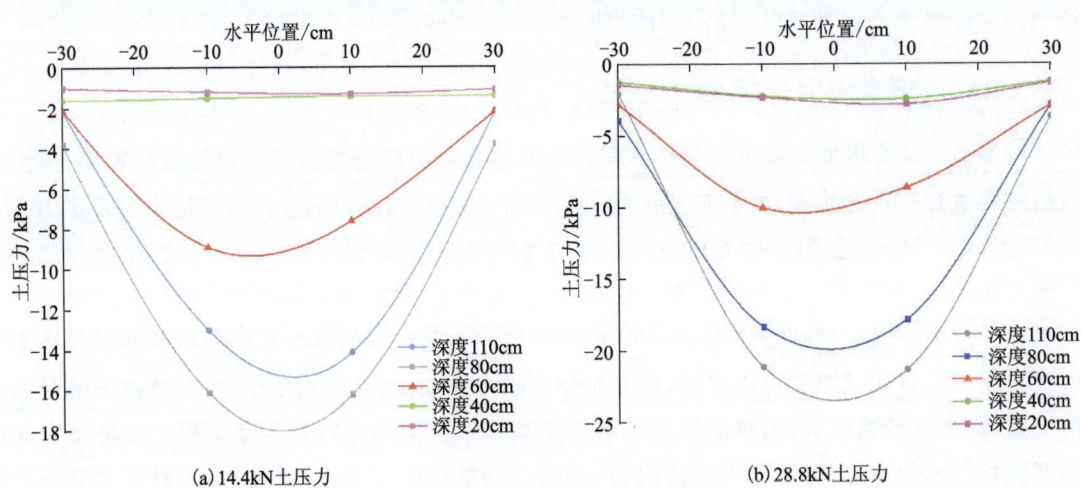

(a) 14.4kN 土压力   (b) 28.8kN 土压力

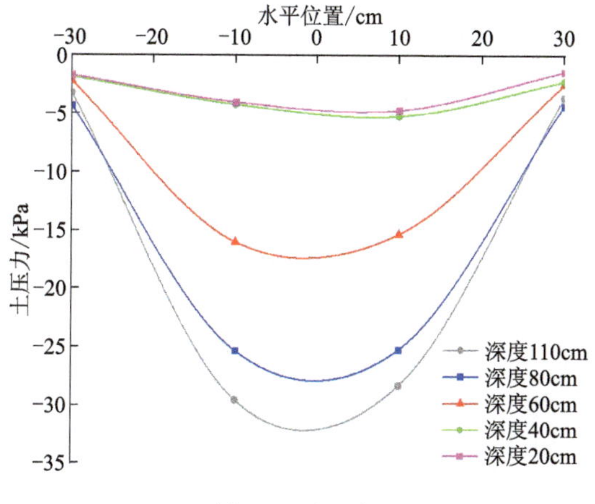

3 宫格桩基础竖向承载性能试验研究

(c) 43.2kN 土压力

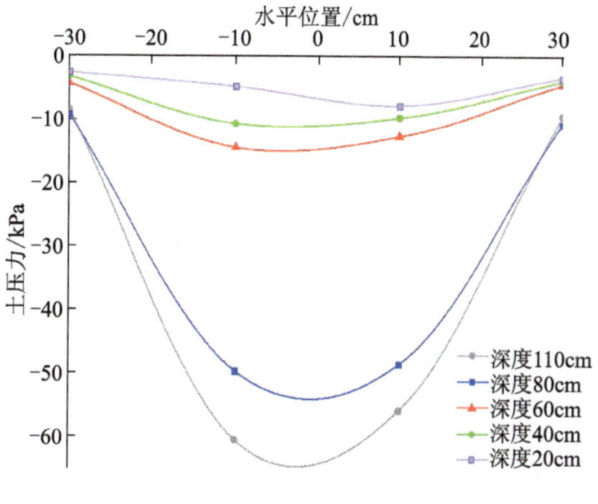

(d) 57.6kN 土压力

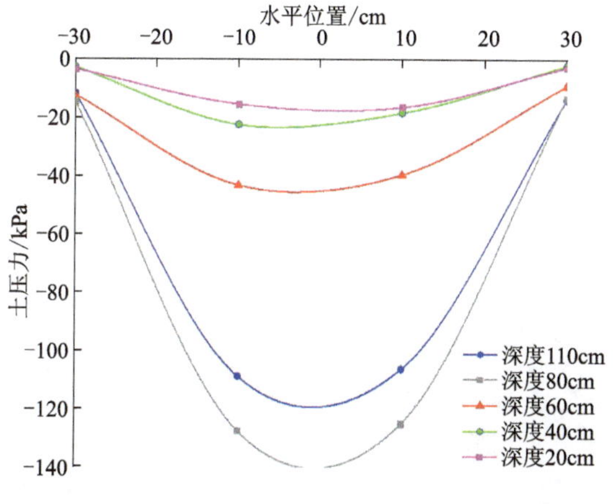

(e) 72kN 土压力

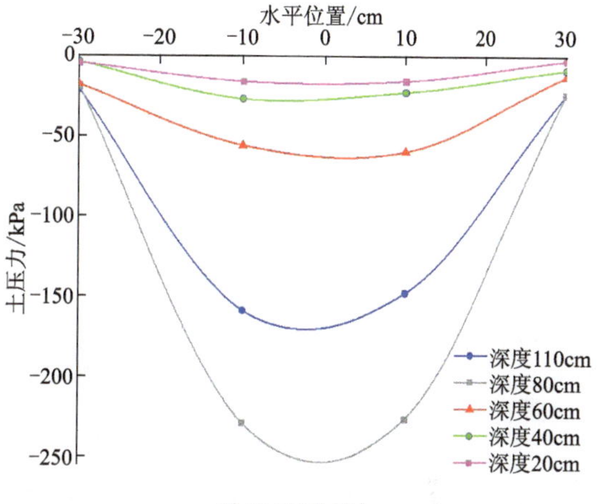

(f) 86.4kN 土压力

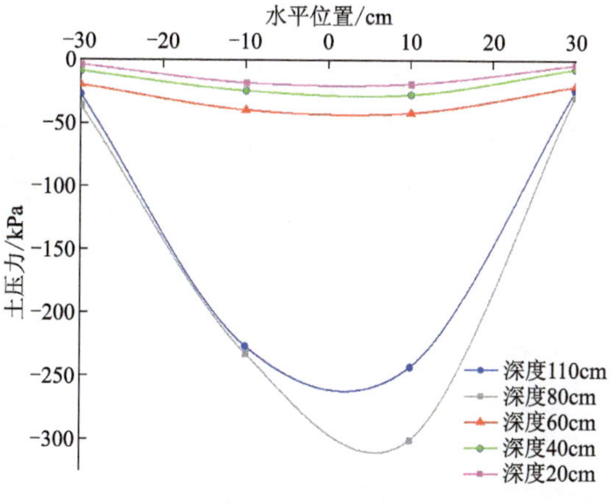

(g) 100.8kN 土压力

图 3-8 双宫格桩基础周围土压力沿水平方向分布曲线

图 3-9 为双宫格桩基础周围土体在各级荷载下的土压力沿埋深的分布曲线。由图 3-9(a)～图 3-9(g)可知，-10cm 和 10cm 表示桩芯土的压力值，且较桩周土的压力偏大，中下部的土压

力明显大于中上部的土压力。在加载初期荷载较小时，桩芯土的底部土压力值最大，当荷载增大到72kN时，80cm深度处的土压力值大于桩底部的土压力值。桩周土的压力也呈现出中下部明显大于中上部的趋势，压力值较小。

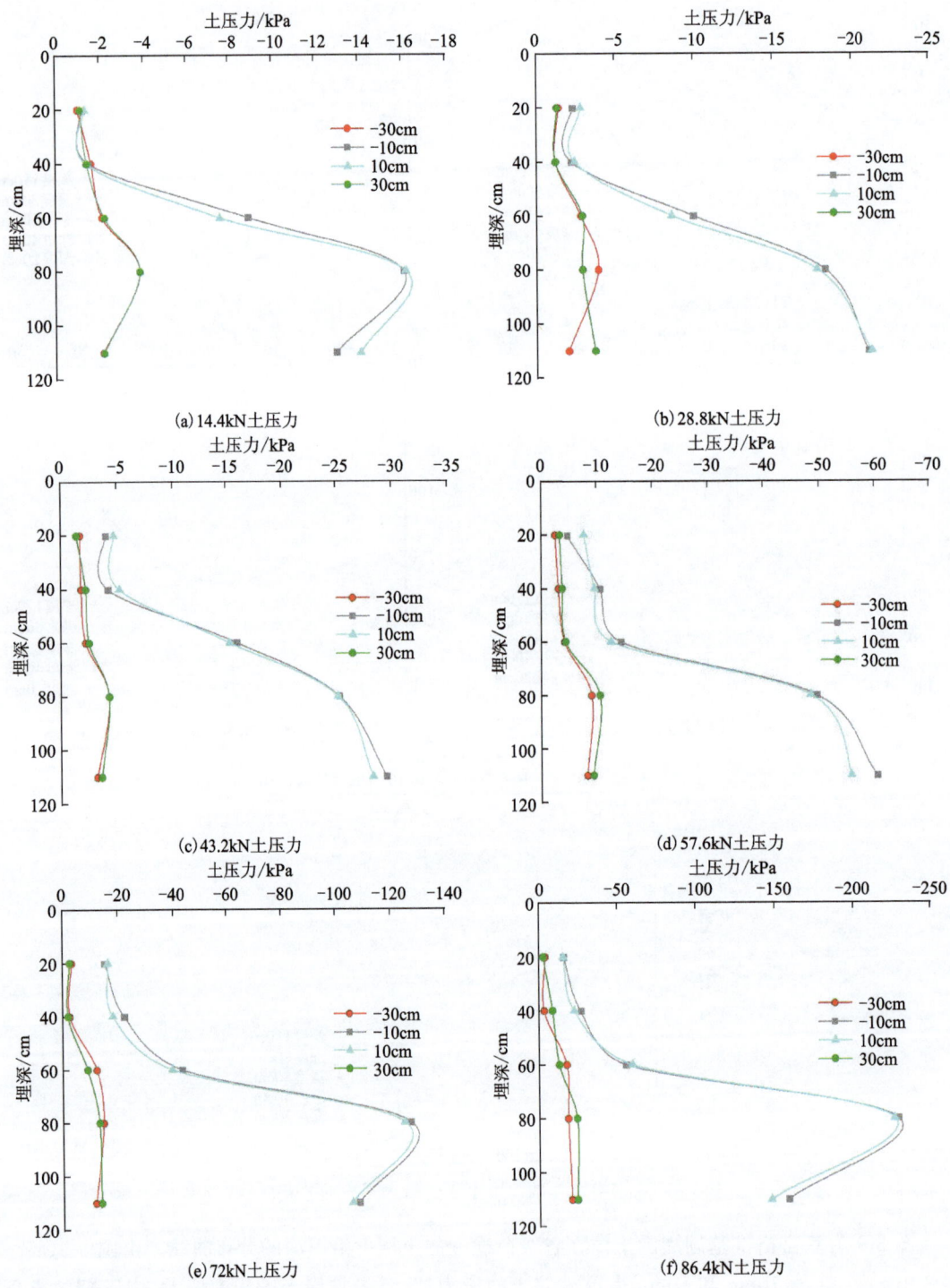

(a) 14.4kN土压力

(b) 28.8kN土压力

(c) 43.2kN土压力

(d) 57.6kN土压力

(e) 72kN土压力

(f) 86.4kN土压力

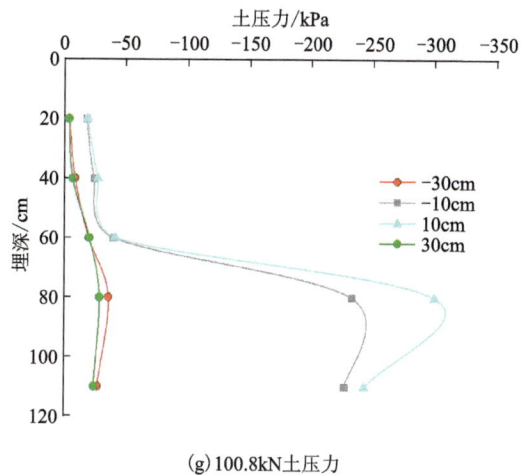

(g) 100.8kN土压力

图 3-9　双宫格桩基础周围土压力沿深度分布曲线

在深度 80～110cm 范围内，即桩底部上下 10～20cm 的范围为土压力最大区域，由于桩底部独特的开口设计，周围土体会被挤压进桩内，即土芯被挤密、压实，这也是桩内侧摩阻力产生的主要原因。对比本书 3.3.3 节中各个单桩土压力的大小，双宫格桩的土压力并没有出现成倍增加，只是呈现略大于单桩的现象。由此可知，宫格桩基础的承载力并不与宫格的数量成正比，增加宫格桩基础的宫格数量不会同等比例增加桩的承载力。

3.5　三宫格桩基础竖向承载试验结果分析

3.5.1　沉降曲线分析

图 3-10 为单宫格③号桩基础以及尺寸参数相同的双宫格及三宫格桩基础沉降曲线。由图可知，双宫格及三宫格桩基础的沉降曲线整体在单宫格沉降曲线的上方，在加载初期 3 条曲线基本重合，加载至 30kN 之后单宫格桩基础的沉降量率先增大且增长速度明显大于双宫格及三宫格桩基础。加载至 30～55kN 荷载范围内，双宫格及三宫格桩基础的曲线基本重合，加载至 55kN 之后，双宫格桩基础的沉降量开始大于三宫格桩基础。在沉降量为 −40mm 时，与 3 个桩基础对应的外荷载分别为 59kN、81kN、102kN，双宫格及三宫格桩基础的荷载分别为同尺寸单宫格桩基础的 1.37 倍、1.72 倍。结合前文 3.4.1 节中所描述的"宫格效应"，可以说明宫格数量的增加并不会使得桩基础的承载性能成倍增长，而是存在一定的削弱作用。

3.5.2　桩身应力分析

图 3-11 为三宫格桩基础在各级荷载作用下的桩身应力曲线图。与单宫格、双宫格桩身应力分布形式基本一致，呈现桩顶应力值最大并沿着深度方向应力值逐渐减小的趋势。加载初期荷载较小，桩底应力很小，加载值大于 60kN 之后，桩身底部应力随着荷载增加而逐渐增大，呈现两头大中间小的趋势。上述现象与单宫格、双宫格桩基础加载试验的现象一致，当外

荷载较小时,与摩擦桩的受力情况相符,当外荷载较大时,桩端阻力参与了承载作用,具体分析详见3.4.2节。对比图3-3、图3-7、图3-11可知,三宫格桩基础的整体桩身应力值有明显的增大。由于三宫格桩基础承载力增大,试验加载值明显大于单宫格及双宫格桩基础,所以导致桩顶部应力增大。

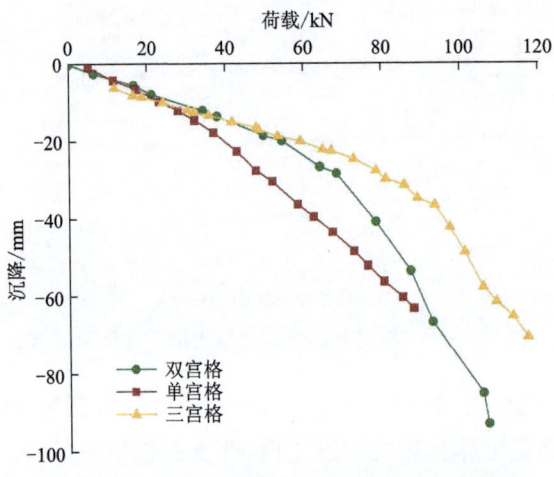

图 3-10 单宫格、双宫格、三宫格桩基础沉降曲线

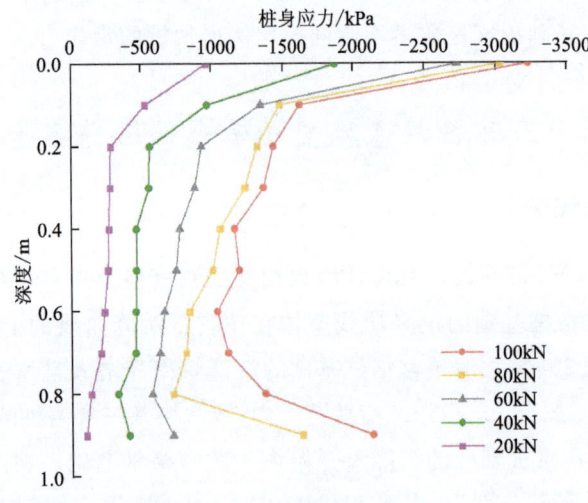

图 3-11 三宫格桩身应力曲线

3.5.3 土压力分析

图 3-12、图 3-13 分别为三宫格桩基础在不同荷载作用下的土压力沿水平和深度的分布曲线图。由图可知,三宫格桩基础土压力最大值位于埋深 0.9~1.2m 之间,即桩底以下 0.3m 范围内。从水平位置来看,同一埋深土压力盒监测的压力值呈现中间大、两边小的趋势,距离桩中心轴线越远土压力值越小。随着荷载的不断加大,土压力最大值随之增大,最大值出现在埋深 1.2m 即桩基础正下方 0.3m 处。由图 3-12 可知,土压力的分布范围随着荷载的增加

而变大，桩芯内土体受挤压的区域主要在桩身底部0.3m范围，荷载的增大使得桩芯土受压范围继续扩展，但桩芯土上部土压力远远小于桩端土压力。结合单宫格、双宫格、三宫格桩基础的土压力分布图可知，土压力的大小分布规律基本一致，并不受宫格桩数量的影响。

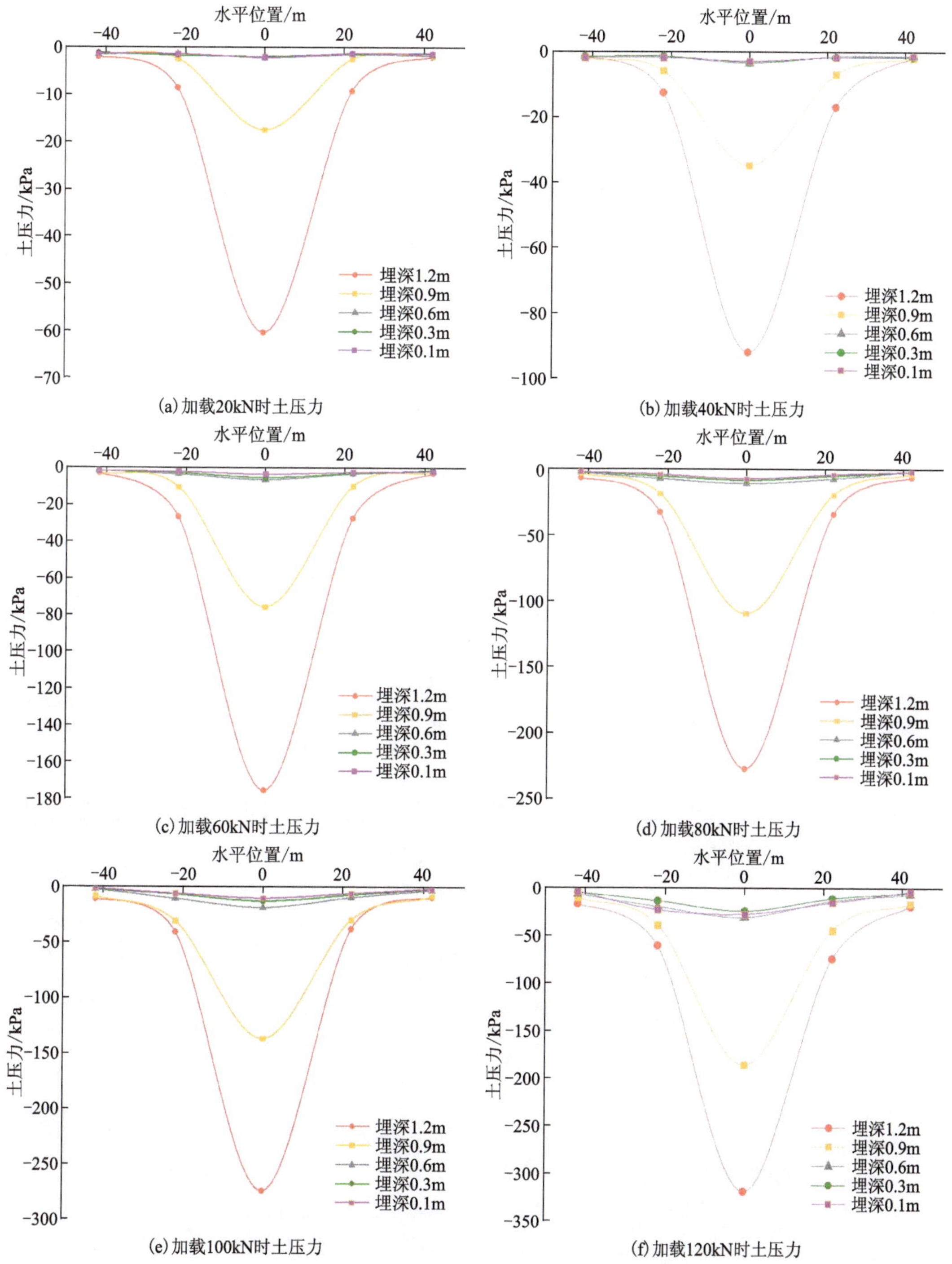

图 3-12　三宫格桩周土压力沿水平方向分布曲线

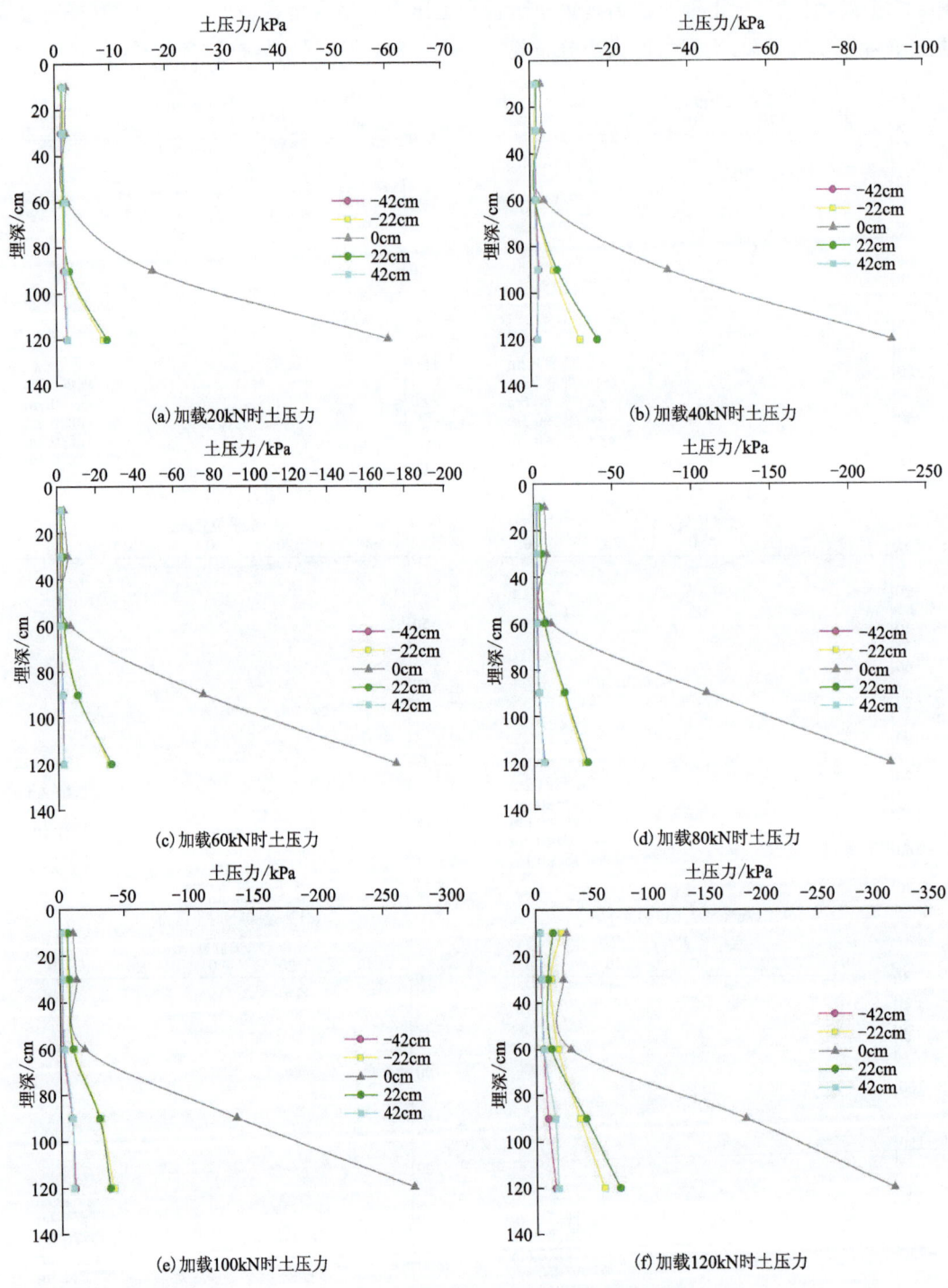

图 3-13 三宫格桩周土压力沿深度方向分布曲线

3.6 本章小结

3.6.1 主要结论

（1）宫格桩基础的沉降曲线类型为缓变型，曲线没有明显拐点。不同尺寸的宫格桩基础沉降曲线类型相同，但承载能力会有差异。

（2）在不考虑工程经济性的前提下，桩身长度和边长的增加能够提高桩的极限承载力。边长增大对承载力提高效果明显，桩长达到一定长度后继续增大对承载力的提高不明显。适当改变桩身尺寸能够有效提高桩基础承载能力，具体尺寸优化结果需在以后研究中通过数值模拟方法继续探讨。

（3）不同尺寸的宫格桩桩身应力分布规律一致，且随着荷载的改变而变化。在荷载较小时桩身应力从上到下逐渐减小，桩顶应力最大，桩底应力最小。当荷载较大时桩身应力主要集中在桩身上部和桩的底部，呈现两头大、中间小的趋势，但桩底部的应力远远小于桩顶部应力。桩长对桩身应力的大小和分布影响不大，桩边长的增加会使桩身应力更加在上部集中，延迟上部荷载向桩底的传递。

（4）荷载在土中沿水平方向的分布呈现出以桩身为中心的马鞍环形，桩周围土压力的分布范围主要在 1.5 倍桩径范围。由于宫格桩基础内部中空的特殊构造，相比实心桩基础，桩芯土为宫格桩基础贡献了内摩阻力，但由于上部承台的制约，内摩阻未能得到有效发挥。本次试验有效地避免了模型箱的边缘效应对试验结果的影响。

（5）桩长改变对土压力的影响主要表现在土芯，桩周围土压力作用范围以及桩底土压力的分布形式和大小不会出现明显变化。而桩边长发生变化时对土压力造成的影响较为显著，桩边长增加即桩身变粗后基底附加应力会明显增加，但土芯土压力作用范围会相应减小；与之相反，桩边长减小即桩身变细后，基底附加应力整体有明显降低，土芯土压力作用范围会在桩内向上部延伸、扩大，土芯受挤压程度明显。

（6）对单宫格、双宫格、三宫格进行对比分析可知，宫格桩基础的桩身应力和土压力的分布规律并不受宫格数量的影响，但宫格数对桩的承载力产生一定影响。由于存在宫格效应，宫格数量的增加并不会使桩基础的承载性能成倍增长，而是存在一定的削弱作用。

3.6.2 进一步研究的建议

（1）本研究主要采用室内模型试验方法，由于相似材料的重度相似比无法完全满足，需要采用增加配重的方式，在某种程度上对试验结果会产生一定影响。

（2）本次试验的相似材料表面采用涂胶粘砂的方式，与实际工程中的桩土界面的作用有一定差异，未考虑桩土之间的摩擦系数，今后需要对桩土之间的摩擦性能进行测定，寻找更符合实际情况的桩土界面形式。

（3）为了方便试验的开展，地基土材料采用细干砂，实际工程中的桩所处的环境显然要更加复杂，今后需要结合更多不同的场地对该问题展开进一步研究。

（4）由于试验过程较为复杂，对桩尺寸效应对照组设置较少，后续应该设计更多的小尺寸模型试验，进一步探究桩身尺寸对承载性能的影响。

4 宫格桩基础竖向承载性能数值模拟研究

4.1 引言

众多学者对地下连续墙基础的竖向承载受力进行了数值模拟分析,主要研究内容是沉降过程中地下连续墙与土芯之间的相互作用机理。区别于传统的单片地下连续墙结构,井筒式、格栅式地下连续墙基础由于内部含有土芯,其结构在受力方面有所不同。

宋章等(2011)通过数值模拟指出,在基础沉降值要求相同的情况下,井筒式地下连续墙基础比单幅墙基础有更加优秀的承载能力,墙身侧摩阻力的发挥源自于墙土相对位移,墙身外侧土体以剪切变形为主,其外侧摩阻力自上而下逐渐发挥。而闭合地下连续墙内只有当土芯底部受到足够大的反力时,土芯才会产生相对于墙壁向上的压缩变形,而使得内侧摩阻力由下而上逐渐发挥出来。温清晖和王扬(2015)的数值研究结果表明,闭合地下连续墙基础在接近最大沉降值时并没有发生明显的陡降,仍表现出良好的竖向承载性能,即沉降曲线呈缓降型。竖向承载能力主要由外侧摩阻力和端阻力承担,随着竖向荷载的增大,端阻力所占荷载比例越大,土芯反力和内侧摩阻力虽然也逐渐增大,但所占荷载比例几乎不变。Liu等(2007)通过ABAQUS软件模拟封闭地下连续墙时指出,在横向荷载作用下,基础高度1/3处的弯曲和刚度变形最大。宋章和程谦恭(2011)在考虑土芯的荷载作用下,通过FLAC3D软件对闭合地下连续墙基础的荷载分担比进行了分析研究,探讨其承载力各项组成部分的异步发挥过程与荷载传递特性,并对其土芯在承载过程中压缩变形较大的部分土体进行了系统性的研究,得出了土芯顶部反力的分布规律。黄孝敏(2012)运用数值模拟技术,研究了土体的弹性模量、黏聚力、内摩擦角等土体物理力学性质对井筒式闭合墙桥梁基础的极限承载力和土拱效应的影响。刘博(2015)利用FLAC3D软件对井筒式地下连续墙进行了静力承载性能分析,并探究了井筒式地下连续墙在地震荷载下对土芯内砂土液化的阻断功能。此外,在井筒式地下连续墙的截面形式研究方面,吴九江(2016)提出一种基于接触面反演的算法,通过模拟得出在格栅式基础的转角处外摩阻力发挥较好,要大于外墙其他位置处,转角处的应力集中现象也更为明显,在进行工程设计时应该对转交部位以及刚性接头进行局部加强设计,防止出现应力大于材料强度而墙身转角处出现抗压破坏的现象。张兆亮(2020)基于数值模拟与现场检测报告的数据,对相同格室尺寸的两室、四室和六室井筒式地下连续墙基础的竖向承载性状进行了研究,系统地分析了多室型地下连续墙基础的承载性能及荷载作用机理,并提出一种判断多室墙竖向承载力的公式。

Wu等(2017)通过PFC2D软件建立了井筒式地下连续墙的模型,深入研究其在沉降过

4 宫格桩基础竖向承载性能数值模拟研究

程中,墙内土拱以及墙土沉降差异的形成原因,并认为多格室桩芯土间的土拱效应是影响土拱发展的不利因素。Wang 等(2023)为研究新型球状地下连续墙基础的承载特性,通过数值模拟找出地下连续墙的应力集中部分,并在墙身应力集中部分添加特殊球形构件,对地下连续墙间的群墙效应作出系统性分析。Cao 等(2020)建立了井筒式地下连续墙的理论模型,提出岩石基础上井筒式地下连续墙的轴向阻力近似解析解,研究了土芯、高宽比、墙-土刚度比、截面长宽比对轴向阻力的影响。

以上学者的研究工作,较为详细地给出了荷载在井筒式地下连续墙基础墙身上的传递机理,并得到了墙外侧摩阻力、内侧摩阻力、端阻力、承台底部土反力在承载各阶段中的分布规律、发挥顺序和承载力占比。同时,还在不同土体条件下,将单室、多室井筒式地下连续墙基础与群桩基础相比较,得出井筒式地下连续墙基础能在节省材料的同时,提高承载力并减少沉降的结论。这些研究成果为宫格桩基础在实际工程中的设计研究提供了部分参考。

本章在宫格桩基础竖向承载模型试验的基础上,采用有限元软件 ABAQUS 对宫格桩基础建立模型进行分析,以进一步探究宫格桩基础的承载特性,主要工作内容如下。

(1)建立室内模型试验尺寸的宫格桩基础数值模型,更详细地研究了宫格桩基础的承载能力、沉降特性、土压力分布、桩身应力及侧摩阻力分布。

(2)建立不同尺寸和宫格数量的宫格桩基础数值模型,对比桩长、边长和宫格数量对宫格桩基础竖向承载能力的影响。

(3)建立杨湾河群桩基础和宫格桩基础的数值模型并进行对比,研究了宫格桩基础和传统群桩基础差别和优势。

4.2 宫格桩基础竖向承载数值模型建立

4.2.1 有限元软件介绍

ABAQUS 是适用于解决从简单(线性)到高度复杂工程问题(多物理场非线性)的一套具有全面仿真计算能力的有限元软件。ABAQUS 前处理模块包括丰富的单元、材料模型类型,可以高精度地实现包括金属、橡胶、高分子材料、复合材料、钢筋混凝土、可压缩超弹性泡沫材料以及土壤和岩石等地质材料的工程仿真计算。在多物理场计算方面,ABAQUS 不仅能求解结构(应力/位移)问题,还可以进行热传导高精度求解、质量扩散分析、热电耦合分析、声学分析、电磁分析、岩土力学分析及压电介质分析。

4.2.2 宫格桩基础数值模拟参数确定

根据室内模型试验中各缩尺模型的实际尺寸,建立了与试验参数相同的数值模型,如图 4-1 所示。土体材料采用细砂,宫格桩基础材料为有机玻璃,根据实验室测试可知,细砂的密度为 1550g/m³,弹性模量为 20MPa,黏聚力 c 为 3kPa,摩擦角 φ 为 30°,有机玻璃的弹性模量为 1.4GPa。本次研究中所建立的宫格桩数值模型尺寸如表 4-1 所示。

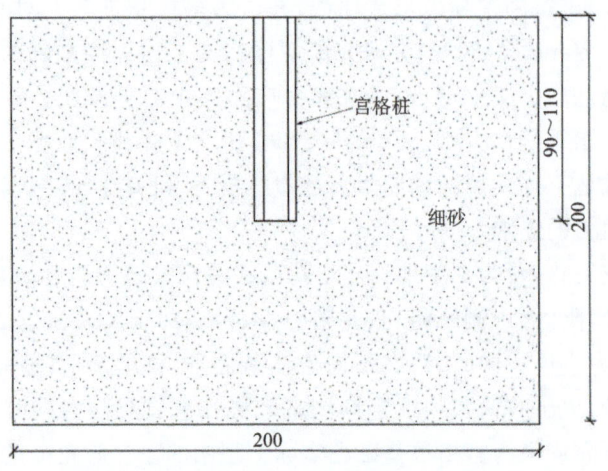

图 4-1 宫格桩模型试验示意图(单位为 cm)

表 4-1 宫格桩数值模型尺寸表

编号尺寸	①号单宫格桩	②号单宫格桩	③号单宫格桩	④号单宫格桩	⑤号单宫格桩	单/双/三宫格	带肋单宫格桩
桩长/cm	100	100	100	110	90	90	100
边长/cm	20	24	16	20	20	16	16
厚度/cm	4	4	4	4	4	4	4

4.2.3 宫格桩基础数值模型建立与加载方案

利用 ABAQUS 有限元软件,按照模型试验时宫格桩模型和铁箱模型的几何尺寸及力学参数建立数值模型。土体的本构模型采用 Mohr-Coulomb 塑性模型及线弹性本构模型,宫格桩基础采用线弹性模型。网格划分策略为自上而下的扫略方式,自桩身中心至模型边界网格密度由密至疏,网格的单元类型采用 C3D8R 三维应力分析单元,最终建立的数值模型如图 4-2 所示。

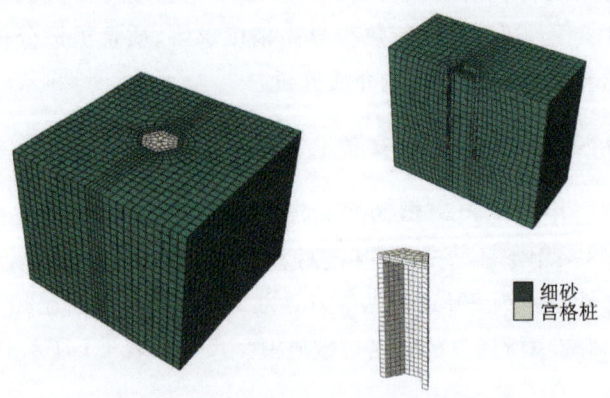

图 4-2 单宫格桩数值模型示意图

参考室内模型试验的加载方案,根据预估结果每级的加载大小调整为10kN,共计100kN。在ABAQUS软件内通过设置不同的分析步,每个分析步代表不同的加载等级,从而实现逐级加载,分析步设置方案如图4-3所示。由图4-3可知,在模型加载前要考虑重力场带来的影响,因此首先设置重力分析步。在重力作用下将模型进行场力计算,随后将重力场结果作为加载前的预应力,从而模拟现场的预应力平衡效果。从L1~L10为一至十级荷载,计算过程中依次将每级荷载加载到模型顶部。

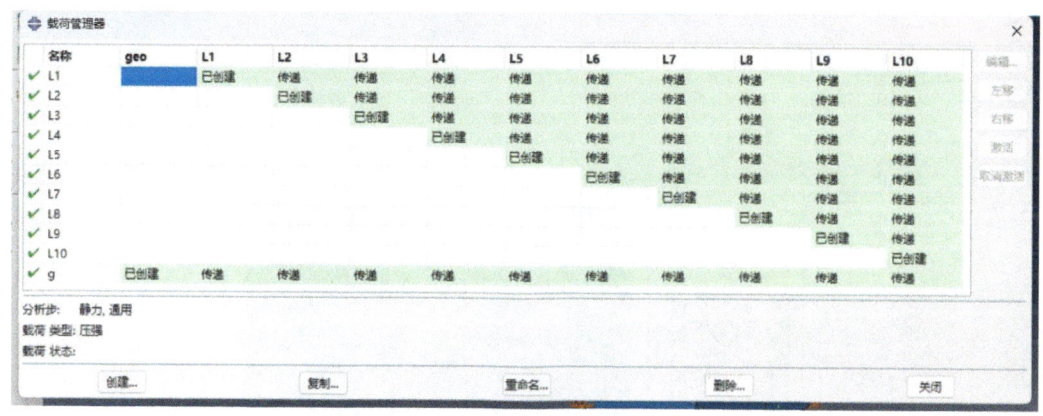

图4-3 分析步设置方案

4.3 单宫格桩基础试验模型数值模拟结果及分析

4.3.1 单宫格桩基础沉降特性分析

图4-4为①号桩、④号桩、⑤号桩的沉降曲线,反映了宫格桩沉降随桩长变化的沉降情况。由图4-1可知,桩身长度的增加会提高桩的承载能力。当竖向位移为-30mm时,①号桩、④号桩、⑤号桩桩顶的荷载分别为73kN、65kN、58kN,在沉降值相同的情况下,荷载的增量与桩长的增量成正比。图4-5给出了①号桩、②号桩、③号桩的沉降曲线,反映了宫格桩沉降随边长变化的情况,在沉降值相同的情况下,随着桩身边长的增加,荷载的增量逐渐减小,②号桩桩身边长的增加使得桩的承载能力略大于①号桩,但随着③号桩桩身边长的减小,其承载能力要比①号桩减小明显,可见宫格桩承载能力的变化与桩边长的变化不呈线性关系。

由以上分析可知,增加桩身长度、桩身边长都会提高宫格桩基础的承载力,其中增加桩身长度对提高承载力影响显著,但随着桩边长的增加,对宫格桩承载能力的提高效果逐渐减弱。

图4-6为①号至⑤号单宫格桩基础在100kN荷载作用下的位移云图。由图可知,在竖向荷载作用下桩基础及土芯会产生向下的整体位移。由于压缩变形,其位移变化量要大于土芯上部。在桩基础底部以下的地基土中,位移呈现马鞍形分布,桩基础底部左、右两侧地基土的位移大于土芯底部地基位移。地基土产生位移主要集中在桩下部1/3桩长范围,以及桩底部附近。桩身中上部的桩周土体并未出现明显的位移变化,土体的竖向位移集中在土芯及桩底部以下约1/3桩长深度处。水平方向并未产生较明显的土体位移。

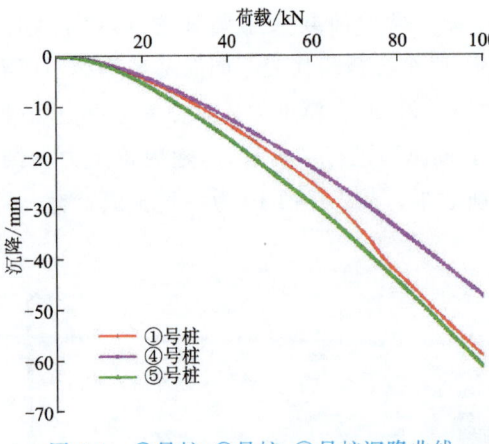
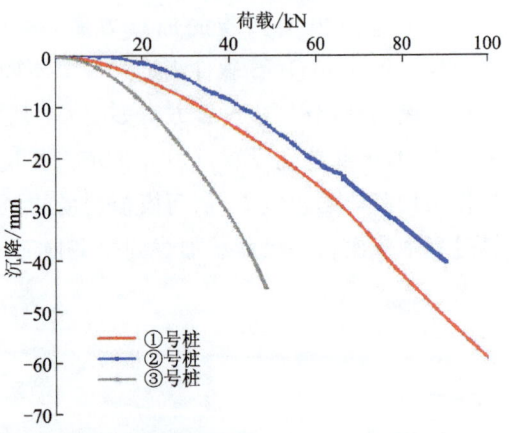

图 4-4　①号桩、④号桩、⑤号桩沉降曲线　　　图 4-5　①号桩、②号桩、③号桩沉降曲线

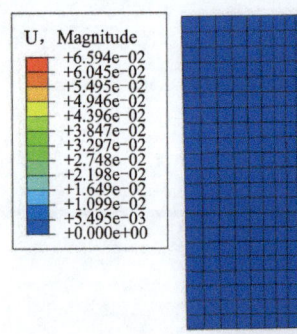
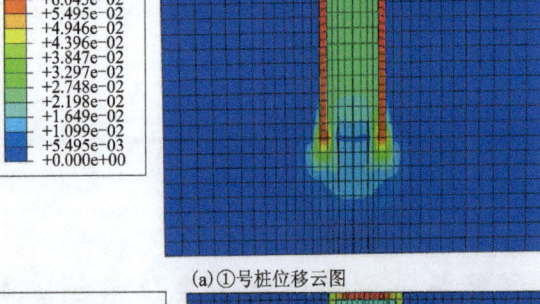

(a) ①号桩位移云图

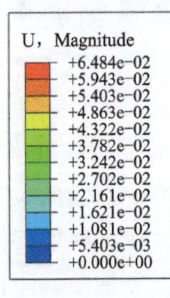
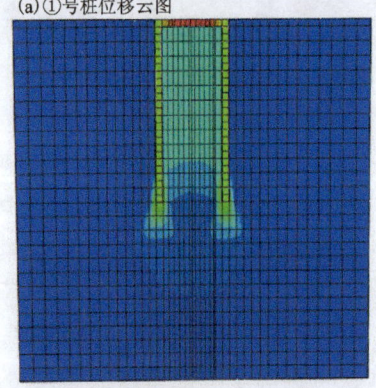

(b) ②号桩位移云图

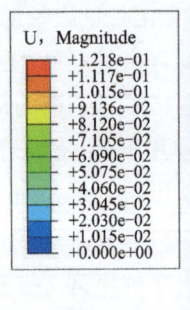
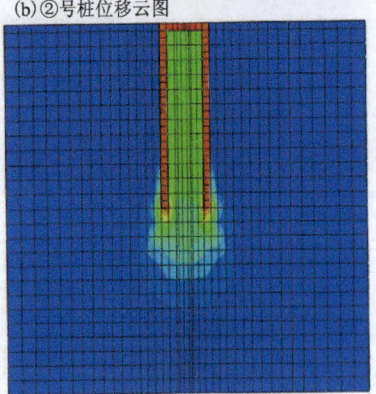

(c) ③号桩位移云图

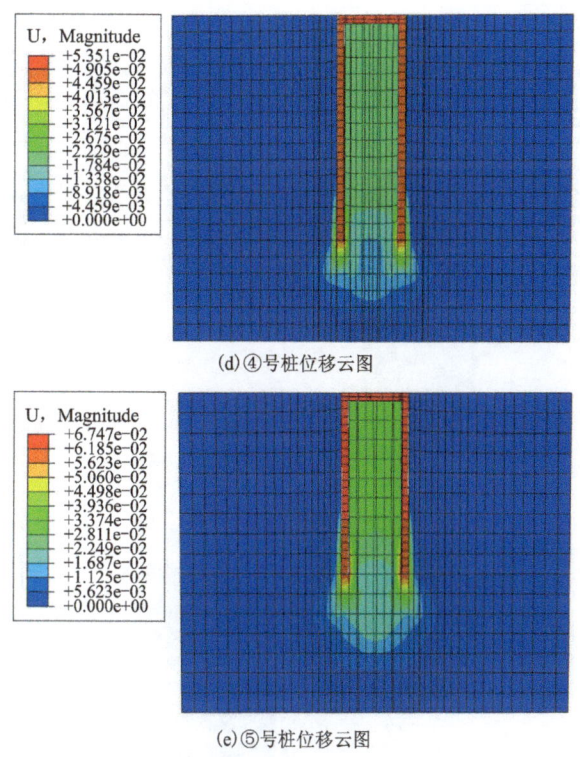

(d) ④号桩位移云图

(e) ⑤号桩位移云图

图 4-6 单宫格桩基础位移云图

4.3.2 单宫格桩基础桩身应力分析

图 4-7 为①～⑤号桩在 100kN 荷载作用下的桩身应力云图。从图中可以看出,由于竖向荷载直接施加在桩顶,应力主要集中在桩身顶部,沿着桩身向下呈现逐渐减小的趋势,桩基础尺寸变化并未使应力分布出现明显差异。由于数值模型底部存在边界限制,随着荷载的不断增大,在桩底局部出现应力的小幅增大,因增量较小,对计算结果分析带来的影响可以忽略。

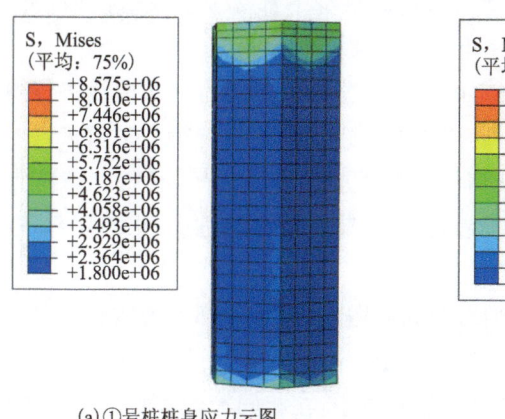

(a) ①号桩桩身应力云图

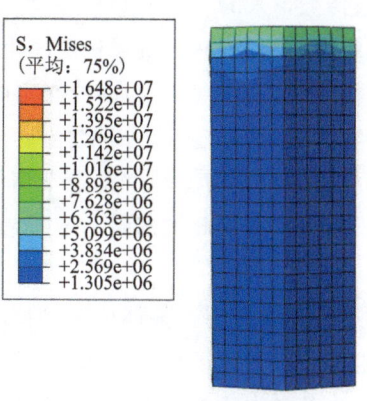

(b) ②号桩桩身应力云图

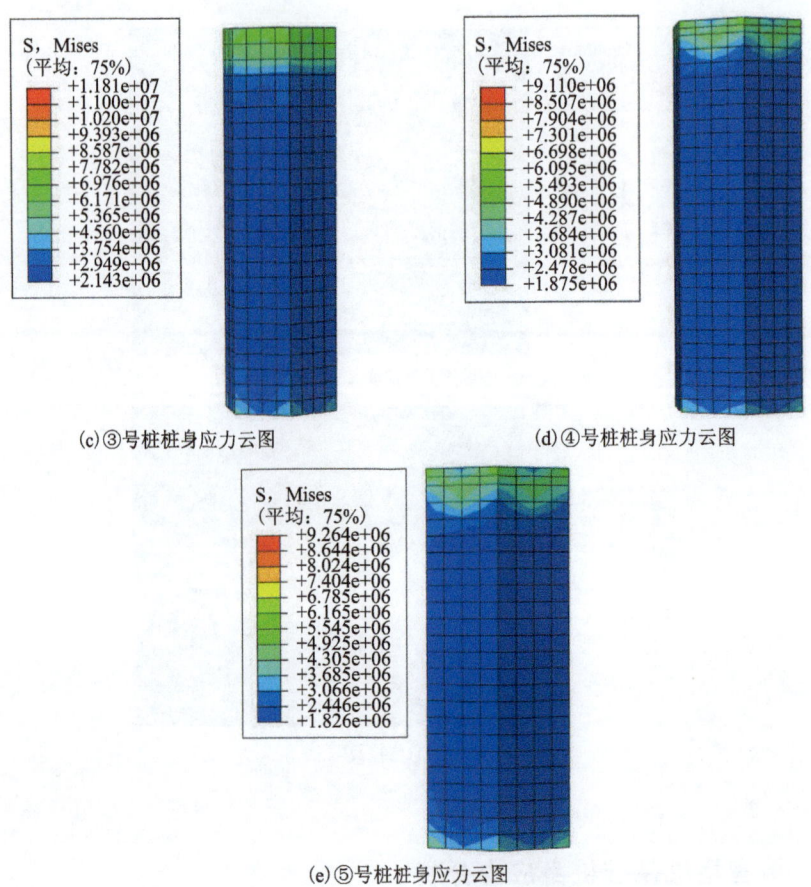

(c) ③号桩桩身应力云图　　(d) ④号桩桩身应力云图

(e) ⑤号桩桩身应力云图

图 4-7　①～⑤号桩桩身应力云图

　　根据数值计算结果得到①～⑤号桩身应力曲线,如图 4-8 所示。从应力的整体分布情况可知,5 个单宫格桩基础的应力分布形式一致,呈现上部最大、底部最小,桩身应力由上至下逐渐减小的趋势。桩身上部 1/3 桩长范围内的应力较大,且在此区域内应力沿桩身向下减小明显,上部荷载传导下来的力主要集中在此区域内。桩身下部 2/3 桩长范围内,桩身应力沿桩身向下呈现缓慢减小的趋势,直至桩底减小到最小值。

　　将数值模拟的桩身应力分布曲线与室内模型试验的桩身应力分布曲线进行对比可知,加载初期试验数据显示的桩身应力与数值模拟结果一致。但是随着荷载的增大,桩身应力曲线呈现出底部应力增大的情况。这是由于缩尺模型试验的桩长较短,且桩侧摩阻力较小,无法提供充分的侧摩阻力,因此桩端阻力不断增大,导致荷载传导至桩底,出现底部桩身应力增大的情况。

　　①～⑤号桩的分布情况整体一致,随着荷载的增大,桩身上部应力增长明显,中下部应力增长缓慢,桩的主要受力区域为上部 1/3 桩长范围。由于各桩尺寸的变化导致应力出现不同的变化,从应力的最大值方面看,由于桩身边长的减小,在相同荷载作用下③号桩的桩顶应力最大值要大于①号桩、②号桩。对比①号桩、④号桩、⑤号桩,桩身长度的增加并没有使得应力最大值出现明显变化。

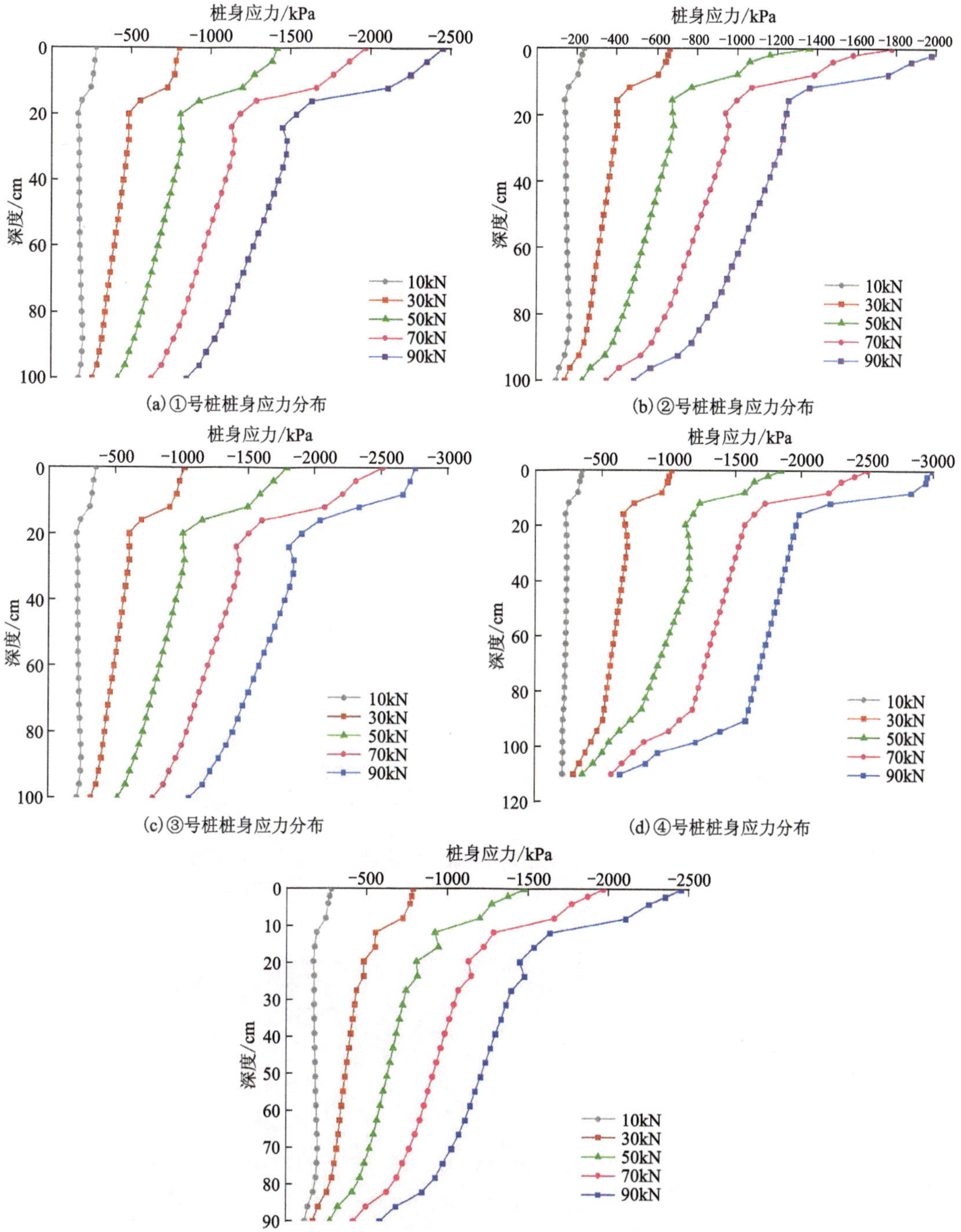

(a)①号桩桩身应力分布

(b)②号桩桩身应力分布

(c)③号桩桩身应力分布

(d)④号桩桩身应力分布

(e)⑤号桩桩身应力分布

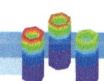

图 4-8 ①～⑤号桩桩身应力分布

4.3.3 单宫格桩基础土压力分析

图 4-9 为①～⑤号桩基础在 100kN 荷载作用下的土压力云图。从图中可以看出，土压力主要集中在桩基础底部周围及以下地基土中，土压力集中在 1/3 桩长范围内。

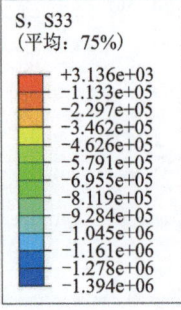
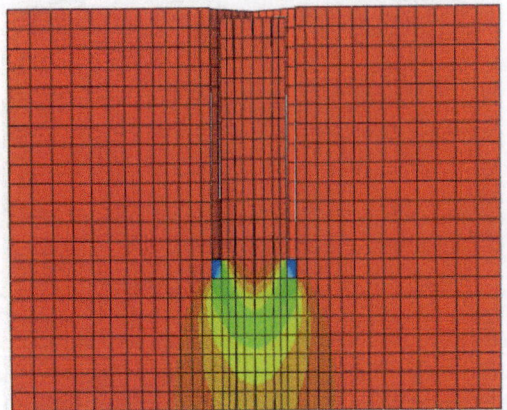

(a) ①号桩土压力云图

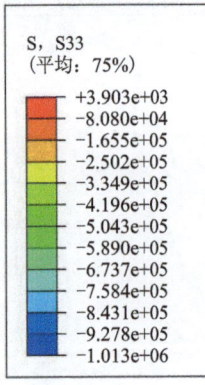
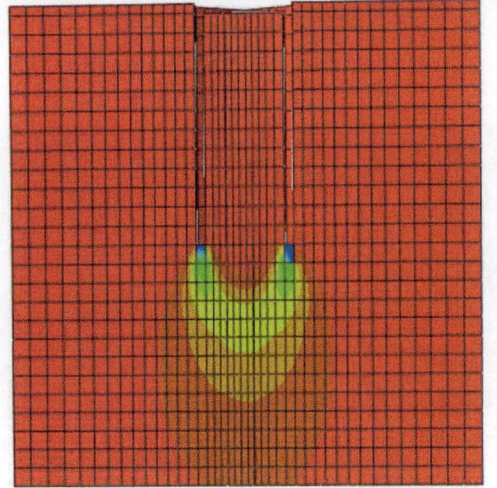

(b) ②号桩土压力云图

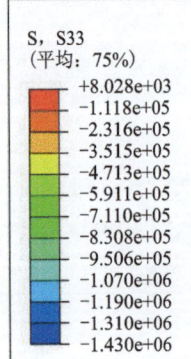
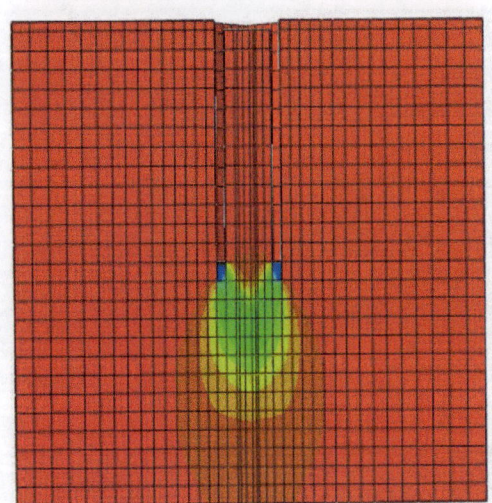

(c) ③号桩土压力云图

4 宫格桩基础竖向承载性能数值模拟研究

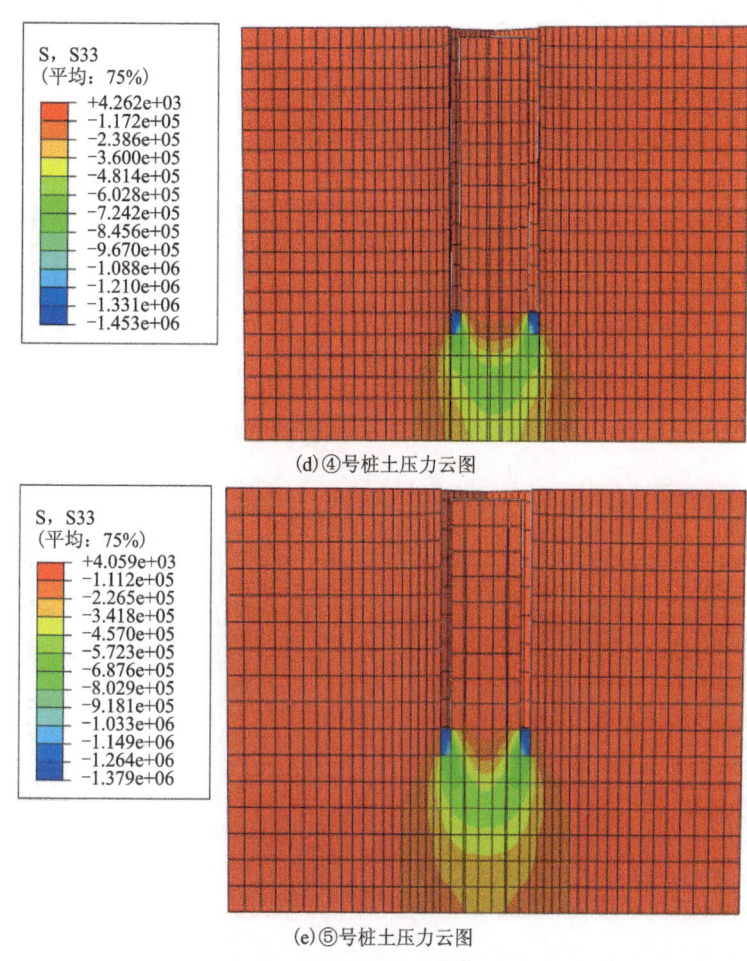

(d) ④号桩土压力云图

(e) ⑤号桩土压力云图

图 4-9　①～⑤号桩土压力云图

图 4-10(a)～图 4-10(e)为①～⑤号单宫格桩的竖向土压力分布情况。从整体分布规律来看，从 20cm 到 100cm 土压力逐渐增大，尤其是桩下部 1/3 高度范围的土压力明显大于上部的土压力。而在深度 100～120cm 之间，即在桩底以下 20cm 的深度范围内，土压力随着深度的增加逐渐减小。①～⑤号桩的土压力最大值均出现在深度 100cm，水平位置为 0 的坐标点处，即桩底部的桩芯土。

随着桩身尺寸的变化，最大土压力出现的位置没有改变，但最大土压力的大小发生了变化。对比①号桩、②号桩、③号桩，边长每增大或者减小 4cm，土压力的最大值会出现 40kPa 左右的变化。对比①号桩、④号桩、⑤号桩，桩身长度的增加并没有使得土压力最大值发生明显变化。可见边长变化对土压力的影响要大于桩身长度的改变。①～⑤号桩均表明桩芯的土体压力要明显大于桩外土压力，且距离桩中心的水平距离越远桩外土压力越小，土压力主要集中在 1.25 倍桩身边长的圆形区域内，随着到桩体距离的增加，土压力衰减明显，圆形区域外的土压力值较小且衰减缓慢。图 4-10 曲线还显示出，桩芯土压力主要集中在下部 1/3 桩长，由于土体的不断挤压运动使得桩下部的土压力逐渐增大，且在桩底处的土压力最大。在上部 2/3 桩身长度范围内，土芯的受挤压作用基本消失，其竖向土压力也衰减明显，直至顶部衰减为 0。

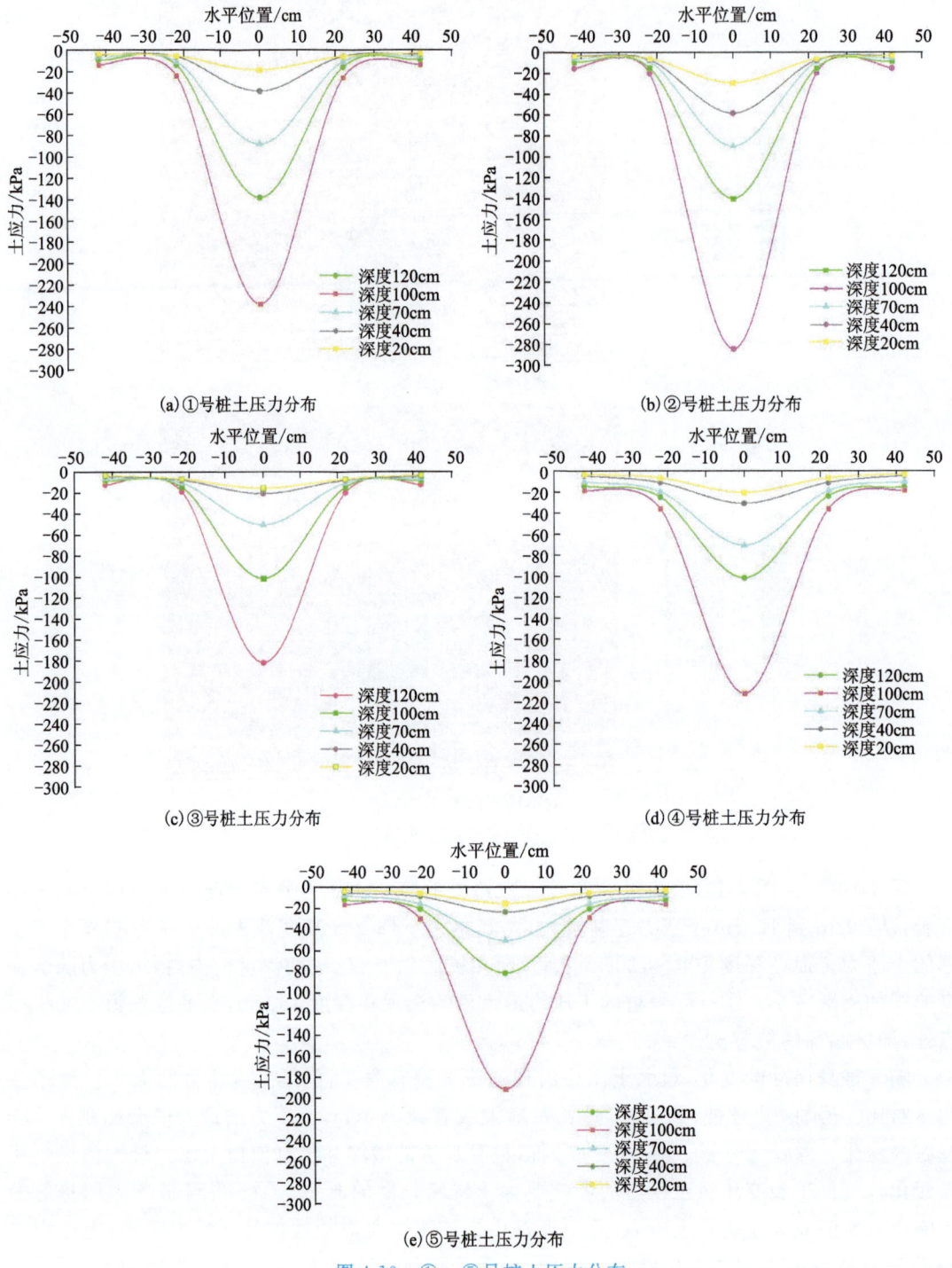

图 4-10 ①～⑤号桩土压力分布

图 4-11 为③号桩土压力沿深度方向的变化曲线。对比图 4-11(a)、图 4-11(b)可知,土压力随着施加荷载的增大而增大,桩芯土压力明显大于外侧土压力,距离桩中心水平距离越远,土压力值越小。土压力沿深度方向呈现先增大、后减小的变化规律,在桩底处时,土压力达到

最大值,随着深度的增加,桩底地基土的土压力逐渐减小。桩底部上下 20cm 范围的土压力急剧变化,其他深度的土压力变化缓慢。

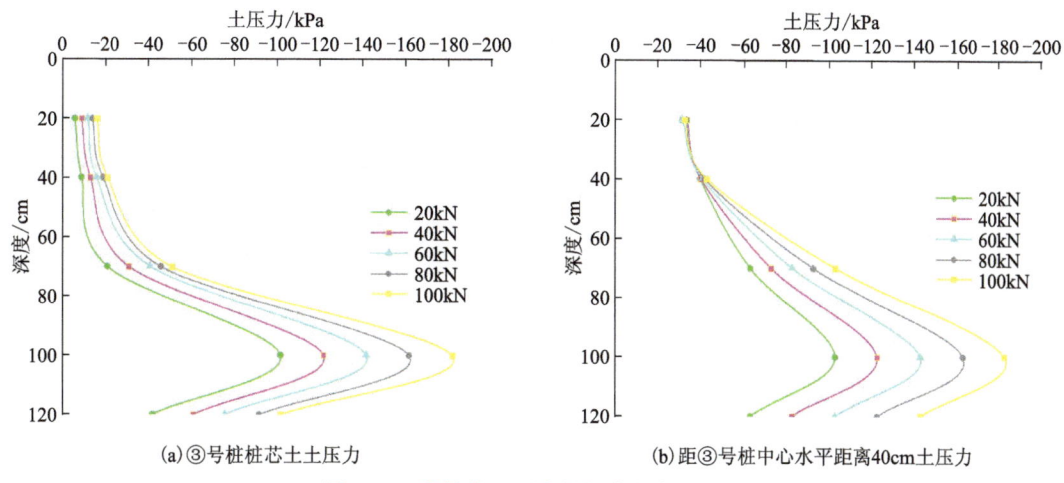

(a) ③号桩桩芯土土压力　　(b) 距③号桩中心水平距离40cm土压力

图 4-11　③号桩土压力沿深度的变化曲线

综合上述分析可知,沿深度方向土压力主要集中在桩身下部 1/3 桩长至桩底以下 1/4 桩长范围内,其余位置土压力较小。土压力沿水平方向呈现马鞍形分布,土压力主要集中在 1.25 倍桩边长的区域内,桩芯土压力明显大于桩外侧土压力。随着到桩中心的水平距离增大,土压力值逐渐减小,超过 2.5 倍桩边长距离后土压力值可以忽略不计。

4.4　单宫格桩基础优化设计

4.4.1　单宫格桩基础尺寸的优化设计

本研究采用 ABAQUS 软件建立宫格桩数值模型,在参数选取部分,借鉴侯永茂在现场所得的地下连续墙基础加载试验数据,土体力学参数与其保持一致。经查阅国家《建筑桩基技术规范》(JGJ 94—2008)中关于桩基与地基土之间的摩擦系数建议值,选取桩-土截面的摩擦系数 μ 为 0.23。桩身定义为线弹性材料,土体分为土层 1 和土层 2 两层,采用 Mohr-Coulomb 弹塑性模型,详细参数见表 4-2。

宫格桩基础与地基土之间相互作用参数设置如下,切向接触面采用 ABAQUS 内置"罚"的计算模型,法向接触采用"硬"接触计算模型。桩土之间的侧压力系数 K_0 根据式(4-1)进行估算。

$$K_0 = 1 - \sin\varphi \tag{4-1}$$

式中,φ 为内摩擦角(°)。

在进行加载之前,首先对宫格桩所处地基进行地应力平衡,平衡之后在桩基础顶端施加竖向力,加载方式为逐级加载,每级为 10MN,共计 10 级,总荷载为 100MN。桩基础和地基土体网格形式为 C3D8R 三维应力单元,划分方式为扫略,共计约 65 000 个单元。

表 4-2 桩、土参数统计表

参数	密度 kg·m^{-3}	弹性模量 E/MPa	内摩擦角 φ/(°)	黏聚力 c/kPa	泊松比 ν	初始孔隙比 e_0	侧压力系数 K_0
桩身	2500	30 000	—	—	0.2	—	—
土层 1	1860	60	27.5	10	0.3	0.71	0.54
土层 2	1720	30	18	18	0.3	0.76	0.69

为了研究宫格桩基础边长和桩长对基础承载性能的影响,对 9 种不同尺寸的宫格桩基础进行分析,几何尺寸如表 4-3 所示。分别对 5 个桩模型进行计算,根据计算结果分析桩长和边长变化对桩基础承载性能的影响。

表 4-3 单宫格桩基础尺寸

	①号桩	②号桩	③号桩	④号桩	⑤号桩	⑥号桩	⑦号桩	⑧号桩	⑨号桩
长度/m	24	27	30	33	36	30	30	30	30
边长/m	6	6	6	6	6	3.2	4.8	7.2	8.4
厚度/m	1.2	1.2	1.2	1.2	1.2	1.2	1.2	1.2	1.2

图 4-12(a)为③号桩、⑥号桩、⑦号桩、⑧号桩、⑨号桩的沉降曲线,反映了桩边长对基础承载力和沉降值的影响情况。根据《建筑地基基础设计规范》(GB 50007—2001)要求,基础最大沉降值不允许超过 0.04m。图 4-12(a)中⑥号桩、⑦号桩、③号桩、⑧号桩、⑨号桩沉降曲线在沉降值为 0.04m 之前均未出现拐点,且在沉降为 0.04m 时对应承载力分别为 20.5MN、28.1MN、39.8MN、41.9MN、43.3MN,均能满足关于沉降值的设计要求。桩边长由 24m 增加至 30m,基础承载能力增长显著。边长由 30m 增加至 36m,基础承载能力的提升效果减弱。由此可知,增加桩边长可以提高桩基础的承载能力,但承载能力的提高并不与边长增加呈正比关系。

图 4-12(b)为①号桩、②号桩、③号桩、④号桩、⑤号桩的沉降曲线,反映了桩长对基础承载力和沉降值的影响情况。在沉降值为 0.04m 时,①号桩、②号桩、③号桩、④号桩、⑤号桩对应的承载力分别为 22.7MN、31.2MN、39.8MN、44.6MN、50.8MN,因此增大桩长能够显著提高基础的承载力。

为探究不同桩边长、长度对承载性能的影响,根据沉降值为 0.04m 时不同桩基础承载力值绘制图 4-13。由图 4-13(a)可知,边长增加能够提高宫格桩的承载力,但边长超过 30m 后基础承载力的增加效果不再显著。由图 4-13(b)可知,桩长度的增加能够提高桩基础的承载能力,且将图中原始数据进行拟合,工程单宫格桩基础的承载能力与桩边长的关系可用式(4-2)表示,与桩长的关系可用式(4-3)表示。

$$f = 29.09 + 20.76\left[\coth(a-4.67) - \frac{1}{a-4.67}\right] \quad (4-2)$$

式中:f 为宫格桩的承载力;a 为宫格桩的边长。

$$f = 31.78 + 2.32l \quad (4-3)$$

式中:f 为宫格桩的承载力;l 为宫格桩的长度。

4 宫格桩基础竖向承载性能数值模拟研究

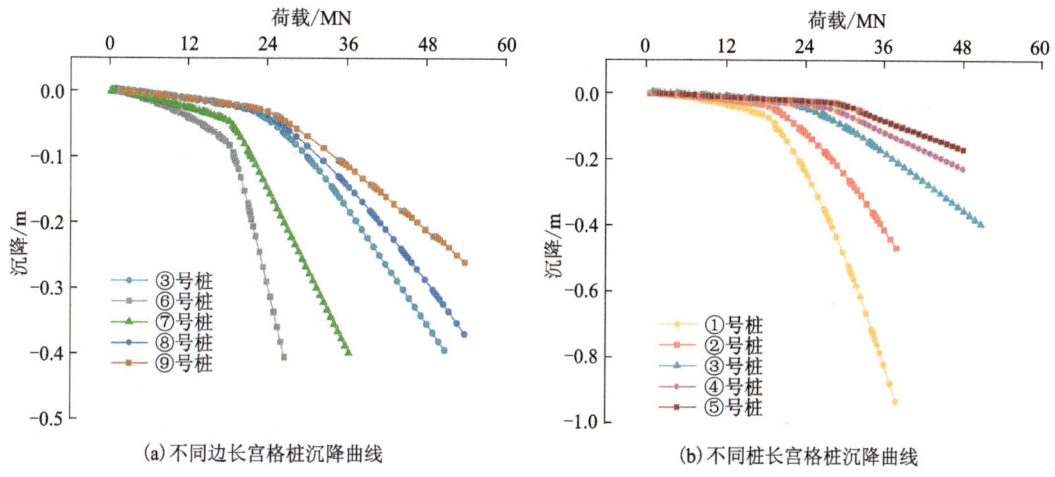

(a) 不同边长宫格桩沉降曲线

(b) 不同桩长宫格桩沉降曲线

图 4-12 不同尺寸宫格桩沉降曲线

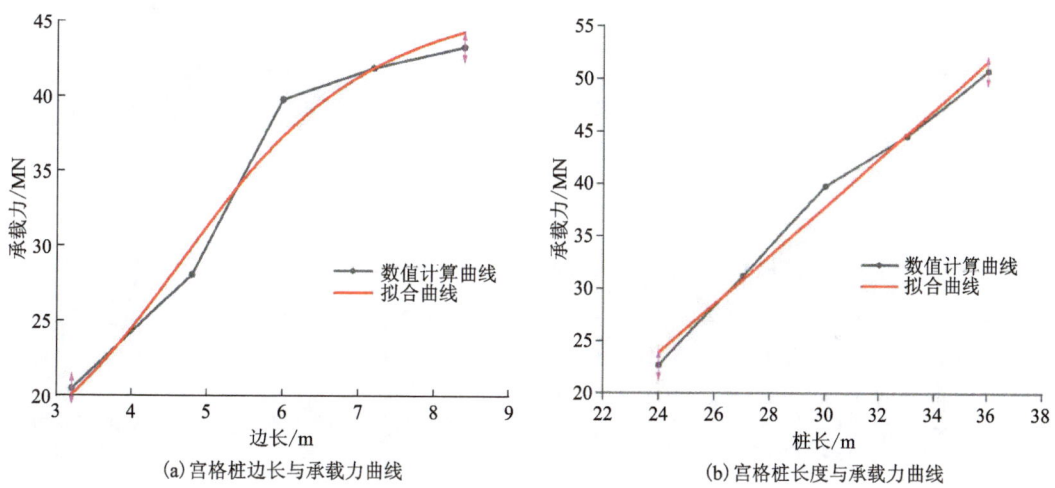

(a) 宫格桩边长与承载力曲线

(b) 宫格桩长度与承载力曲线

图 4-13 宫格桩承载力拟合曲线

由式(4-2)、式(4-3)可以反映出在工程应用中宫格桩承载能力与桩边长 a 和桩长度 l 的关系。以上两式也可为宫格桩基础在工程设计时提供参考。

4.4.2 带肋单宫格桩基础

由于宫格桩基础上部桩身应力较大,且为中空设计,为了提高上部桩身的局部强度及稳定性,在上部桩体内设置"Y"字形肋,采用钢筋混凝土结构。本次研究建立了带肋单宫格桩基础的数值模型,该模型与③号桩基础具有相同尺寸,肋的宽度为与墙身宽度相同,设置在桩身上部 0～1/3 桩长范围。隔断与墙身连接方式如图 4-14 所示,命名为带肋宫格桩基础。其余参数设置及加载大小均与③号桩基础相同。

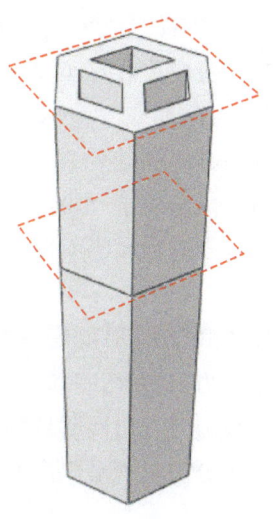

图 4-14 带肋宫格桩模型示意图

在相同的加载方式下,带肋宫格桩与③号宫格桩的沉降曲线和位移云图如图 4-15 和图 4-16 所示。从沉降曲线来看,带肋宫格桩基础的沉降类型依旧为缓变型,桩内增加的肋未让沉降曲线类型发生变化。由沉降曲线可知带肋宫格桩的极限承载力大于③号桩基础,但是并没有使桩基础的承载能力出现明显提升,因此肋的设置使得带肋宫格桩基础承载能力要略优于相同尺寸不带肋③号宫格桩基础。

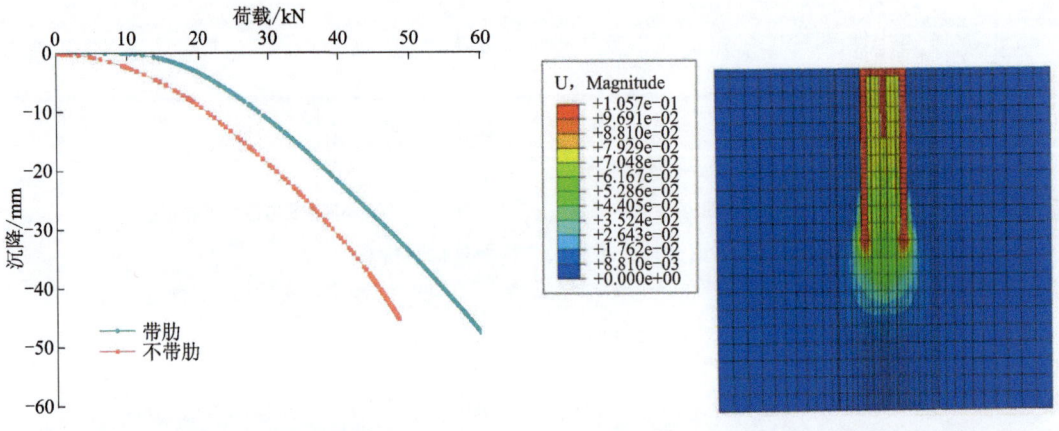

图 4-15 带肋宫格桩沉降曲线　　　　图 4-16 带肋宫格桩沉降位移云图

图 4-17 为带肋宫格桩应力云图,图 4-18(a)、图 4-18(b)分别为带肋宫格桩基础和无肋的③号宫格基础桩身应力曲线,将两类桩的应力曲线进行对比,可知桩身应力沿桩身向下均呈现逐渐减小的趋势,但是不带肋宫格桩应力衰减较快。在深度 0~20cm 范围内桩身应力较大,不带肋的桩基础应力衰减快于带肋的基础;在深度 60~100cm 范围,不带肋的宫格桩基础桩身应力仍然沿着深度加大向下衰减,但是衰减速度变缓,而带肋宫格桩基础桩身应力在深度 20~60cm 范围内基本保持不变;在深度 60~100cm 范围内两种宫格桩的桩身应力都呈现出沿深度加大向下衰减的趋势,

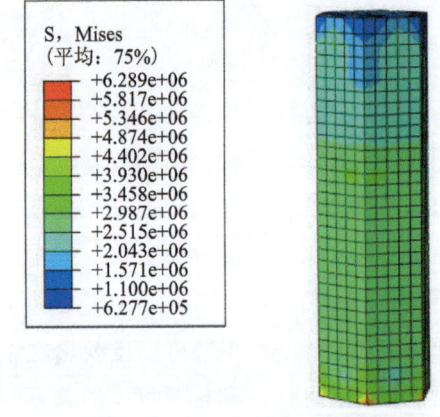

图 4-17 带肋宫格桩应力云图

直至桩底减至最小,带肋宫格桩衰减速度比不带肋的快。从桩身应力大小来看,带肋宫格桩基础的桩身应力大于不带肋宫格桩,肋的增设使得荷载更加集中在桩体内,减少了向周围土体的扩散。

图 4-19(a)为带肋宫格桩肋高范围内的桩身应力云图,图 4-19(b)为③号宫格桩相同桩长范围的应力云图,图 4-20 为两类桩基础对应的局部桩身应力曲线。由图 4-20(a)可知,带肋宫格桩的应力分布出现明显变化,桩身应力更多地集中在设置肋的桩身范围内,处于宫格内部的肋应力分布呈现沿深度方向逐渐减小的趋势。

4 宫格桩基础竖向承载性能数值模拟研究

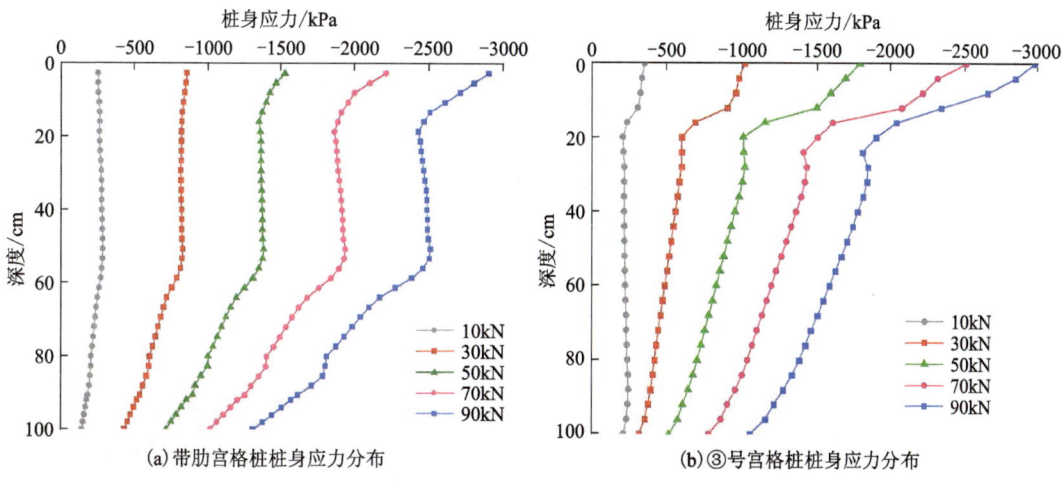

(a) 带肋宫格桩桩身应力分布

(b) ③号宫格桩桩身应力分布

图 4-18 宫格桩桩身应力对比

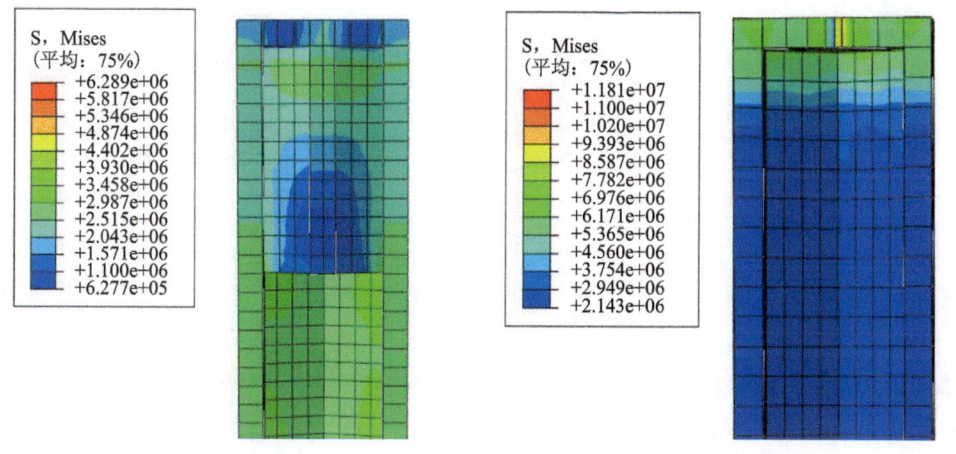

(a) 带肋宫格桩肋高范围应力

(b) ③号宫格桩局部应力

图 4-19 宫格桩局部应力云图

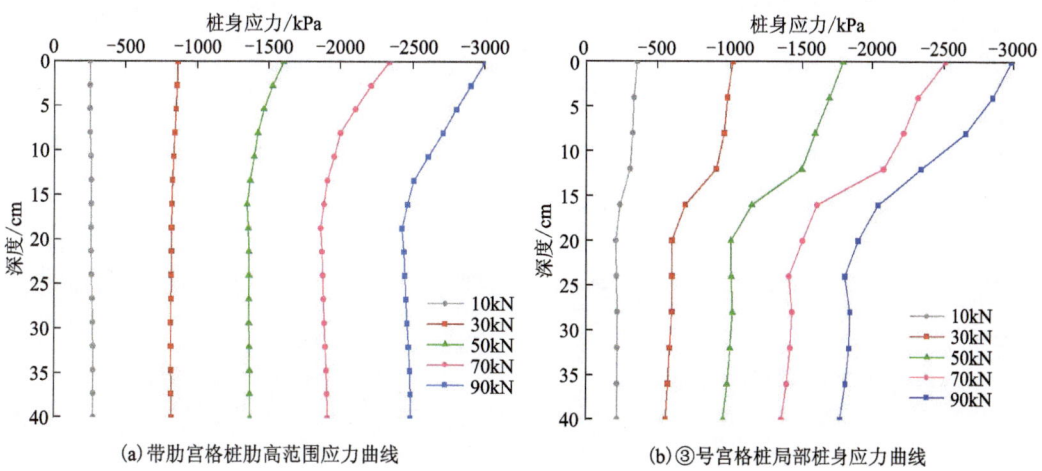

(a) 带肋宫格桩肋高范围应力曲线

(b) ③号宫格桩局部桩身应力曲线

图 4-20 宫格桩局部桩身应力曲线

· 59 ·

结合图 4-16 分析可知,随着荷载增加,在深度 0～15cm 范围内,③号宫格桩整体桩身应力沿深度减小速度更快,而带肋宫格桩桩身应力在顶部随深度略有减小,桩身应力在 0～15cm 范围内随着深度增大减小速度较慢。在 15～40cm 深度范围,③号宫格桩随深度增大缓慢减小,而带肋宫格桩随深度增加桩身应力基本不变。肋的设置使得加肋部位的桩身应力增大。

图 4-21 为两类宫格桩在 100kN 荷载作用下的土压力分布情况,根据前述分析可知,由于肋的设置使得桩身应力增大,因此加肋桩底部的土压力略大于没有设置肋的③号宫格桩。但是土压力相差不大,土压力的分布形式基本一致。

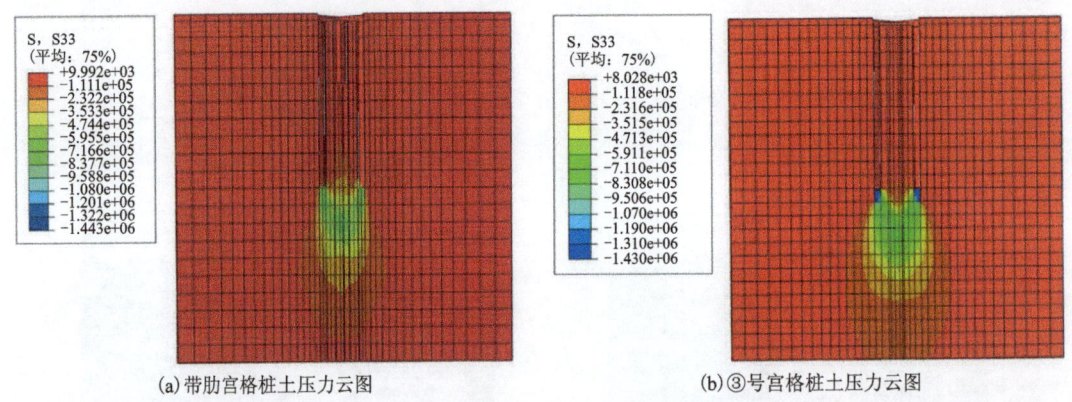

(a) 带肋宫格桩土压力云图　　　　(b) ③号宫格桩土压力云图

图 4-21　宫格桩土压力云图

图 4-22 为两类宫格桩基础的土压力分布曲线,在桩身尺寸相同的情况下,两类桩基础的土压力影响范围基本一致,在距离桩芯水平方向 20cm 的区域内土压力较大。土压力沿深度方向会逐渐增大,在深度 100cm 处土压力达到最大值,再往下土压力会逐渐减小。带肋宫格桩的土压力最大值略大于不带肋宫格桩,土压力整体上也大于不带肋宫格桩基础。

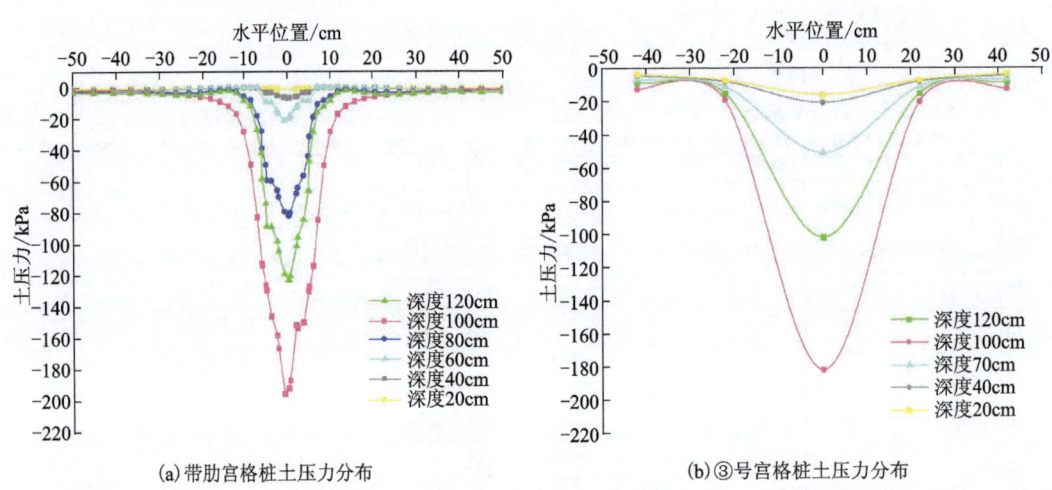

(a) 带肋宫格桩土压力分布　　　　(b) ③号宫格桩土压力分布

图 4-22　宫格桩土压力对比

4 宫格桩基础竖向承载性能数值模拟研究

从以上分析可知，宫格桩加肋后使得荷载向桩身集中，传递到桩周土中的荷载减少，有利于提高桩的承载性能。但是考虑到肋增加会增加桩基础的工程用量，提高宫格桩基础的成本，所以需要综合分析是否需要加肋。

4.5 多宫格桩基础竖向承载数值分析

4.5.1 多宫格桩基础数值模型建立

多宫格桩基础模型的物理力学参数与单宫格模型所采取的参数相同，本章在相同的地质条件下建立双宫格、三宫格桩基础数值模型，并将计算结果与单宫格桩基础模型进行对比。地基土体的材料为细砂，数值模型采用的本构模型依旧是 Mohr-Coulomb 塑性模型及线弹性本构模型，其中双宫格和三宫格桩基础桩身为线弹性模型。网格划分策略为自上而下的扫略方式，单元类型为 C3D8R 三维应力的六面体单元。多宫格桩的桩身长度以及桩边长与试验宫格桩的尺寸相同(表 4-1)，双宫格及三宫格桩基础模型如图 4-23 所示。

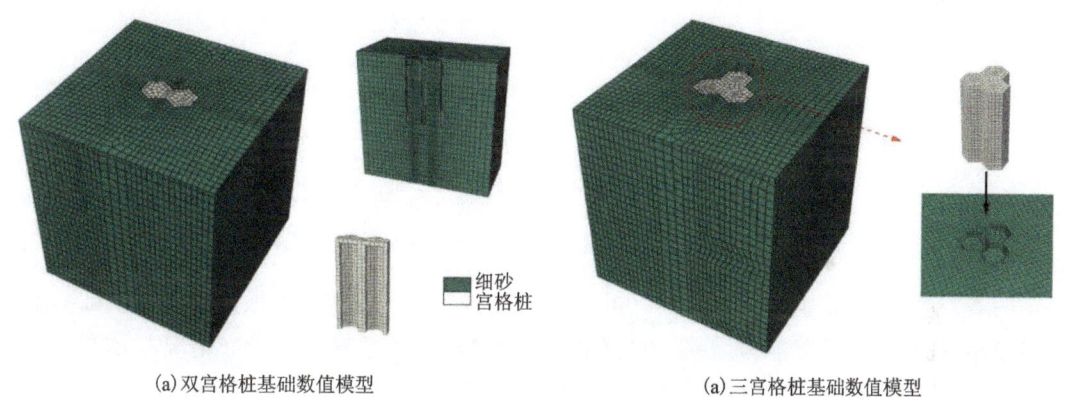

(a)双宫格桩基础数值模型　　　　　　(a)三宫格桩基础数值模型

图 4-23　多宫格桩基础数值模型示意图

多宫格桩基础的加载方式与单宫格桩基础的加载方式相同，采用分级加载快速维持加载方法。双宫格桩基础加载等级为 10 级，每级加载大小为 20kN，共计 200kN。三宫格桩基础每级加载大小为 30kN，共计 300kN。相同的加载方案有利于单宫格桩基础与多宫格桩基础计算结果对比。

4.5.2 多宫格桩基础竖向承载数值模拟结果及分析

4.5.2.1 多宫格桩基础沉降特性分析

图 4-24 为相同宫格单元尺寸的单宫格、双宫格、三宫格桩基础的沉降曲线。由图可知，3 个桩基础的沉降曲线没有出现明显的拐点及陡降现象，沉降曲线类型都为缓变型，宫格数量的改变没有影响桩基础的沉降类型。

宫格桩基础随着宫格数量的增加承载力明显增大，沉降显著减小。荷载在 0～20kN 范围内双宫格及三宫格桩基础的沉降值较为接近，单宫格桩基础的沉降值大于上述两者。随着荷载的不断增大,双宫格与三宫格桩基础的沉降值不再接近,3个宫格桩基础对应的沉降值出现明显的差距。由图4-24可知,当3个桩沉降均为0.02m时,单宫格桩基础受到的荷载为30kN,双宫格桩基础受到的荷载为59kN,三宫格桩基础受到的荷载为84kN。若将沉降0.02m作为桩基础的承载力判断指标,由单宫格增加为双宫格时,承载能力增大幅度约为96.6%,由双宫格增加为三宫格时,承载能力增大幅度为42.3%。由此可见,宫格数量的增加能够有效提高宫格桩基础的承载能力,但宫格桩基础的承载能力并非与宫格数量呈正比关系,宫格数量越多反而会削弱桩基础承载能力的增长。

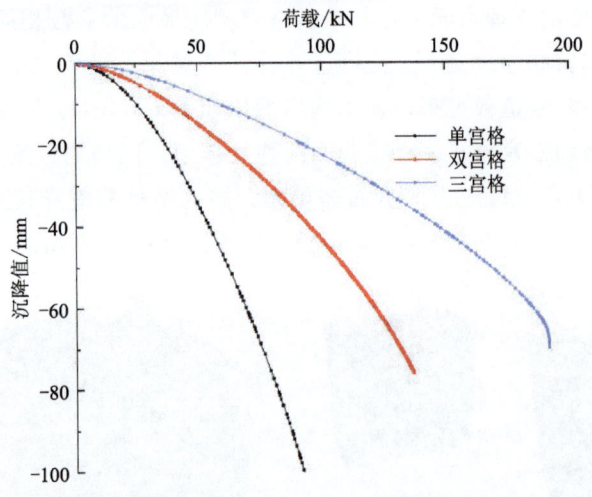

图4-24 单宫格、双宫格、三宫格桩基础沉降曲线

图4-25为宫格桩基础在荷载为100kN时的位移云图。宫格数量增加导致桩基础的整体沉降减小,桩基础的承载能力增强。双宫格及三宫格桩基础位移云图分布情况与单宫格桩基础类似,土芯和桩身发生整体向下的沉降。桩身沉降要大于土芯,基础下部的地基沉降呈马鞍形分布,基础下部1/3桩长深度范围内有明显的沉降发生,基础外侧土体并未出现明显沉降。在水平方向上,由于宫格数量的增加,桩基础截面面积增大,横向影响范围也随之扩大。

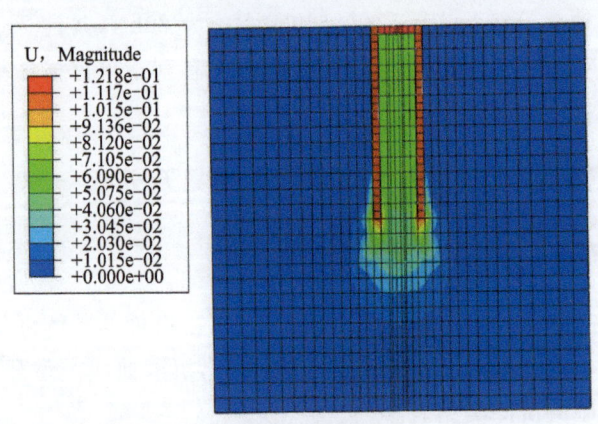

(a) ③号单宫格桩位移云图

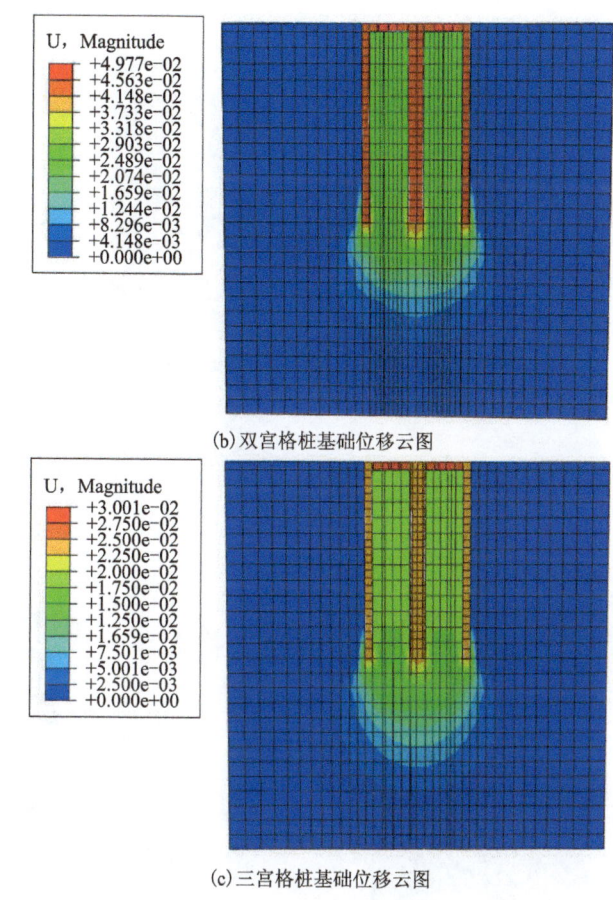

(b)双宫格桩基础位移云图

(c)三宫格桩基础位移云图

图 4-25　多宫格桩基础位移云图

4.5.2.2　多宫格桩基础桩身应力分析

单宫格、双宫格、三宫格桩基础的应力如图 4-26 所示。由图可知,单宫格桩顶部的应力较大,桩底会出现应力增加区域,随着宫格数量的增加,桩顶部和底部的应力趋向变小,局部应力集中的现象得到缓解。

图 4-27 为多宫格桩基础桩身应力分布曲线图。由图中曲线可以看出,多宫格桩基础的桩身应力分布类型与单宫格桩基础类型一致,呈现上部大、底部小,沿着深度方向逐渐减小的趋势。随着荷载的增加,桩身应力逐渐增大,桩身应力在桩身上部 1/3 桩长范围内较大。在桩身长度和桩边长相同的情况下,单宫格、双宫格、三宫格桩基础桩顶应力在相同荷载(100kN)作用下的最大值分别为 2700kPa、2250kPa、1600kPa,应力随宫格数量增加而逐渐减小。因为宫格数量的增加,大大增加了桩身的受力面积,在相同荷载作用下,宫格数量越多,桩顶应力越小。

由以上的分析可知,宫格桩基础的桩身应力分布形式不受宫格数量的影响,均呈现上部最大、底部最小,桩身应力由上至下逐渐减小的分布形式,在桩身上部 1/3 桩长范围内应力较大,桩身应力会随着荷载的增加不断增大。宫格数量的增加可以减缓桩顶部的应力集中程度,有利于提高宫格桩基础的受力性能。

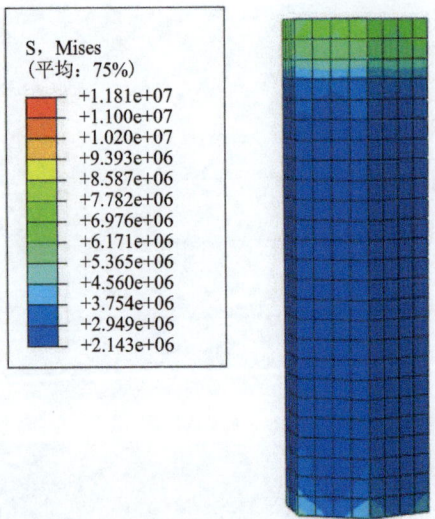

(a) 单宫格桩基础应力云图

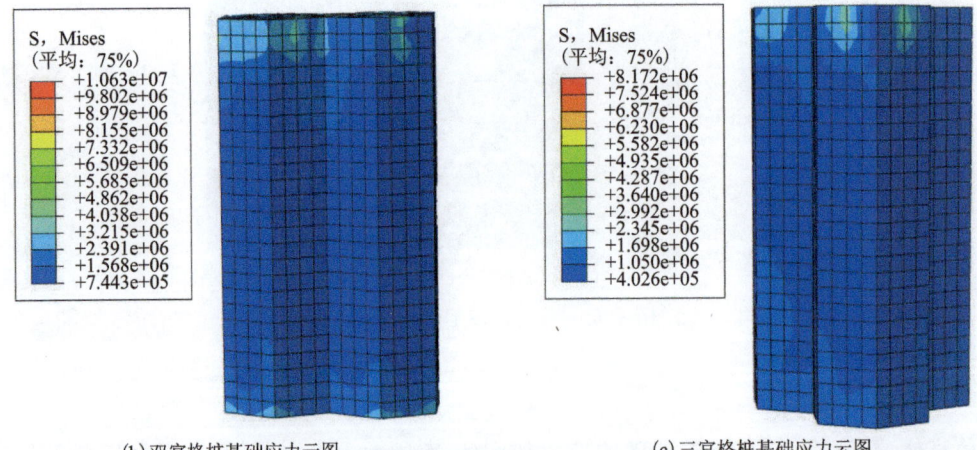

(b) 双宫格桩基础应力云图　　　　　　(c) 三宫格桩基础应力云图

图 4-26　多宫格桩基础应力云图

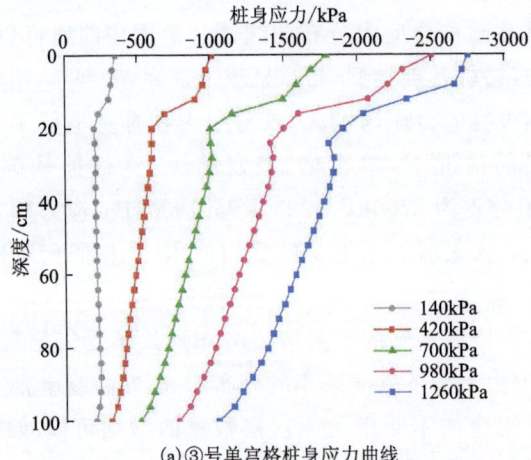

(a) ③号单宫格桩身应力曲线

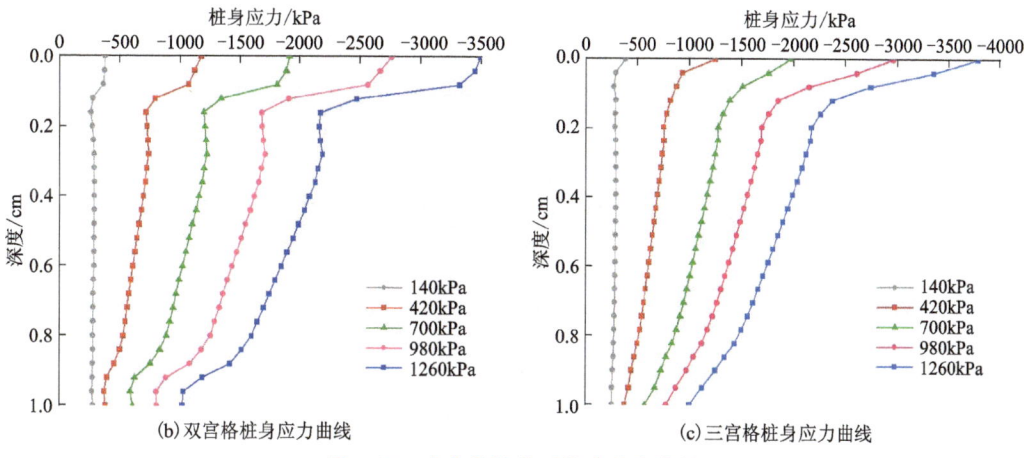

(b) 双宫格桩身应力曲线 (c) 三宫格桩身应力曲线

图 4-27 多宫格桩基础桩身应力曲线

4.5.2.3 多宫格桩基础土压力分析

图 4-28～图 4-30 分别为不同荷载阶段单宫格、双宫格及三宫格地基土压力云图。由图可知,地基土中的压力在桩底部较大,且按照一定的扩散角向下、向外传递。加载初期,荷载经由桩身传至桩底部的地基土,土压力向外扩散较大,但是压力值较小,桩内和桩外土压力差异较小;随着荷载的增加,桩底部的地基土逐渐被压缩,被压缩的地基土压力增加,增加程度远远超过周围地基土的土压力增量;当桩底部地基土压缩到一定程度,不在新增较大的压缩时,上部增加的荷载继续向桩底部的地基土呈扩散形态传递,地基土压力增加的范围进一步扩大,单宫格、双宫格及三宫格桩基础都呈现出相同的变化趋势。

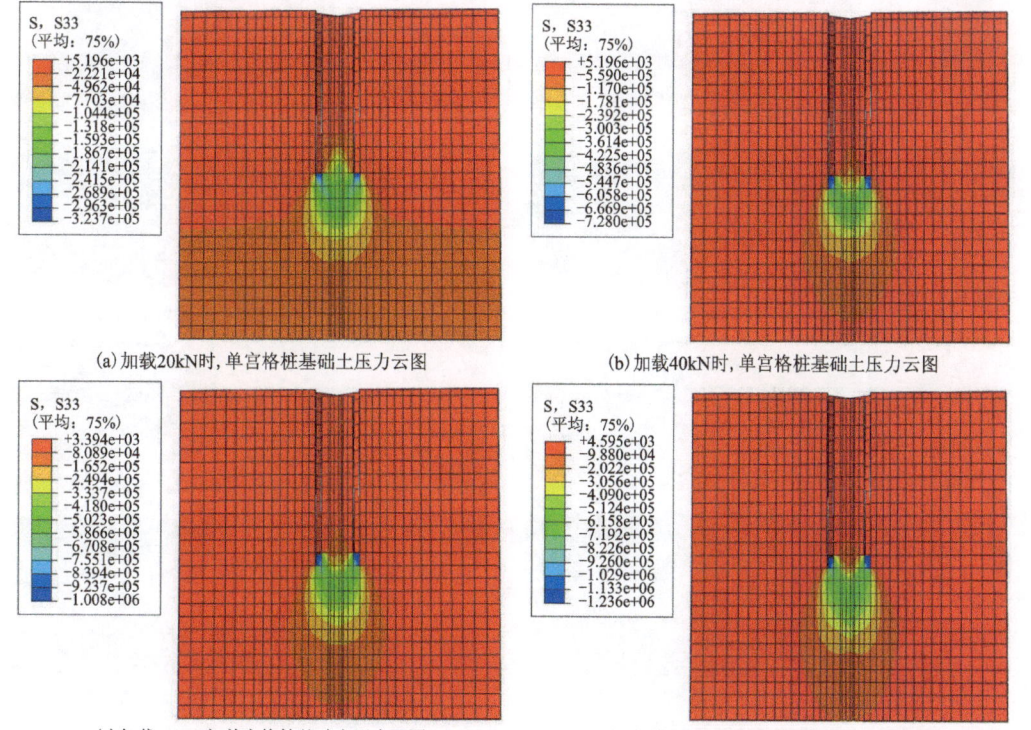

(a) 加载20kN时,单宫格桩基础土压力云图 (b) 加载40kN时,单宫格桩基础土压力云图

(c) 加载60kN时,单宫格桩基础土压力云图 (d) 加载80kN时,单宫格桩基础土压力云图

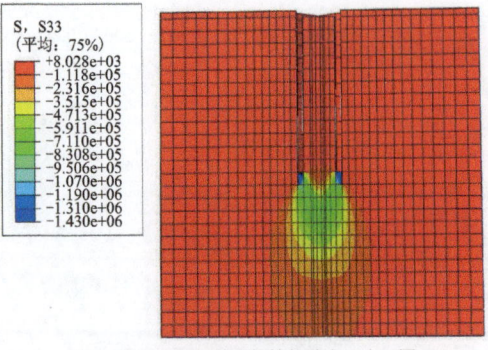

(e) 加载100kN时,单宫格桩基础土压力云图

图 4-28 单宫格桩基础土压力云图

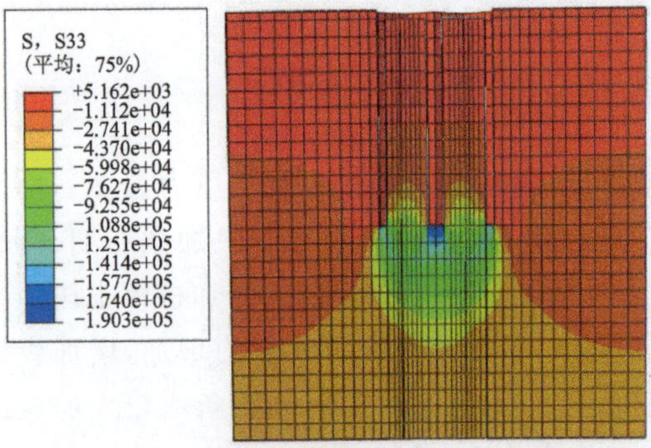

(a) 加载20kN时,双宫格桩基础土压力云图 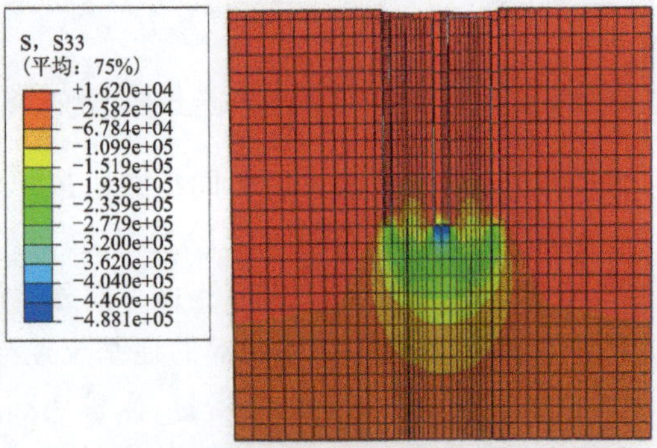　　(b) 加载40kN时,双宫格桩基础土压力云图

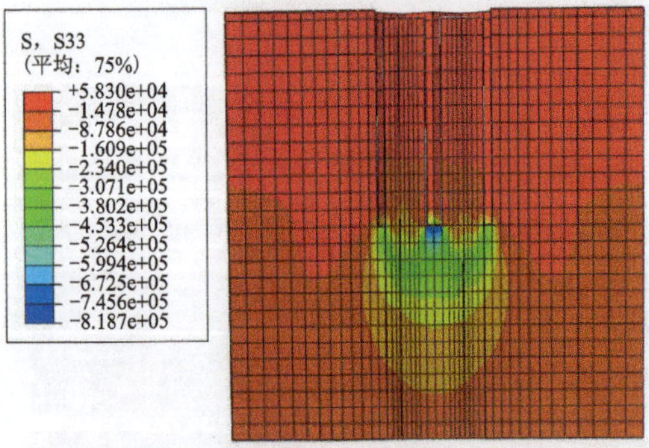

(c) 加载60kN时,双宫格桩基础土压力云图 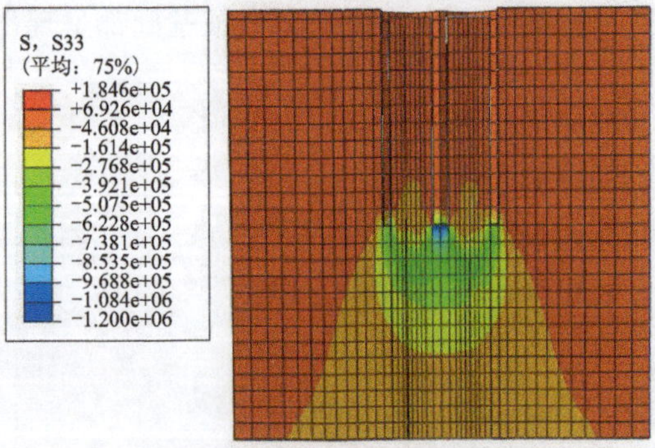　　(d) 加载80kN时,双宫格桩基础土压力云图

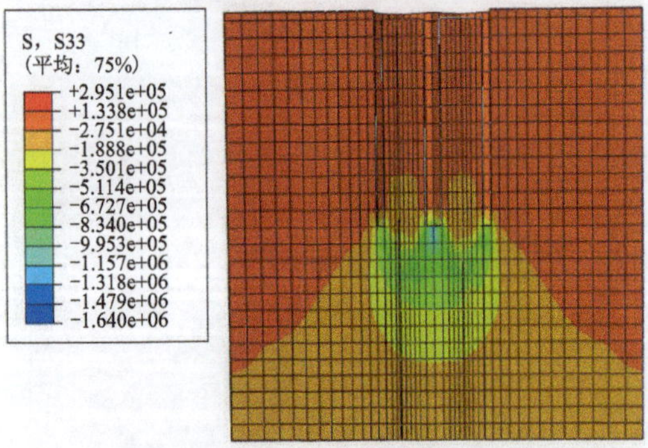

(e) 加载100kN时,双宫格桩基础土压力云图 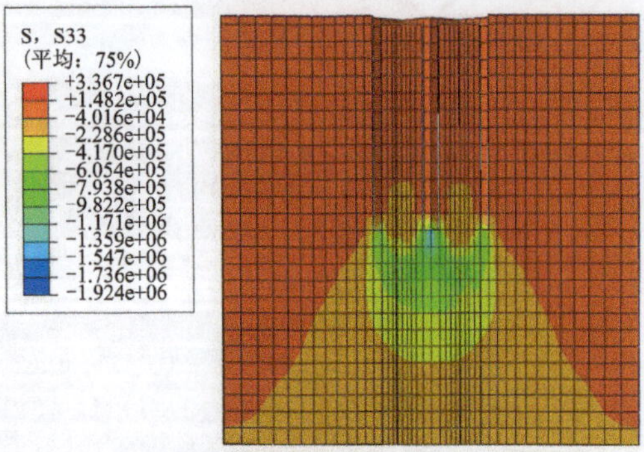　　(f) 加载120kN时,双宫格桩基础土压力云图

图 4-29 双宫格桩基础土压力云图

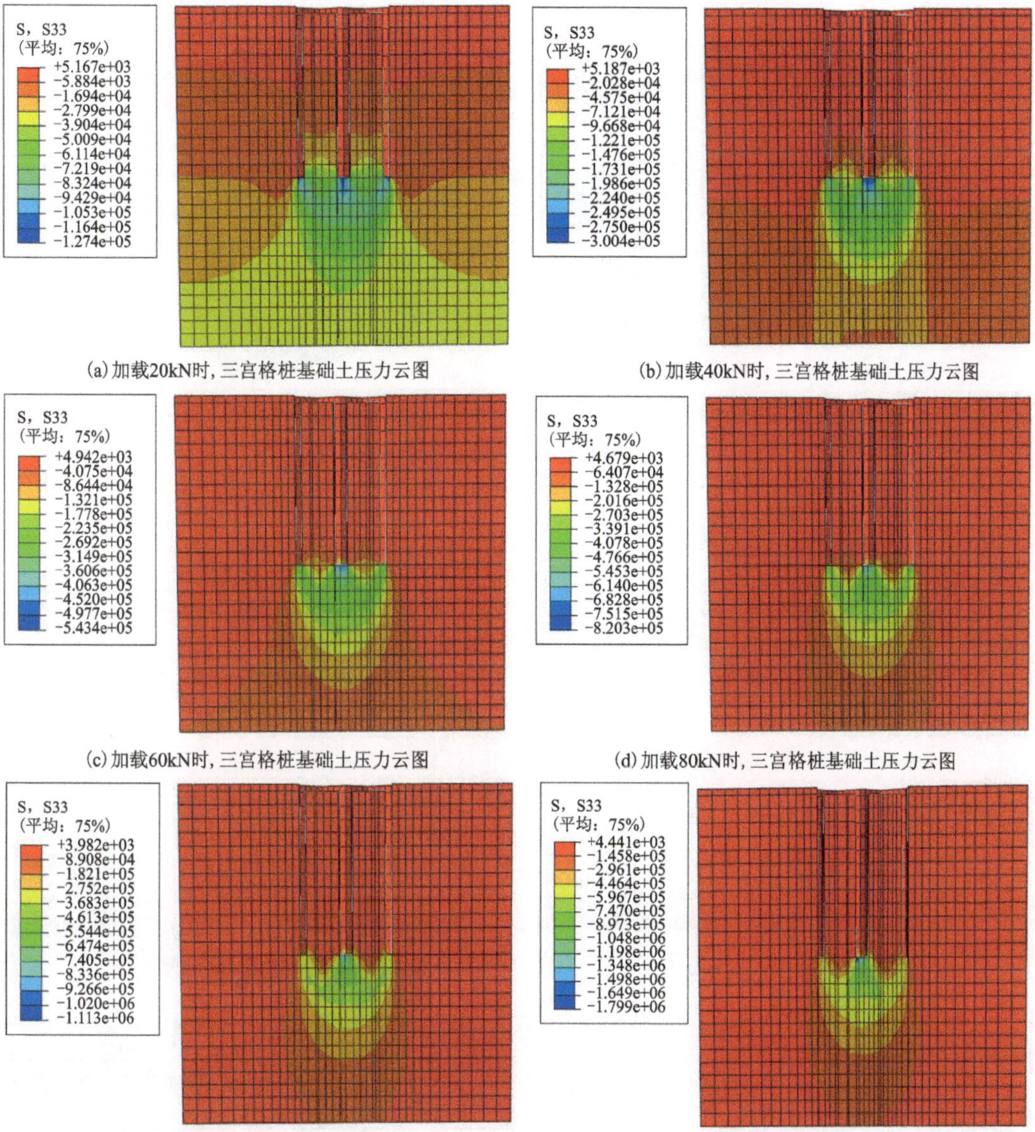

(a) 加载20kN时,三宫格桩基础土压力云图　　(b) 加载40kN时,三宫格桩基础土压力云图

(c) 加载60kN时,三宫格桩基础土压力云图　　(d) 加载80kN时,三宫格桩基础土压力云图

(e) 加载100kN时,三宫格桩基础土压力云图　　(f) 加载120kN时,三宫格桩基础土压力云图

图 4-30　三宫格桩基础土压力云图

图 4-31 为多宫格桩基础土压力取值路径示意图。按照图示取值路径取出不同位置处的土压力值,绘制的多宫格桩基础在不同荷载下的土压力分布曲线,如图 4-32 所示。随着荷载增大,桩芯土及桩周土压力逐渐增大,桩中心处的土压力值最大,随着水平距离的增大,土压力随之减小,桩周土压力主要集中在 3 倍桩边长的范围内。土压力沿深度变化明显的区域主要集中在 70～110cm 范围内,且深度 90cm 处的土压力值大于其他深度土压力值。深度 110cm 处的土压力变化仅次于 90cm 处,这与单桩的桩底部土压力变化情况一致。桩上部 2/3 桩长范围的土压力较小,且变化平缓,在内、外墙与土体交界处均出现土压力突然增大的情况。

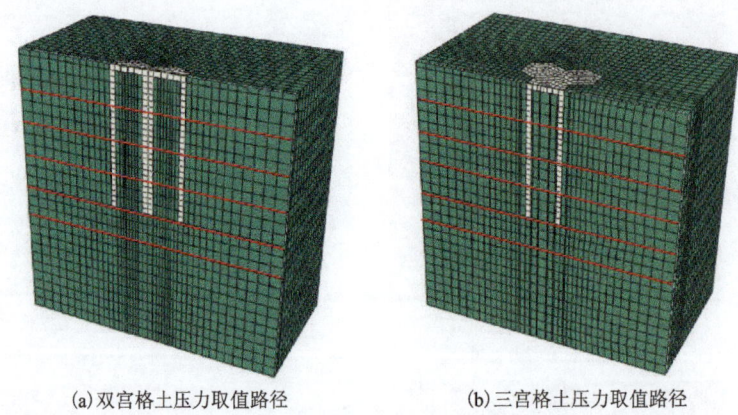

(a) 双宫格土压力取值路径　　　　　　(b) 三宫格土压力取值路径

图 4-31　多宫格桩基础土压力取值路径

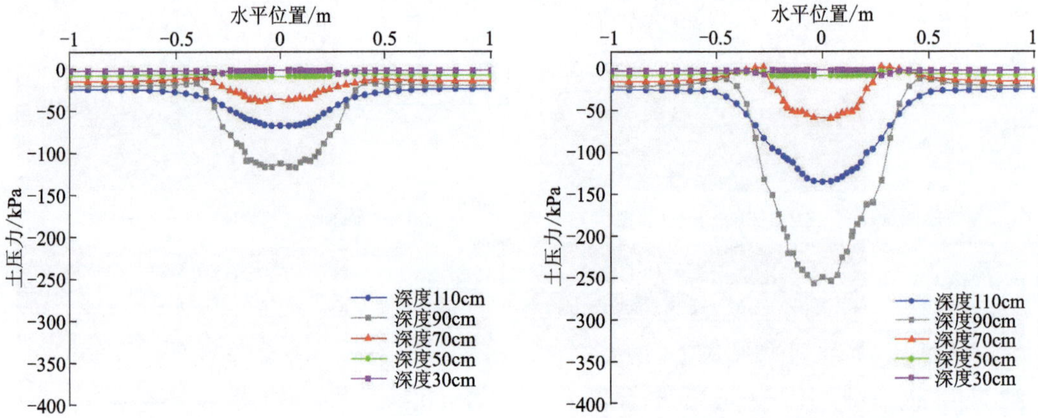

(a) 加载20kN时土压力分布　　　　　　(b) 加载40kN时土压力分布

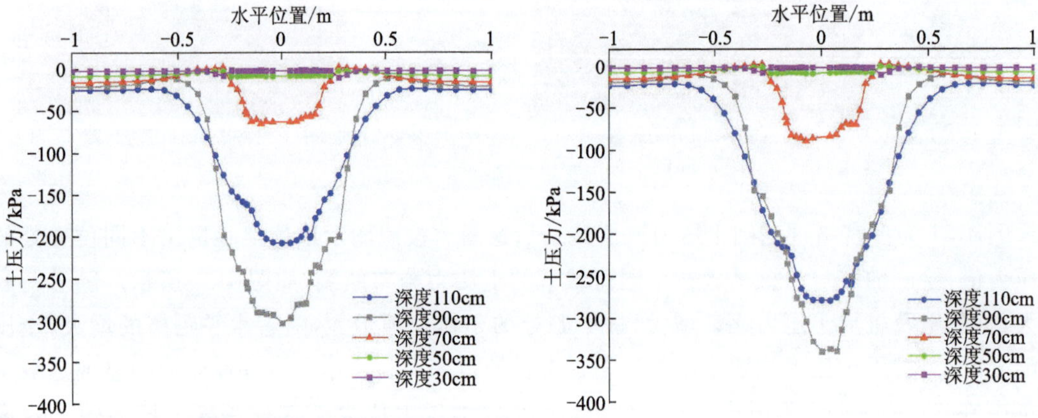

(c) 加载60kN时土压力分布　　　　　　(d) 80kN时土压力分布

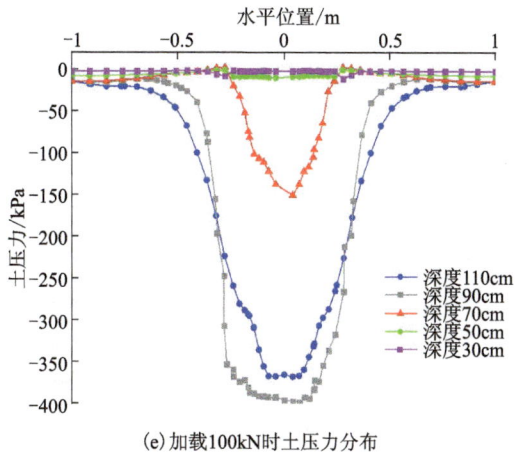

(e) 加载100kN时土压力分布

图 4-32　双宫格桩基础各级荷载下土压力分布曲线

图 4-33 为三宫格桩基础在不同荷载下的土压力分布曲线。从整体情况来看，不同荷载作用下土压力与单宫格、双宫格桩基础土压力变化规律类似，但土压力增大范围比单宫格和双宫格基础范围更大，集中在距桩中心约 4 倍桩身边长的范围内。桩底部中心处的土压力值最大，随着距桩中心水平距离的增大，土压力随之减小。

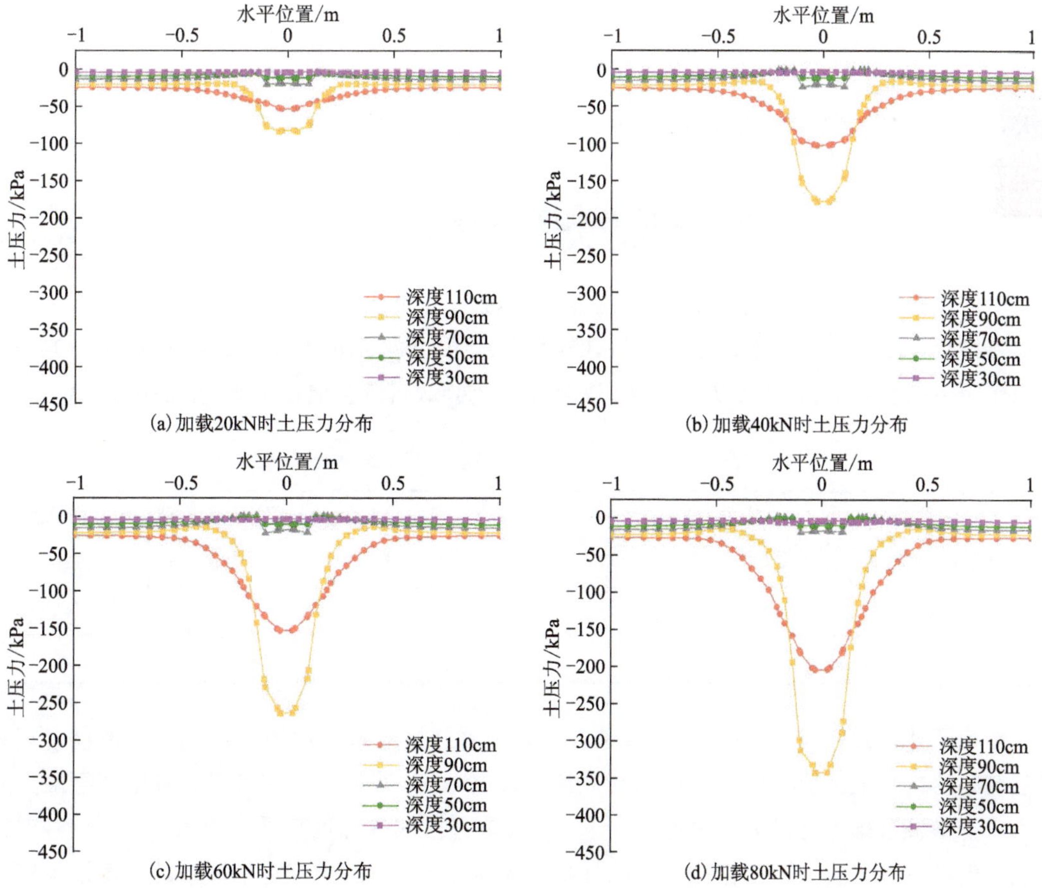

(a) 加载20kN时土压力分布

(b) 加载40kN时土压力分布

(c) 加载60kN时土压力分布

(d) 加载80kN时土压力分布

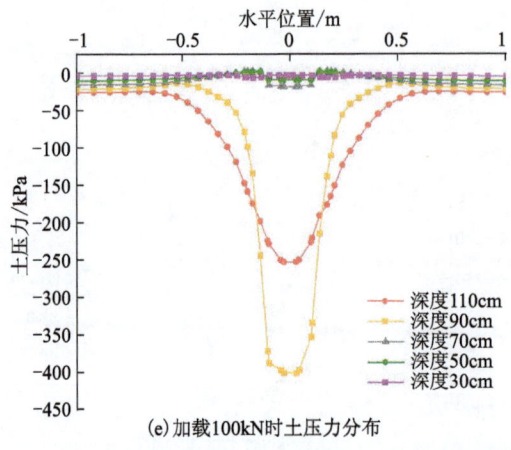

图 4-33 三宫格桩基础不同荷载下土压力分布曲线

由图 4-33 可知,土压力沿深度变化明显的区域依旧集中在深度 90～110cm 范围内,深度 30cm、50cm、70cm 处土压力值变化不大。在深度 90cm 处,即桩底处土压力值明显大于其他深度处。对比单宫格和双宫格桩基础,三宫格桩基础的土压力影响范围更大,但由于桩长未发生变化,土压力在深度方向受影响的范围依旧是在 90～110cm 范围内最为明显,在同一深度处,桩芯土压力大于桩侧土压力。

由以上分析可知,多宫格桩基础的土压力分布形式与单宫格桩基础分布形式类似,沿深度方向 3 个不同宫格数的桩基础土压力呈现相似的分布规律。在水平方向,由于桩截面面积增大,土压力的影响范围会相应扩大,影响范围变化为半径更大的区域。

4.6 多宫格桩基础格室效应分析

由前述分析可知,宫格数量增多能提高宫格桩基础的承载能力,但是宫格桩基础的承载力与宫格数量不呈正比关系。根据数值计算得到结果,提取不同宫格数量的桩基础在 100kN 荷载作用下的桩身应力、土压力最大值,以及发生 20mm 沉降量时的荷载,见表 4-4。

表 4-4 不同宫格数量桩基础计算结果对比

计算结果	单宫格桩基础	双宫格桩基础	三宫格桩基础	四宫格桩基础	五宫格桩基础
产生 20mm 沉降时荷载/kN	30	59	84	108	128
荷载 100kN 时桩身应力/kPa	2700	2100	1400	840	740
荷载 100kN 时土压力/kPa	190	400	410	420	430

在相同外荷载作用下,宫格桩桩身最大应力随着宫格数量的增加会出现减小现象。双宫格桩基础的桩身最大应力为单宫格基础桩身最大应力的 77.7%,而三宫格桩基础桩身最大应力为双宫格桩基础桩身最大应力的 66.6%,仅为单宫格桩基础桩身最大应力的 51.8%,四宫格桩基础桩身最大应力为三宫格桩基础桩身最大应力的 60%,为双宫格桩基础桩身最大应力

的40%,同时只占单宫格桩基础桩身最大应力的31.11%。可见在相同荷载作用下,宫格数量的增加使得桩身应力减小,且宫格数量在由三宫格转换为四宫格时桩身应力减小最明显,随后桩身应力变化幅度减小,应力减小不再呈陡降趋势。

宫格桩基础的土压力变化情况与桩承受荷载以及最大桩身应力的变化情况完全不同,由单宫格变化为双宫格时,土压力由190kPa增加至400kPa,增长幅度超过200%。但由双宫格变化为三宫格桩基础以及后续变化为四宫格桩、五宫格桩时,土压力最大值仅仅递增10kPa。结合前文中多宫格桩基础承载能力增长会被逐渐削弱的现象以及理论研究得知,宫格桩基础的承载能力主要由内、外侧摩阻力提供。一个宫格桩有6个边,而两个宫格桩有11个边,且共用边在桩内部,能产生外侧摩擦的只有10个边,所以每增加一个宫格,桩的外摩擦力不能按照增加一个单宫格的摩擦力进行累加。同时,宫格数量增加,土芯数量和体量增加,底部受挤压作用减弱,而土芯底部的挤压位移是宫格桩基础产生内侧摩阻力的主要来源,因此随着宫格数量的增加桩的总内侧摩阻力增长减缓。宫格桩基础的最大土压力出现在土芯底部被挤压变形最大处,随着宫格数量的增加,土芯挤压程度减弱,桩内侧最大土压力也相应减小。

图4-34为不同宫格数量桩的沉降曲线,反映了桩宫格数量变化对基础承载力和沉降值的影响情况。随着宫格数量的增加,桩承载能力的增长并不与宫格数量的增长呈正比关系。在桩体顶部各点承担相同压强的情况下,宫格数量越多的桩体沉降反而越大。不同桩体在沉降20mm时对应承载力分别为30kN、59kN、84kN、108kN、128kN。对比数据可以发现,随着桩体宫格数量的增加,桩体的承载性能增大,但随着桩体宫格数量的增加,基础承载能力增长不断减弱,增长图像呈一种指数函数趋势增长。由此可得,增加宫格数量可以显著提升桩基础的承载力,但综合考虑桩顶处于相同压强下的桩体沉降值,单宫格桩承载性能更为优秀。

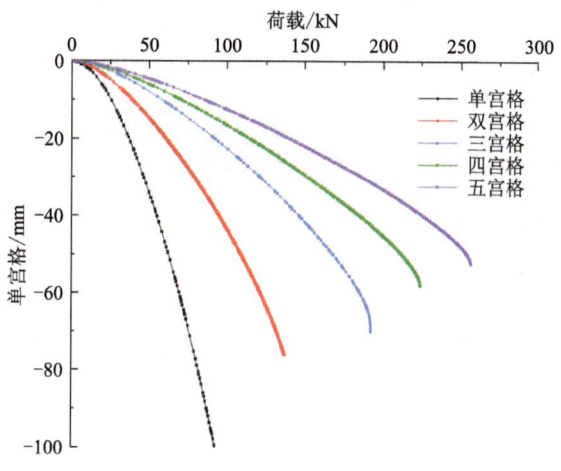

图4-34　不同宫格数量的宫格桩基础沉降曲线

为探究不同宫格数量对承载性能的影响,根据沉降值为20mm时不同桩基础承载力值绘制图4-35。由图4-35可知,宫格增加能够提高宫格桩的承载力,但没有数根单宫格桩的效果好。随着宫格数量的不断增加,承载力增加的效果越差。将原始数据进行拟合,宫格桩基础的承载能力与宫格数量的关系可用式(4-4)表示。

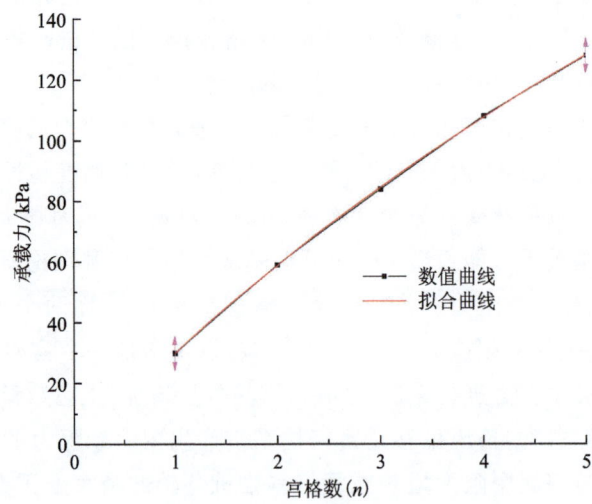

图4-35 宫格桩宫格数量与承载力拟合曲线

曲线拟合公式为

$$f = 304.13 - 306.21 \times 0.895\,13^n \tag{4-4}$$

式中：f 为宫格桩的承载力；n 为宫格桩的数量。

由式(4-4)可以反映出在工程应用中宫格桩承载力与桩基础宫格数量的关系。式(4-4)可为宫格桩基础在工程设计中提供参考。

4.7 宫格桩基础与群桩基础对比研究

本章基于已建杨湾河特大桥的地质条件，采用数值分析软件ABAQUS建立宫格桩基础数值模型，同时建立杨湾河特大桥工程采用的群桩基础数值模型，通过对两种基础的受力和经济性进行对比，分析宫格桩基础与传统群桩基础差异。

4.7.1 工程概况

杨湾河特大桥位于安徽省安庆市望江县杨湾镇境内，设计为一级公路附属桥梁。中心桩号K10+419，桥跨布置为3×(4×30)m(第一联至第三联)+(60+100+365+100+60)m(第四联)+4×30m(第五联)+5×30m(第六联)，桥梁全长1322m，桥梁宽度为25m。采用30m装配式预应力混凝土小箱梁(第一联至第三联)+预应力混凝土斜拉桥(第四联)+30m装配式预应力混凝土小箱梁(第五联至第六联)。

根据已有地质勘察资料，场地内各主要岩(土)层物理力学性质指标变异性较小，场地内各主要岩(土)层坡度较小。场地地基土较均匀可满足工程建设需要。根据《公路桥涵地基与基础设计规范》(JTG 3363—2019)按层位提供各土层承载力基本容许值[fa_0]和钻孔灌注桩设计参数(表4-5)。

表 4-5　各土层承载力及桩基设计参数表

层号及层名	天然重度/ kN·m^{-3}	地基承载力基本容许值[$f a_0$]/kPa	钻孔桩桩侧土摩阻力标准值 q_{ik}/kPa	单轴抗压强度标准值/MPa
②层粉质黏土	17.9	140	45	/
③层黏土	19.0	200	60	/
⑤$_1$淤泥质层粉质黏土	18.3	80	20	/
⑥层粉质黏土	18.9	180	55	/
⑦层粉砂	*18.8	200	60	/
⑨$_2$层圆砾	*20.0	300	85	/
⑩$_1$强风化泥质砂岩	22.8	350	90	/
⑩$_2$中风化泥质砂岩	23.2	800	200	天然 f_{rc}=3.88 饱和 f_{rc}=2.85

注：表中带"*"的数值为经验值，重力加速度 $g=10\text{m/s}^2$。

杨湾河特大桥主塔采用花瓶式桥塔，辅助墩、过渡墩采用柱式桥墩，主塔和辅助墩、过渡墩均采用群桩基础；引桥上部结构采用 30m 装配式预应力混凝土小箱梁，下部结构采用桩柱式桥墩，桥台采用柱式台，墩台均采用钻孔灌注桩基础。

图 4-36 为杨湾河特大桥主塔基础图。采用双塔结构，主塔下基础形式为群桩基础。承台尺寸为 16.7m×22.95m×6m，每一子塔下设置一组群桩基础，由 12 根单桩组成。桩身采用钻孔灌注桩，单桩直径为 2.5m，长度为 73m。

4.7.2　数值模型建立

按照本章的建模方法、网格划分类型及策略，建立杨湾河特大桥群桩基础数值模型。根据表 4-5，设置群桩数值模型的物理力学参数，同时建立与群桩基础长度相同的单宫格桩基础模型。根据数值计算结果，将两类桩基础的承载性能进行对比分析，以此对比群桩基础及宫格桩基础在实际工程应用中的承载性能差异及施工经济性。单宫格桩长度 73m，桩边长 6m，厚度 1.2m，顶部设置封口盖板，在盖板上直接施加荷载来模拟宫格桩基础在受力作用下的荷载传导过程。杨湾河群桩基础及单宫格桩基础的数值模型示意图如图 4-37 所示。

4.7.3　计算结果对比

4.7.3.1　沉降特性对比

根据杨湾河特大桥勘察资料以及设计单位提供的预估承载力，本次数值模型加载等级划分为 10 级，每级 6MN，共计 60MN，两个桩基础模型采用相同的加载方式。

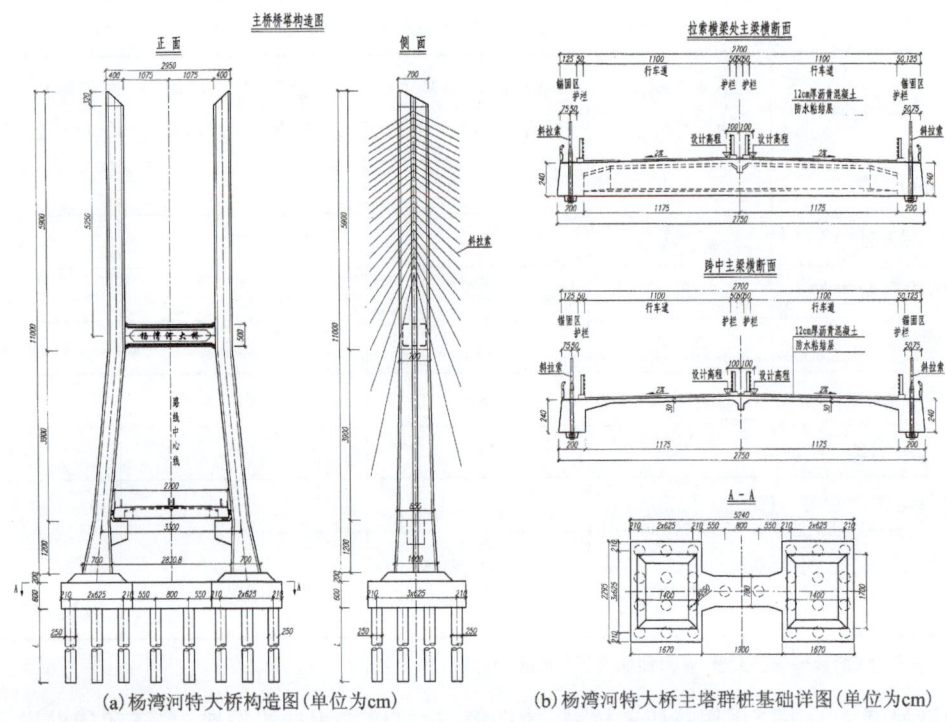

(a) 杨湾河特大桥构造图(单位为cm)　　(b) 杨湾河特大桥主塔群桩基础详图(单位为cm)

图 4-36　杨湾河特大桥(K10+419)主塔基础

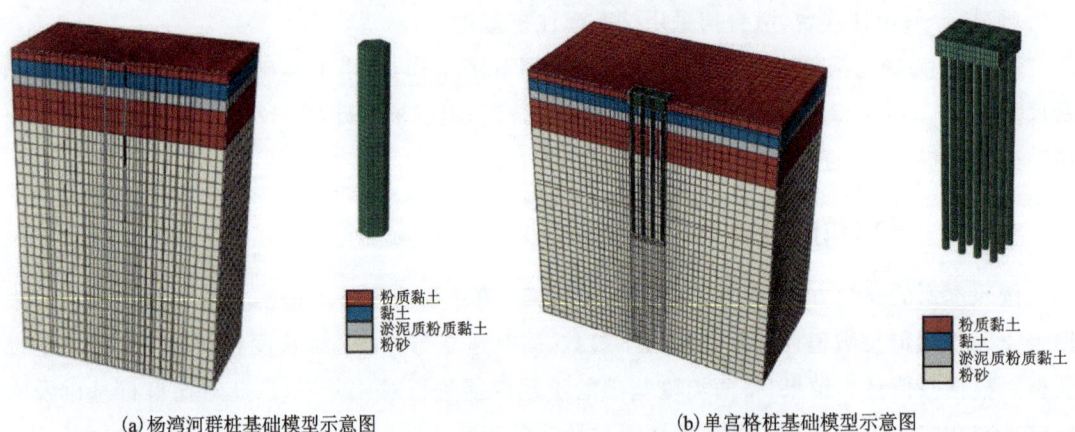

(a) 杨湾河群桩基础模型示意图　　(b) 单宫格桩基础模型示意图

图 4-37　杨湾河群桩基础和宫格桩基础模型示意图

图 4-38 为杨湾河特大桥群桩基础和同等长度单宫格桩基础的沉降曲线。由图可以看出，两类基础的沉降曲线均呈线性增长，宫格桩基础沉降量要略小于群桩基础。说明在杨湾河特大桥地质条件下，沉降曲线并不会出现明显的陡降情况，群桩基础和宫格桩基础均为摩擦-端承型基础。宫格桩基础的抗沉降性能优于群桩基础，即单宫格桩的承载能力优于群桩基础。

图 4-39 为两类桩基础的位移云图。由图可知，两类桩基础的沉降分布云图比较接近，群桩底部的地基土受影响范围略大于宫格桩基础。

4 宫格桩基础竖向承载性能数值模拟研究

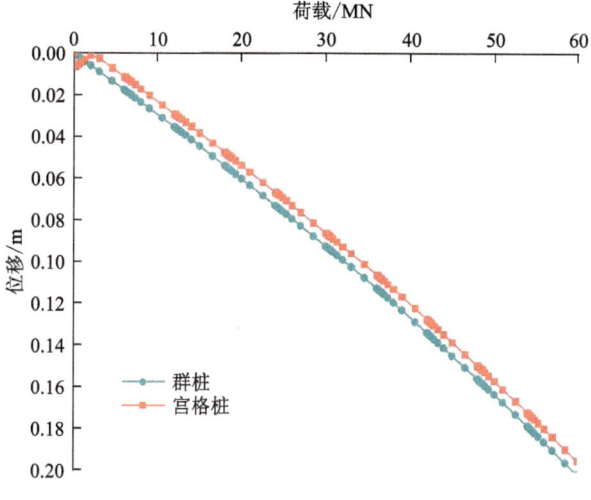

图 4-38 沉降曲线

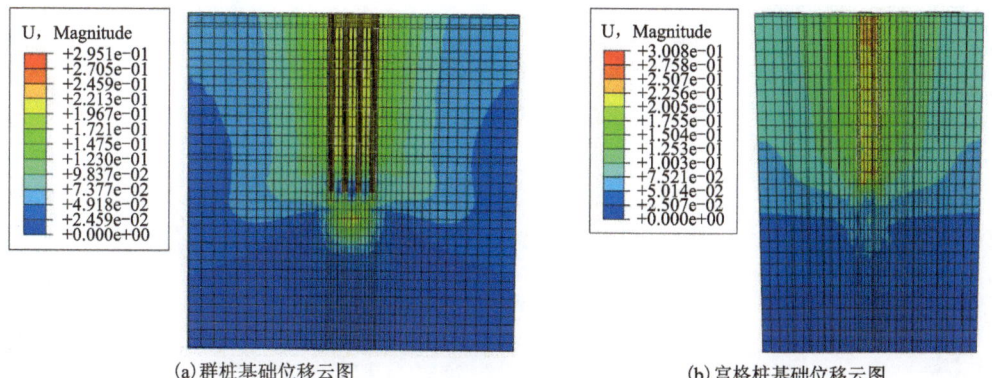

(a) 群桩基础位移云图　　(b) 宫格桩基础位移云图

图 4-39 两类桩基础位移云图

4.7.3.2 桩身应力对比

图 4-40 为群桩和宫格桩基础的桩身应力云图。由图可知,群桩基础每根单桩的桩身应力分布并不一致。角桩桩身应力最大,其次为边桩,内部单桩的桩身应力最小。3 类单桩在与承台相连接的一端应力值较大,且沿着深度方向会逐渐减小。同等长度的宫格桩基础桩身应力云图如图 4-40(b) 所示,其桩身应力分布与群桩基础出现明显的不同。

图 4-41(a) 为杨湾河群桩基础边桩桩身应力曲线,图 4-41(b) 为宫格桩基础的桩身应力曲线。由于群桩基础中不同单桩的桩身应力存在明显差异,角桩应力值偏大,内部单桩应力值较小,但是角桩的应力变化规律性更好。由图 4-41 可知,群桩基础桩身应力随荷载的变化范围主要集中在桩身上部 0~40m 范围内,在 40~73m 深度范围内桩身应力基本不受到荷载增大的影响。同等长度的宫格桩基础桩身应力随桩长逐渐减小,两者的桩身应力曲线形式有明显的不同。

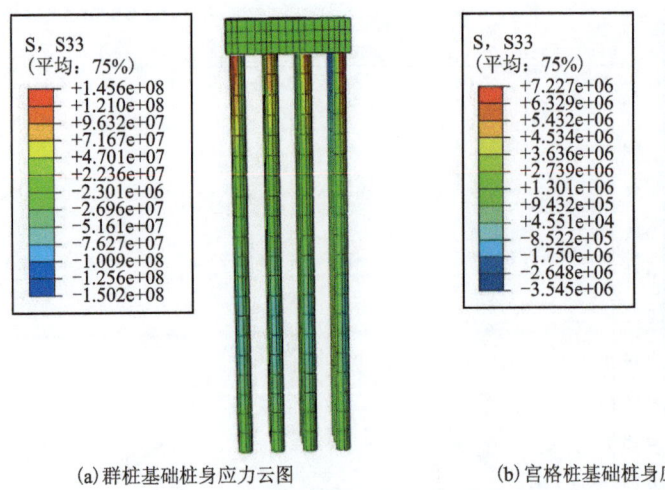

(a) 群桩基础桩身应力云图　　(b) 宫格桩基础桩身应力云图

图 4-40　群桩和宫格桩桩身应力云图

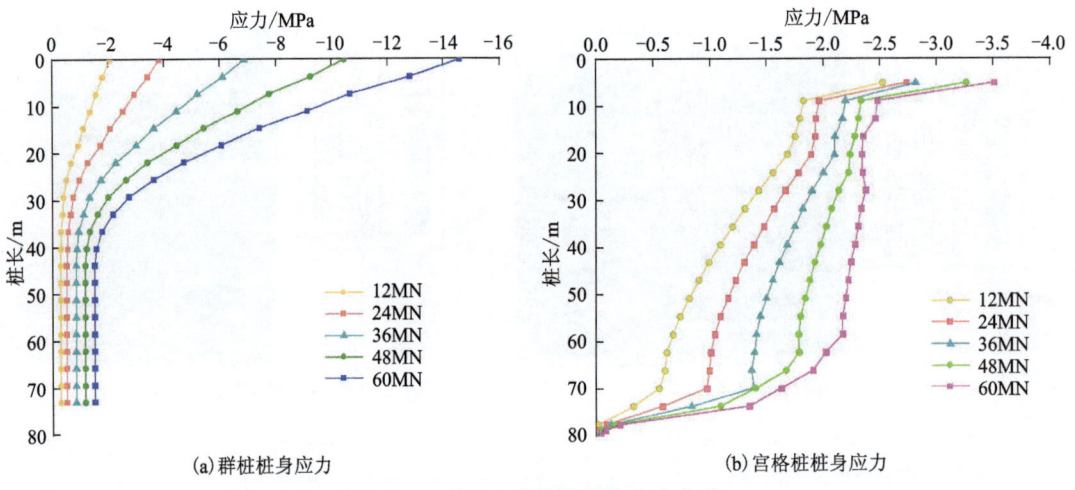

(a) 群桩桩身应力　　(b) 宫格桩桩身应力

图 4-41　群桩和宫格桩桩身应力曲线

4.7.3.3　侧摩阻力对比

图 4-42 为杨湾河特大桥群桩基础的侧摩阻力曲线,数值模拟的结果显示,群桩基础侧摩阻力的分布主要集中在桩身中上部,呈现出先增大后减小的趋势。群桩基础的侧摩阻力最大值出现在深度 10m 处,最大值为 22kPa。可以看出,随着荷载的增大对群桩基础侧摩阻力的影响较为明显,会出现侧摩阻力随荷载增大而增大的现象。作为以摩擦型基础为主的杨湾河特大桥,群桩基础的侧摩阻力还并未完全发挥,侧摩阻力集中在桩身上部说明端阻力较小,能够充分发挥侧摩阻力的作用,与摩擦桩的受力特征吻合。

图 4-43 为宫格桩基础的外侧摩阻力和内侧摩阻力的分布情况。由图 4-43(a)宫格桩基础外侧摩阻力图中可以看出,同等长度的宫格桩基础的外侧摩阻力分布形式与群桩基础摩阻力分布类似,都呈现沿着深度方向先增大后减小的趋势。由于宫格桩基础外侧与土体接触面积

的增大，其侧摩阻力要整体大于群桩基础，宫格桩基础的侧摩阻力最大值为28kPa。最大值出现的位置较群桩基础更靠近桩顶，沿深度方向减小的速度要小于群桩基础，结合上述分析可知，宫格桩基础的外侧摩阻力发挥较群桩基础充分。

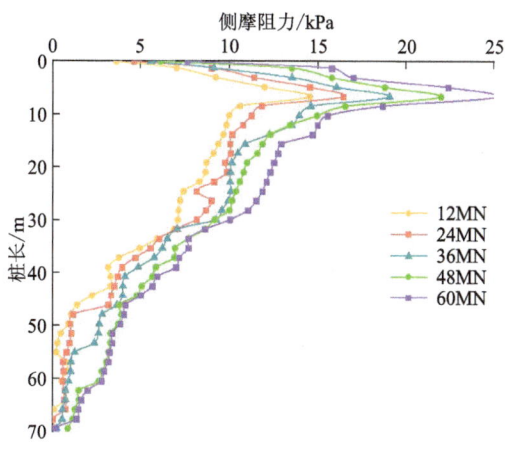

图4-42　群桩基础侧摩阻力曲线

图4-43(b)展现了宫格桩基础内侧摩阻力分布情况，与外侧摩阻力分布形式明显不同，宫格桩基础的内侧摩阻力主要集中在桩身下部，即60~73m范围内。在深度大于60m时，内侧摩阻力出现陡增，到深度为70m时最大值达到68kPa，自70m至桩底内摩阻力逐渐减小。从摩阻力的大小来看，内侧摩阻力的最大值要明显大于自身的外侧摩阻力以及群桩基础侧摩阻力。但其主要的分布范围较小，集中分布在桩身底部位置，并不会由于荷载的增大而向上发展。

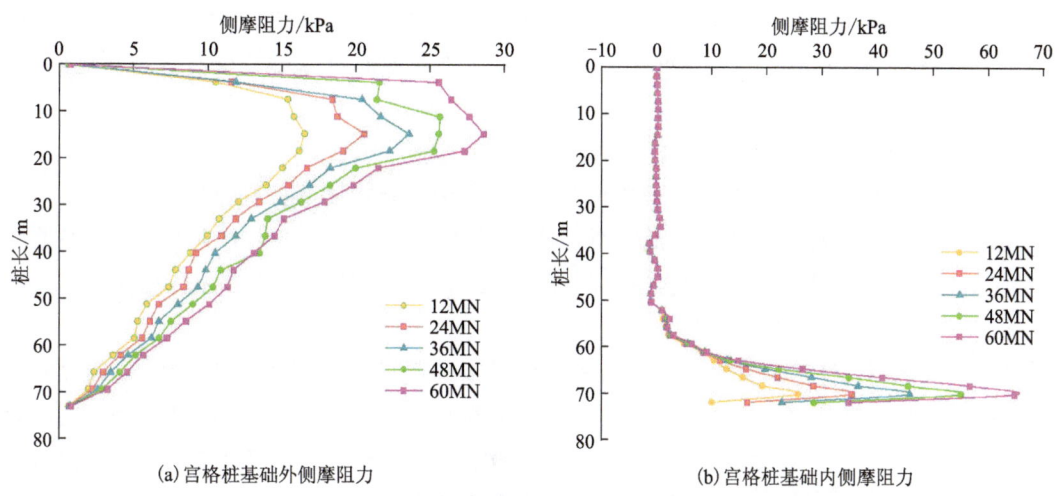

(a)宫格桩基础外侧摩阻力　　(b)宫格桩基础内侧摩阻力

图4-43　宫格桩基础侧摩阻力曲线

4.7.3.4　群桩基础与宫格桩基础对比总结

经过工程量统计，群桩基础所用混凝土体积约为6 597.47m³，同等长度的宫格桩基础所用混凝土体积仅为 2 754.71m³。在承载能力及沉降量基本相同的情况下,宫格桩基础的混凝土使用量明显小于群桩基础。因此,使用宫格桩基础可以有效节约工程成本,提高工程经济性。

结合本节两类桩基础的侧摩阻力可知,宫格桩基础由内、外侧摩阻力组成其主要的承载力。相比群桩基础,宫格桩基础的外侧摩阻力发挥更加充分,内侧摩阻力发挥明显小于外侧摩阻力,但在桩底的分布范围内也能够提供一定的承载能力。群桩基础由于单桩数量较多,侧摩阻力提供的承载能力接近于宫格桩基础,要提高群桩基础的承载能力最有效的办法是增加单桩数量。而宫格桩基础可以通过改变桩边长来改变桩-土界面面积,提供更大的内、外侧摩阻力。

4.8 本章小结

以宫格桩室内试验为基础,利用 ABAQUS 有限元软件建立相同条件下的数值模型,对宫格桩基础力学表现进行更加深入的研究。将数值结果与试验数据进行对比、整合,弥补了试验数据的不足,更加准确地展示了竖向荷载作用下宫格桩基础的承载特性。通过建立不同尺寸的单宫格桩基础、不同宫格数量的多宫格基础,进一步探究了宫格桩基础的优化尺寸和宫格效应,为宫格桩基础的设计施工提供参考。最后结合杨湾河特大桥工程实际资料,建立相同桩长的单宫格桩基础并进行了工程经济性对比。发现宫格桩基础在满足设计要求的前提下,工程用量更少,更加符合可持续发展的理念。

(1)通过对①~⑤号宫格桩建立数值模型,并分析其沉降曲线、桩身应力以及土压力分布情况可知,宫格桩的桩身长度和桩边长对其承载力产生影响,在一定范围内提高桩身长度和桩身边长能够提高宫格桩基础的承载性能。计算结果还表明,适当缩短桩身长度及桩边长能够提高内侧摩阻力,降低桩基工程的经济成本。增加宫格桩长度会导致桩身竖向刚度不足,随着荷载的增加存在桩身失稳的风险。因此在宫格桩设计时,不能一味加大加长桩的尺寸,要进行桩身尺寸的优化设计。

(2)采用带肋宫格桩基础,使得应力向桩身集中,桩基础加肋部位桩身应力明显增大,不加肋部位的桩身应力略大于不带肋的。由于桩身应力的集中,桩周土中的应力略小。带肋的桩底部土压力略大于不带肋的,使得带肋的桩沉降比不带肋的大。宫格桩加肋在承受竖向荷载方面没有起到积极作用。

(3)对比同等尺寸的单宫格、双宫格、三宫格桩基础可知,不同宫格数量的桩基础之间存在相应关系,即宫格效应。增加宫格数量并不能使得桩基础的承载能力等比例增加,反而对承载能力增长存在一定程度的削弱作用。由于基础本身自重较大,且内摩阻力很难发挥,宫格数量增加越多,对基础承载能力增长的削弱效果越明显。

(4)当桩身长度相同时,群桩基础及宫格桩基础表现出相近的沉降情况,即两者承载能力接近。但宫格桩基础的混凝土使用量要明显小于群桩基础,经济效益较好。

宫格桩基础水平承载试验研究

5.1 引 言

我国西部山区河流遍布、中东部地区大江大河横贯、东南沿海地区海湾海峡宽阔,国家主要干线公路网已经建成了大量的跨江、海、水库深水桥梁。这些重大的跨江、海、水库桥梁工程对国家的经济发展和"一带一路"倡议都具有重要的意义。与普通桥梁相比,大跨度深水桥梁结构往往位于水深流急且水文地质条件极其复杂的特殊环境中,其性能深受水、土与结构等多介质相互作用的影响。深水桥梁基础所受到的水平力,如水流冲击力、流水压力、船撞力等都比陆上或浅水基础大得多。此外,深水基础需要具有高抗自然灾害的能力,而深水基础的地基勘测均需在水下进行原位勘测,工作条件差,要取得真实、可靠的数据难度大,这就要求其勘测手段更先进、更可靠。因此,深水基础的设计与施工必须将水流速度、水深等因素及由深水所引起的其他约束条件联系起来综合分析,并采取相应的措施。

由于我国长、大桥梁多数修建在水深、流急的大江河上或环境恶劣的海上,深水基础多采用大直径钢管桩及柱、大直径钻孔灌注桩、沉井及钢围堰、复合基础等结构形式,但这些传统深水桥梁基础多为群桩+承台的结构形式,桩基数量较多,且为了桥梁水下承台的顺利浇筑,往往需要制作钢围堰、大沉井等大型临时支护结构,待下沉定位后再浇筑封底混凝土,接着施工群桩及承台,整个施工工序流程非常复杂,且临时支护结构成本较高,回收困难,混凝土方量大,造成整个桥梁基础工程造价较高、工期较长。而桥梁下部结构的建造成本一般占整座桥梁的投资比重较大,是影响桥梁经济性的重要因素。

因此,本书提出一种基于宫格式地下连续墙的宫格桩基础,来控制水下桥梁基础的施工成本。本书对于发展深水桥梁的设计方法,提升深水桥梁结构的设计水平具有重要的意义。

5.2 桩基承受水平循环荷载研究现状

近海工程项目通常体型巨大、结构高耸,其下部基础除了要承担上部结构的自重荷载外,还将长期受到风、波浪、水流等水平循环荷载的作用。对水平循环荷载效应,国内外很多学者相继展开了各种研究。徐攸在等(1984)对桩在长期振动下承载力的变化进行了试验,结果表明,振动作用下,土体颗粒之间产生相对滑动面,土体的抗剪切强度降低,同时也使得土体原有的应力状态受到破坏。他提出,确定桩的持久承载力大小,要考虑振动加速度的作用。控制沉降量的大小,需确保静荷载和动载加速度两个因素值在一定范围内。律文田等(2005)对预制静压桩进行了静载现场试验分析,得出桩端位移和桩侧阻力在动荷载作用下最后趋于稳定,桩身轴力与深度呈非线性关系,相比于粉砂,在淤泥质土层中衰减速度较慢。杨龙才等(2005)对位于软黏土地层中的钻孔灌注桩进行轴向循环荷载试验,结果表明,在循环荷载作用下,桩的轴力分布有一定的调整,不同土层的桩侧阻力响应不同,砂性土层可增强侧摩阻力,淤泥质黏土层会弱化侧摩阻力,列车循环荷载对该地区单桩竖向承载力影响较小。周宏磊等(2011)提出了一种适用于北京地区非均质地层钻孔灌注桩的荷载传递分析方法。

水平循环荷载会使桩基产生与静载明显不同的受荷响应,常见的表现如黏性土中桩基水平承载力随荷载循环逐渐下降,桩周土体产生累积残余变形等。国内外学者针对这一问题已开展了大量的研究。

Matlock 和 Reese(1960)建议采用线弹性地基反力法分析砂性土中桩基的水平受荷特性:

$$K_h = n_h z \tag{5-1}$$

式中,土反力模量 K_h 随深度 z 呈线性增大,可以通过减小地基反力系数(n_h)的值来考虑循环荷载的影响。

前人的一系列试验结果表明,当荷载循环至 50 次以上时,n_h 的值可减小为静载时的 30%。Broms(1964)通过试验指出 n_h 的衰减与无黏性土的密度有关,在荷载循环 40 次后,对应较大和较小的密度,n_h 分别减小为原来的 50% 和 25%。

Reese(1962)提出了半经验的砂性土 p-y 曲线法,通过试验确定的衰减系数对静力 p-y 曲线进行调整,以此考虑循环荷载的影响。然而该方法并没有反映荷载循环次数的影响。

Little 和 Briaud(1988)提出考虑荷载循环次数影响的土反力模量公式

$$K_{hN} = K_{h1} N^{-a} \tag{5-2}$$

式中:K_{hN} 为 N 次循环后的土反力模量;K_{h1} 为第一次循环后的土反力模量;a 为衰减因子。

类似的,循环 p-y 曲线中的 p 可表示为

$$p_N = p_1 N^{-a} \tag{5-3}$$

式中:p_N 为 N 次循环后的土反力;p_1 为第一次循环后的土反力;a 为衰减因子,可由现场试验反算得到。

该方法的显著优点是能够考虑循环次数的影响,并且从现场测试中获取衰减参数也较为方便。

Swane 等(1982)提出了整个水平加载过程中每一次循环的 p-y 曲线,并利用离散元模型分别进行求解。然而,该方法中的关键参数一般很难通过常规测试或者现场勘探获得。Long 和 Vanneste(1994)在 Tampa Bay 对两个桥墩完成的现场试验表明,Reese 法预测的基桩水平循环受荷响应与试验结果差异较大。笔者在总结了文献中大量试验结果的基础上,提出了两种考虑荷载循环次数影响的计算方法:LISM 方法和 DSPY 方法。

1)LISM 方法

$$\delta_N = \frac{AH}{EI^{0.4} n_{hN}^{0.6}} + \frac{BM}{EI^{0.6} n_{hN}^{0.4}} \tag{5-4}$$

式中:δ_N 为 N 次循环后的桩基水平位移;H 是水平荷载;n_{hN} 是 N 次循环后的地基反力系数;A、B 是取决于桩长和相对刚度的常数,并且有

$$n_{hN} = n_{h1} N^{-1} \tag{5-5}$$

其中：n_{h1} 是第一次循环后的地基反力系数；N 表示循环次数。

2）DSPY 方法

该方法对 p-y 曲线的 p 和 y 均进行了折减

$$p_N = p_1 N^{(\alpha-1)t} \tag{5-6}$$

$$y_N = y_1 N^{\alpha t} \tag{5-7}$$

式中：p_N 是 N 次循环后的土反力；y_N 是 N 次循环后的水平位移；p_1 是第一次循环后的土反力；y_1 是第一次循环后的水平位移；α 是控制土反力和水平位移的相对比例关系并减小地基反力模量的参数；t 为衰减因子。

参数 t 可依据下式确定

$$t = 0.17 F_L F_I F_D \tag{5-8}$$

式中：F_L、F_I、F_D 分别是取决于循环荷载比，是与打桩方式和土体密度相关的参数。

在此基础上，Lin 和 Liao(1999)针对砂土中桩基承受水平变幅循环荷载的情况，提出了应变叠加的概念来考虑累积应变，并同样引入衰减因子 t 来考虑循环荷载的影响，t 与土体性质、打桩方式、荷载类型、桩嵌固长度、桩土刚度比等因素有关。

对于砂性土，Rosquoet 等(2007)通过离心机试验发现，水平循环荷载下桩身的变形等响应绝大部分发生在前 15 次循环中。其中，第一次循环产生的位移最大，桩基水平刚度随循环次数的增加而增大，并逐渐趋于最大值；累积应变随循环增加，但是单次循环产生的应变增量随循环次数增加而减小。

Basack 和 Purkayastha(2007)针对海相黏土，通过模型试验研究了桩周土体弱化与荷载频率、循环次数和位移水平之间的关系。试验结果表明桩周土体弱化因子(循环后土体强度与循环前强度之比)随循环次数的增加而减小，且随荷载频率增加而增大。Basack 等同时指出：桩周土随循环弱化的本质在于超孔隙水压的零消散、土颗粒的重新排列以及桩周土逐渐累积的塑性变形。

综上所述，桩（单桩打入方式、群桩布置方式等）、土（密实度、饱和度等）以及荷载特性（荷载频率、大小、变化幅度、作用次数等）等多方面的因素都将影响桩基的水平循环受荷性状。截至目前，文献中关于单桩水平循环受荷问题的研究较多，也有不同的计算分析理论提出，这些计算方法分别考虑了上述不同参数对桩水平承载能力的影响。在设计方面，一些国家的规范也已经引入了考虑循环荷载影响的设计方法。例如，美国和挪威的规范都引入了 p-y 曲线的折减系数，但该系数不计荷载幅值及循环次数等因素的差异，因此仍不是十分完善。而目前国内相关规范尚无明确的计算方法来分析循环荷载对水平受荷桩的影响，在必要的情况下一般建议进行现场试验。

5.3　水平荷载下宫格桩基础模型设计与制作

目前尽管国内外不少学者对桩基在水平荷载作用下的工作性状进行了比较全面的研究和探讨，但无论从设计分析理论上，还是在工程实践中，尚存在较多的问题和不足，有待进一步完善和发展。本章在综合分析国内外现有成果的基础上主要开展以下研究工作。

本研究设计并制作了多种规格的大比例尺单宫格桩、双宫格桩、三宫格桩模型,采用中国地质大学(武汉)结构实验室的 MTS 大型加载系统,并自行设计制作钢制模型箱,开展了一系列室内模型试验,对水平静力及水平循环等复杂荷载条件下的单宫格桩受力和多宫格桩受力以及变形性状进行了系统的研究。模型试验包括:单宫格桩静力加载试验、单宫格桩水平循环加载试验、多宫格桩水平循环加载试验。

5.3.1 试验概况

土工模型试验是人们认识土体及其与结构相互作用的重要手段。受试验成本、场地条件及其他各种环境因素的限制,现场原型试验研究很难广泛开展。为了在应用到实际工程之前充分探究桩基础的承载性能,需要通过室内模型试验进行研究。根据桩基础的承载机理,按照相似理论,人为控制试验条件,建立与原型具有相似性规律的桩基础室内模型,即缩尺模型,研究桩基在某一情况下的受力变形特性,推动桩基理论深入发展。

笔者团队在中国地质大学(武汉)结构楼实验大厅开展了一系列缩尺宫格桩模型试验,对水平静力荷载和水平循环荷载条件下的单宫格桩和多宫格桩受力和变形性状进行了系统的研究。在试验研究中,设计了不同规格的宫格桩基础模型,并沿桩身布置了应变片桥路,在试验箱中设计好的位置放置土压力盒以量测模型桩的内力。本章主要介绍了模型试验的相关工作,包括相似比确定、试验场地概况、地基土制备、模型桩制作与施工、试验加载及测量装置以及各项试验的内容和过程等。

5.3.1.1 相似比确定

根据相似理论,进行桩基室内模型试验,主要通过几何相似来进行模型试验方案的设计。

几何相似是模型与原型在形状、大小即尺度上的相似,用几何尺寸比 m_l 表示。这关系到模型大小和试验的规模,所以确定几何尺寸比是模型试验中比较重要的一项。确定了几何尺寸比后,其他物理量的比值可通过几何尺寸比表示或由其推导出。

$$m_l = \frac{x_\mathrm{M}}{x_\mathrm{P}} = \frac{y_\mathrm{M}}{y_\mathrm{P}} = \frac{z_\mathrm{M}}{z_\mathrm{P}} \tag{5-9}$$

式中:x_M、y_M、z_M 分别表示模型沿 x、y、z 方向的尺寸;x_P、y_P、z_P 分别表示原型沿 x、y、z 方向的尺寸。

假设实际宫格桩基础边长为 6m,长度为 30m,考虑到室内试验尺寸的合理性以及可实施性,本次设计几何缩比拟为 1:30,即 $m_l=1/30$。

5.3.1.2 试验场地概况

本次试验采用 MTS 电液伺服加载系统。该系统可进行各种结构构件和结构模型的静力、拟静力、疲劳和拟动力试验研究。仪器型号为 MTS-505.60 静音油源、MTS FTGT 全数字两通道两站台控制。由美国 MTS 公司生产,硬件系统包括 201.60T 1000kN 作动缸(伺服阀流量 112LPM)、201.40T 500kN 作动缸(伺服阀流量 56LPM)、505.60 静音节能油源(200LPM 流量,节能变量泵)、293022 双站台独立电控分油站、1 站 2 通道 FlexTextGT 控制系统和高精度外置位移传感器;软件系统包括多功能周期加载及数采软件、多轴静力加载系统、单向及双向拟动力软件、地震波生成软件。

相似模型试验在中国地质大学(武汉)结构楼实验大厅进行,如图 5-1 所示。整套试验系统由 MTS 静动力加载系统及试验数据采集系统组成,可开展水平和竖直加载岩土工程问题的缩尺试验。

(a)试验系统照片　　　　　　　　(b)配套监测系统

图 5-1　中国地质大学(武汉)MTS 加载系统及监测装置

试验前利用密封挡板将模型槽分割成 2m×2m×1.6m 和 3m×2m×1.6m 两个试验区域,本章试验均在 2m×2m×1.6m 区域进行。

5.3.1.3　地基土制备

试验地基土选用武汉砂土,其中砂、粉土、黏土的含量分别为 70%、25% 和 5%。在土工模型试验中,地基土的制备是一项十分重要的环节,它直接决定了土体的强度和变形特性,以及土中应力场的大小和分布。人工制备地基土不仅要满足密度、含水量等指标的设计要求,还必须具备良好的均匀性。根据以往的试验经验并结合本试验的内容安排,确定模型地基土采用分层振实的方式填筑,并以密实度作为控制指标,以振实遍数控制每层填土的密实度,从而保证土体的均匀性。地基土填筑前进行了一系列振实试验,确定了振实器械以及各项控制参数,详见表 5-1。单层土的制备过程大致可分为 3 步:①将模型箱在平面上划分出 4 个面积相等的区域,分区放土并控制该层土的总质量(分区放土);②平整各区域土体使之均匀分布(单层整平);③采用振实机械按蛇行路线往复振实土体 3 遍(单层振实)。由下至上逐层重复该过程即可完成地基土的填筑。最终填土总高度为 1.5m,总填方量约 6m³。

土体填筑过程中,采用环刀法测量每层土体的密度,采用烘干法测量土体的含水量,从而计算得到土体的平均密度为 1.78g/cm³。此外,为了解地基土的填筑质量及均匀程度,在土体饱和前后分别对地基土进行了静力触探测试(CPT),每次 CPT 测点各 9 个,均匀分布在整个模型槽内。不同测点的实测数据大致接近,表明地基土的整体均匀性较好。由于采用了分层振实的方式进行填土,每层土表层与底层的密实度不同,造成 CPT 数值沿深度加深呈现锯齿状波动。

表 5-1　地基土制备的控制参数

振实机械	NZH 型振动夯实机
振实目的密度	1.70g/cm³
填土含水量	14%～16%
每层铺土厚度	30cm
振实目标厚度	20cm
振实遍数	3 遍
每层填土量	1.4t

5.3.1.4　模型桩、模型箱及试验安装

本章试验对象包括六边形单宫格桩及多宫格桩两类,各组试验采用的模型桩尺寸不同,因此其制作方法和施工过程也有区别。

模型桩为正六边形空心桩,采用力学性能相同的厚度为 4cm 的有机玻璃进行制作。将 6 块有机玻璃板打磨并拼装在一起形成整体,连接处不仅采用有机玻璃胶水进行粘结,同时打入螺钉进一步加固。为量测模型桩内力,在模型 6 个边拼装前,各桩在两个有机玻璃板合拢处提前预留凹槽,粘贴不同数量的应变片,之后再进行桩的拼装。所有应变片以全桥方式组桥,根据不同试验的需要,设置了测量轴力内力的桥路,桩身剪力则可根据同一方向相邻两道弯矩应变片桥路的测试数据计算得到。

模型桩中一组较典型的桩身应变片布置如图 5-2 所示。全部应变片组桥完成后,涂抹上 306 泡沫胶进行保护,再将两边进行合拢从而拼装成六边形桩的整体,并沿桩周采用环氧树脂进行了防水保护处理。加工完成后的模型桩如图 5-3 所示。

该试验系统主体模型箱采用钢结构,考虑到桩径影响、加载条件、操作空间等综合因素,内部有效尺寸为 2m(长)×2m(宽)×1.6m(高),侧向变形不超过 0.1%。模型箱骨架采用角钢焊接,并在箱体四周设置加劲肋以防止箱体侧板变形。为便于观测箱内沉降变化情况,模型箱一侧采用钢化玻璃,底部采用钢板来承受上部传来的压力。

试验承台是单独设计的可调节桩径的装配型承台。该承台是由 1 块大钢板及 6 块卡槽钢板进行焊接形成的骨架,外部长、宽、高尺寸分别为 0.7m、0.7m、0.2m。承台包括钢制承台板以及其

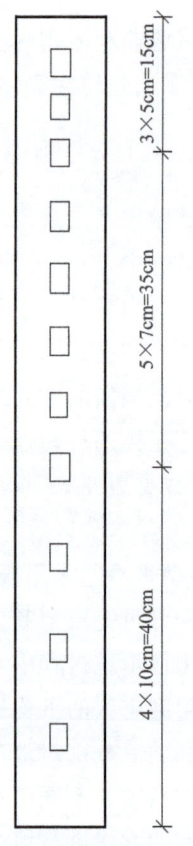

图 5-2　模型桩身应变片
典型布置(单位为 cm)

中正六边形卡槽、与卡槽相对应的螺栓以及在螺栓与模型桩之间起缓冲作用的圆形垫片,详细构造见图 5-4。该承台为空心承台,仅有与墩柱相连的上表面以及承受土压力的四周 4 个侧面。承台内部则布置了正六边形状的 6 片卡槽,每片卡槽上有两个螺栓孔,螺栓孔有相对应的螺栓,并且每个螺栓孔配有相应的圆形垫片,垫片与螺栓相连的一面中心有小的凹槽用以卡住螺栓。该承台与桩模型连接时,可以通过调整螺栓伸出长度来适配不同边长的正六边形桩,大大缩小了试验中制作承台的成本,同时能够牢固地固定桩的位置,满足试验的加载需求。

图 5-3　室内试验模型桩

图 5-4　承台照片

模型桩采用提前埋置的方式,单宫格桩与多宫格桩的埋深保持一致,均为 1m,如图 5-5 所示。先将各模型桩依次定位在模型箱中的设计位置并埋入地基土中,然后将预制承台与模型桩通过卡槽和螺栓进行连接。与基桩连接时,先将承台吊装至设计标高,再将模型桩顶部侧边卡入承台上焊接的卡槽,放置垫片并调节固定螺栓的长度进行固定。上述承台形式对于本次模型试验强度足够,可视为刚性承台。同时,采用焊接钢板以及卡槽固定螺栓调节的构造措施较好地保证了承台和基桩间的牢固连接,从而使基桩桩顶的约束程度与实际工程较为接近。

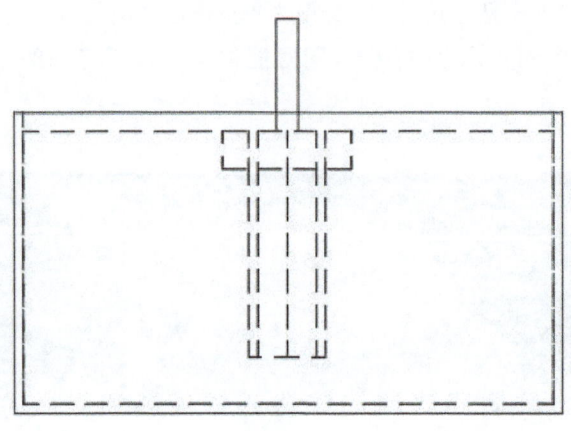

图 5-5　模型桩剖面图

5.3.2　试验内容

本次相似模型试验主要分单宫格桩和多宫格桩基础试验两类,各桩的规格尺寸以及加载情况见表 5-2。各组模型试验分别在试验箱中的相同位置进行,地基土条件完全相同。模型试验流程如图 5-6 所示。

表 5-2　模型试验项目汇总

试验项目			模型规格
单宫格桩基础	DGG-1	水平静载	高度110cm,边长24cm
	DGG-2	水平静载	高度90cm,边长16cm
	DGG-3	水平循环加载	高度110cm,边长20cm
多宫格桩基础	LGG-4	水平循环加载	双宫格
	SGG-5	水平循环加载	三宫格

5.3.2.1　单宫格桩静力加载试验

试验通过控制位移的方式加载,首先进行单向线性加载。由于在实际情况下,风、浪、波流等荷载一般频率较低,为避免动力效应,确定了较慢的加载速度。整个试验过程中采用 MTS 加载系统并配合采集箱实时采集各类传感器数据,加载装置见图 5-7。

5.3.2.2　单宫格桩水平循环加载试验

试验通过控制位移的方式进行等幅双向加载,加载波形为线性波,由于在实际情况下,风、浪、波流等荷载一般频率较低,为避免动力效应,确定循环加载周期为30s。各级加载具体参数见表5-3,每级荷载至少循环3次直至荷载读数相对稳定。整个试验过程中采用MTS加载系统配合采集箱实时采集各传感器数据,采样频率设为4Hz(图5-8)。

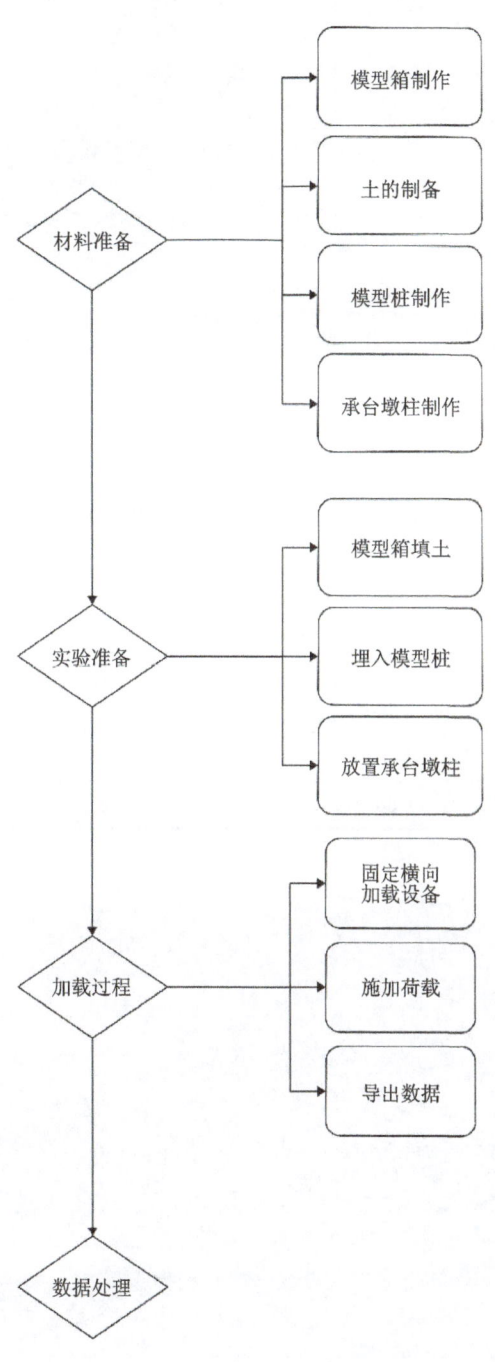

图 5-6　模型试验流程

图 5-7　单宫格桩水平加载试验装置

表 5-3　单宫格桩水平循环加载试验控制参数

位移幅值/mm	循环次数
±10	3
±20	3
±30	3
±40	3
±50	3
±60	3

图 5-8　单宫格桩水平循环加载试验作动器

5.3.3 小结

本章利用中国地质大学(武汉)结构楼实验大厅的 MTS 加载试验系统开展了一系列正六边形单宫格桩和多宫格桩基础承受水平及循环荷载的缩尺模型试验,主要介绍了模型试验的设计和准备工作,以及试验的具体内容和过程。

(1)试验模型地基土选用武汉砂土,采用分层填铺振实的方式填筑。CPT 测试结果显示,制备完成的地基土整体均匀性较好。

(2)设计并制作了正六边形单宫格桩和多宫格桩基础两种模型桩用于相同的试验。模型桩为正六边形空心桩,并贴设了不同数量的应变片,之后再进行桩的拼装。所有应变片以全桥方式组桥,根据试验的需要,设置了测量轴力内力的桥路。全部应变片组桥完成后,沿桩周采用环氧树脂进行了防水保护处理。

(3)试验承台是单独设计的可调节桩径的装配型承台模型。模型包括钢制承台板以及其中正六边形状的卡槽、与卡槽相对应的螺栓以及在螺栓与模型桩之间起缓冲作用的圆形垫片。模型在六边形桩的试验中,可以通过调整螺栓伸出长度来适配不同边长的正六边形桩,大大缩小了试验中制作承台的成本,同时能够紧密地固定桩的位置,满足试验所需的功能。为模拟上部结构自重荷载的影响,混凝土群桩承台上部设置了 5kN 的 MTS 竖向加载力。

(4)系列模型试验主要由高度 110cm、边长 24cm 的单宫格桩水平静力荷载加载试验,高度 90cm、边长 16cm 的单宫格桩水平静力荷载加载试验,高度 110cm、边长 20cm 的单宫格桩水平循环荷载加载试验,以及双宫格和三宫格桩基础的水平循环加载试验组成。各组试验分别在试验箱中的相同位置进行,地基土条件相同。所有加载试验采用位移荷载控制方式加载。

5.4 单宫格桩水平荷载试验及性能分析

5.4.1 单宫格桩基 DGG-1 试验

试验模型桩采用有机玻璃制造而成。模型桩桩长 1m,截面边长 24cm,壁厚 4cm。

将土压力盒校准之后,按照图 5-9 所示的位置将其放置在土体中,竖向土压力盒深度分别是 10cm、20cm、40cm、70cm、100cm、120cm。要保持土压力盒垂直程度尽量不变,与土压力盒相连的导线要尽可能平顺,减少其对土应力和桩沉降的影响。桩内土压力盒放置在土体靠近水平荷载一侧,桩外土压力盒放置在距离桩身水平距离 4cm、23cm 处。为测试边缘效应的影响,在距离模型箱侧板的 5cm 处设置 1 个土压力盒,深度为 10cm。

5.4.1.1 荷载-位移曲线

单宫格桩水平静载试验的荷载-位移曲线如图 5-10 所示。由图可见,曲线的加载段呈现出一定的非线性,当水平荷载增加至 14kN 时,加载点的水平位移为 60mm。

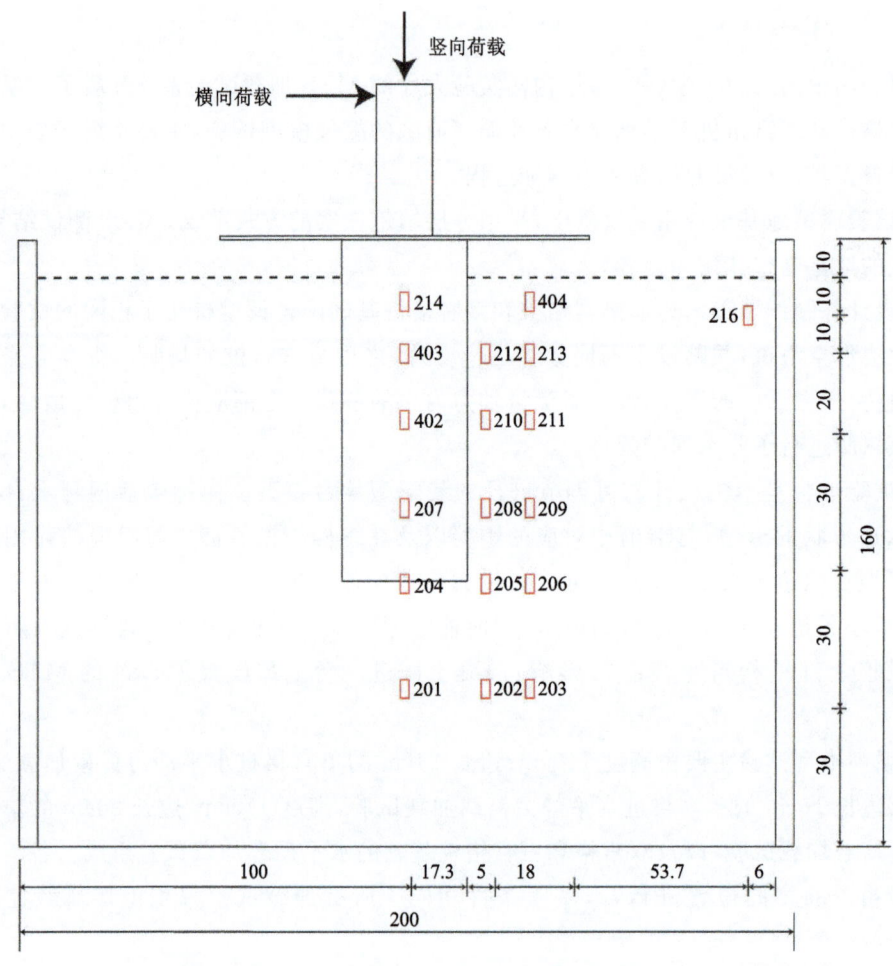

图 5-9 DGG-1 试验土压力盒位置示意图(单位为 cm)

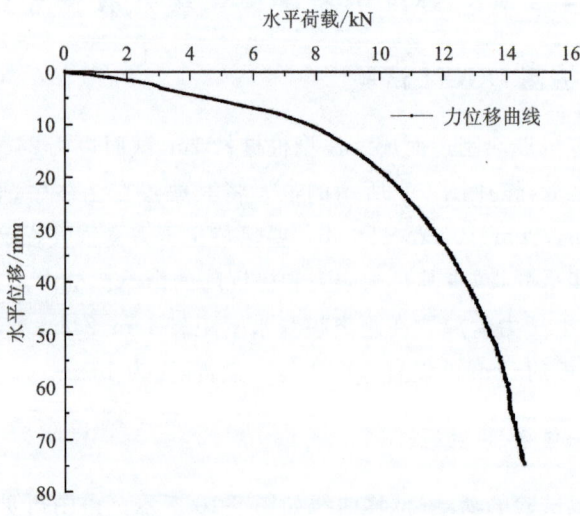

图 5-10 单宫格桩水平静载试验的荷载-位移曲线

依据水平静载试验结果,对模型桩及复合桩基础的水平静力承载特性进行了分析。水平荷载-位移曲线与数值模拟得到的变化趋势基本相同,为陡降型。初始阶段抵抗水平荷载的能力较大;随着水平位移的增加,桩周土体也随之变动;土达到承载力极限后,随水平荷载的增加,水平位移迅速加大,加载出现平台段,即停止加载。

5.4.1.2 水平位移确定时土中水平应力曲线

图 5-11~图 5-14 所示曲线分别为水平位移在 10mm、30mm、50mm、70mm 时,土中不同位置的水平应力。为了直观地展示在同一深度处水平应力的变化情况,将同一深度的 3 个土压力盒应力值连线,不同深度的水平应力曲线放置于同一图中进行对比分析。

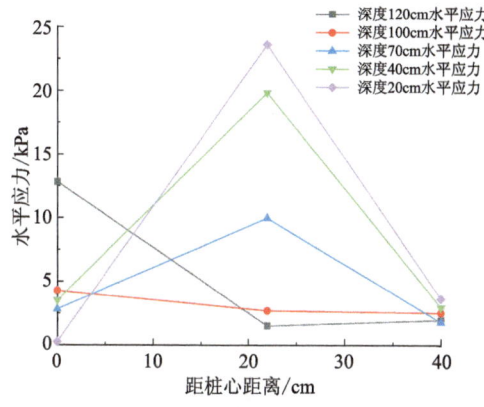

图 5-11　水平位移 10mm 时土中水平应力曲线

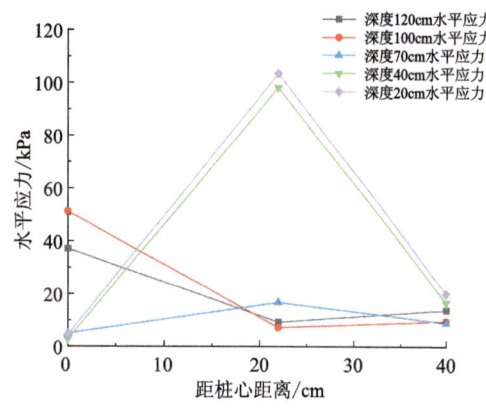

图 5-12　水平位移 30mm 时土中水平应力曲线

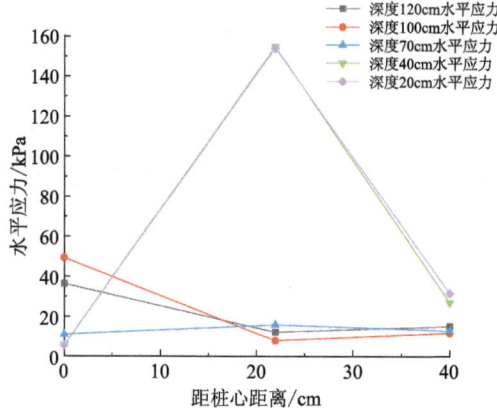

图 5-13　水平位移 50mm 时土中水平应力曲线

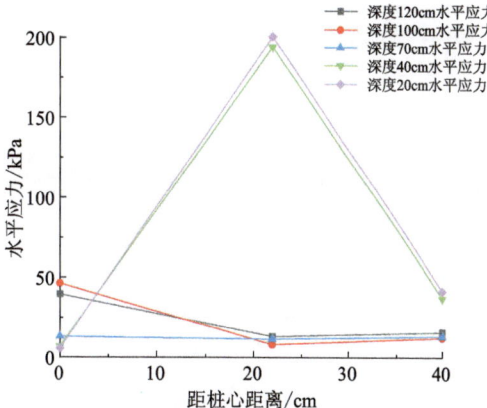

图 5-14　水平位移 70mm 时土中水平应力曲线

总体观察得到,离土面较近的位置水平应力比较大,同时在桩边(即离桩心 22cm 处)的土压力盒水平应力比较大。随着水平位移增大,各项水平应力均有增大,但桩边离土面 20cm 和 40cm 处的水平应力增长最为明显,说明此处承受了绝大部分水平应力。

5.4.1.3 水平位移确定时同竖向位置土压力盒水平受荷图

图 5-15～图 5-18 所示曲线分别为水平位移在 10mm、30mm、50mm、70mm 时，土中水平应力沿深度变化曲线。为了直观地展示在同一竖向位置处土中水平应力沿深度的变化情况，将同一竖向位置处的 5 个土压力盒应力值连线，并将不同位置的土应力曲线放置于同一图中进行对比分析。

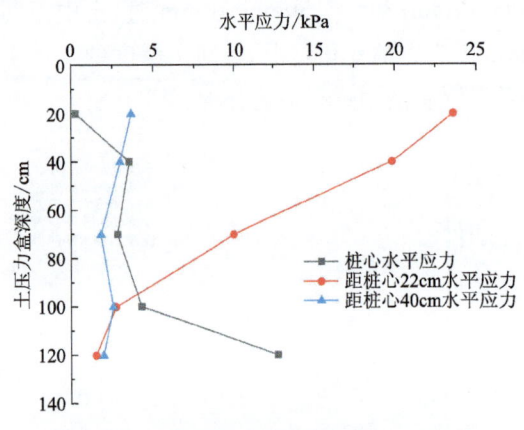

图 5-15　水平位移 10mm 时土中水平应力沿深度变化曲线

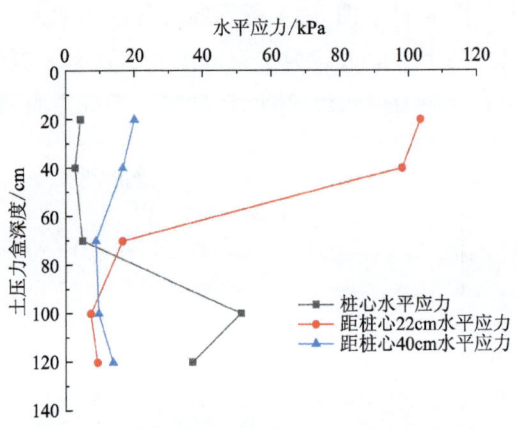

图 5-16　水平位移 30mm 时土中水平应力沿深度变化曲线

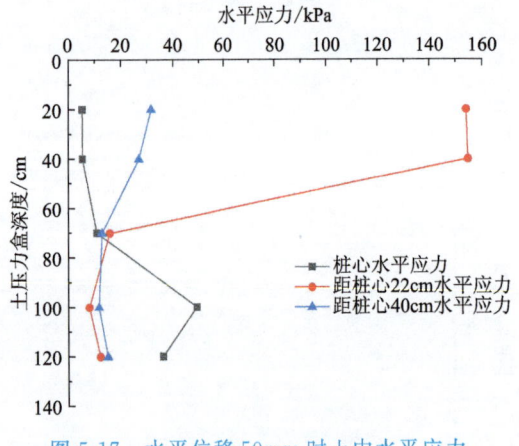

图 5-17　水平位移 50mm 时土中水平应力沿深度变化曲线

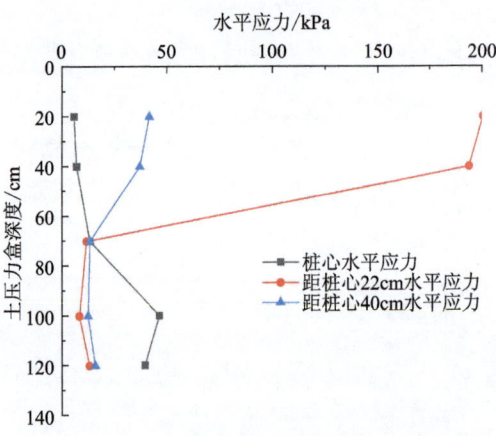

图 5-18　水平位移 70mm 时土中水平应力沿深度变化曲线

由图可知，桩心土深处（离土表面 100cm 和 120cm 处）水平应力较大，桩边（距桩心 22cm 处）浅处（离土表面 20cm 和 40cm 处）水平应力远大于其他深度的水平应力，距桩心 40cm 处的水平应力沿深度变化不大。

5.4.1.4 单宫格桩基础 DGG-1 试验小结

单宫格桩基础水平荷载-位移曲线呈缓变型，有着显著的趋势。桩身位移超过 30mm 时，逐渐产生平台段，水平承载力显著下降。桩加载至曲线平台段时，基础前端土体出现明显隆起,后端出现较大裂缝,土体发生了滑移。随水平荷载增大,桩体正下方的土压力显著增大,而后期两侧土体受到的力几乎不变。在达到终止加载条件时,桩内部桩芯土正下方的土压力最大,而桩身外侧则是最上端的土体受到的压力最大。

5.4.2 单宫格桩基 DGG-2 试验

本次试验中的模型桩依然采用有机玻璃制作而成。模型桩为正六边形,桩长 90m,截面边长 20cm,壁厚 4cm。

将土压力盒校准之后,按照图 5-19 所示的位置埋置在土体中,竖向土压力盒深度分别为 20cm、40cm、70cm、90cm、110cm。期间要保持垂直程度尽量不变,与土压力盒相连的导线要尽可能的平顺,减少其对土应力和桩沉降的影响。桩内土压力盒放置在土体靠近水平荷载一侧,桩外土压力盒放置在与桩身水平距离 5cm、17cm 处。为测试边缘效应的影响,在距离模型箱侧板 5cm 处设置 1 个土压力盒,深度为 10cm。

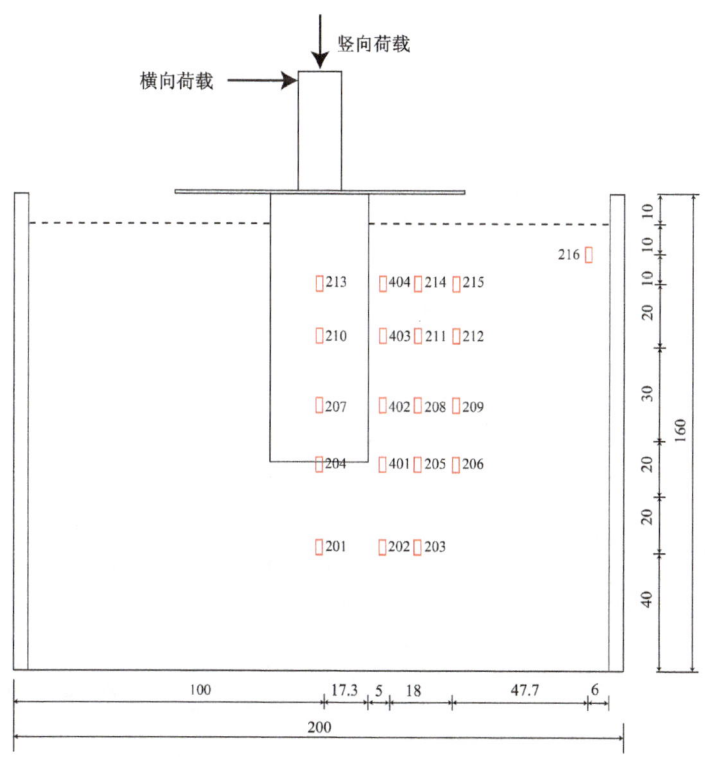

图 5-19 单宫格桩基 DGG-2 试验土压力盒位置示意图(单位为 cm)

5.4.2.1 荷载-位移曲线

单宫格桩水平静载的荷载-位移曲线如图 5-20 所示。和第一次试验曲线相同,曲线的加载段呈现出一定的非线性,当水平荷载增加至 8kN 时,加载点的水平位移为 60mm。

依据水平静载试验结果,对宫格桩模型的水平静力承载特性进行了分析。水平荷载-位移曲线与数值模拟得到的变化趋势基本相同,为陡降型。初始阶段抵抗水平荷载的能力较大；随着水平位移的增加，桩周土体也随之变动；土达到承载力极限后，随水平荷载的增加，水平位移迅速加大，加载出现平台段，即停止加载。

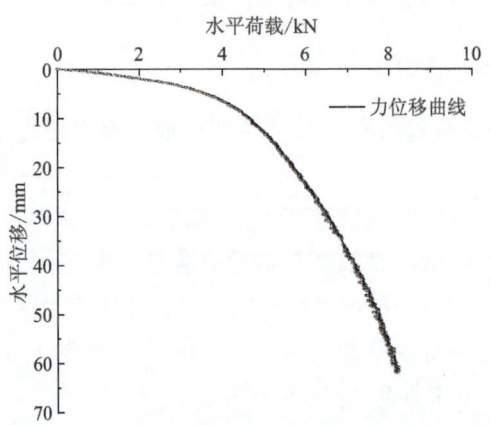

图 5-20　DGG-2 试验单宫格桩水平静载荷载-位移曲线

5.4.2.2　水平位移确定时同深度土压力盒水平受荷图

图 5-21～图 5-24 为水平位移在 15mm、30mm、45mm、60mm 时，每一个高度的 3 个土压力盒呈一条曲线，将不同深度的土压力盒曲线放置于同一图中进行对比分析。

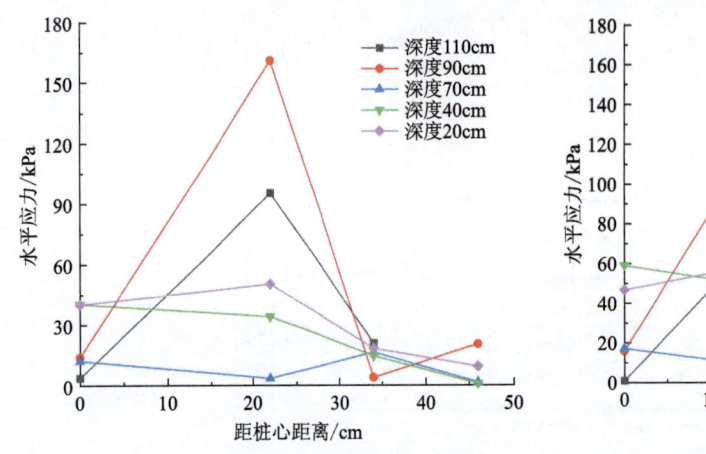
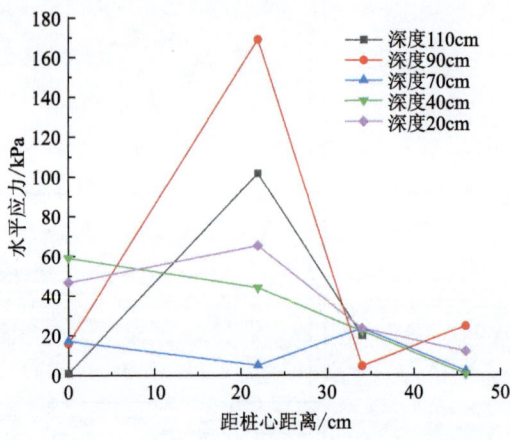

图 5-21　15mm 水平位移时同一高度土压力盒　　图 5-22　30mm 水平位移时同一高度土压力盒

由图可知，这次试验与第一次试验的数据相比，有了明显的规律性，这是由于本次试验去除了承台的作用，仅保留承台板用以承受上部结构的力，更加准确地测出了单宫格桩对水平荷载的抵抗能力。

离土面较近的位置水平应力比较大，同时在桩边（即离桩心 22cm 处）的土压力盒水平应力比较大。随着水平位移增大，各项水平应力均有增大，但桩边离土面 90cm 处的水平应力增长最为明显，说明此处承受了绝大部分水平应力。

5 宫格桩基础水平承载试验研究

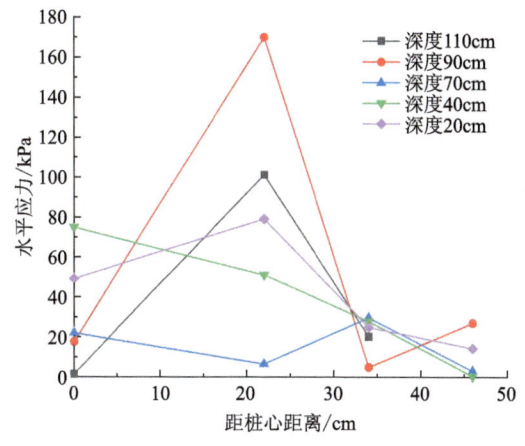

图 5-23　45mm 水平位移时同一高度土压力盒

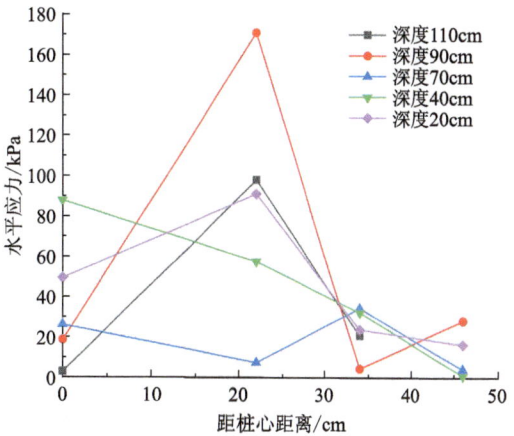

图 5-24　60mm 水平位移时同一高度土压力盒

5.4.2.3　水平位移确定时同竖向位置土压力盒水平受荷图

图 5-25～图 5-28 为水平位移在 15mm、30mm、45mm、60mm 时,土箱中同一个位置不同深度处的土压力盒呈一条曲线,将不同位置的土压力盒曲线放置于同一图中进行对比分析。

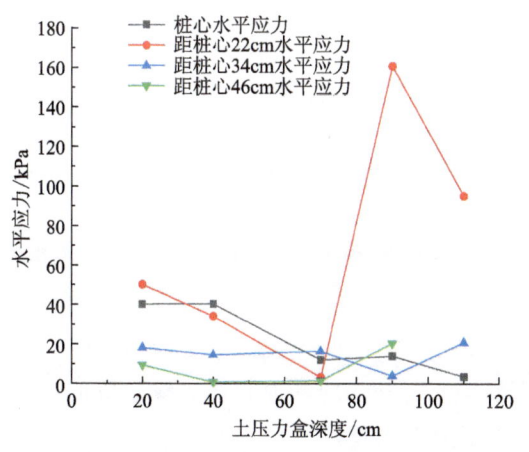

图 5-25　15mm 水平位移时同一位置土压力盒

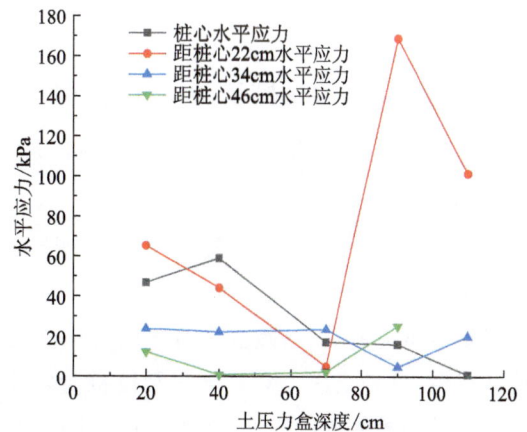

图 5-26　30mm 水平位移时同一位置土压力盒

由图可知,桩心离土面近处(离土面 40cm 处)水平应力较大,桩边(距桩心 22cm 处)离土面远处(离土面 90cm 处)水平应力远大于其他处水平应力,距桩心 34cm 和 46cm 处则水平应力相差不大。

5.4.2.4　单宫格桩基 DGG-2 试验小结

由于两次试验条件不同,因此相同力产生的位移不同。但结合两者相同的性状进行分析,可知随着水平位移增大,增加相同位移所需的力越来越小,一直到产生平台段,力几乎不增长而位移显著增加,可知达到了土体的极限承载力。

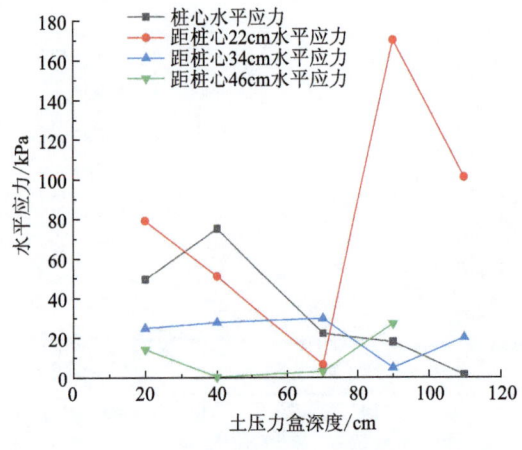
图 5-27　45mm 水平位移时同一位置土压力盒

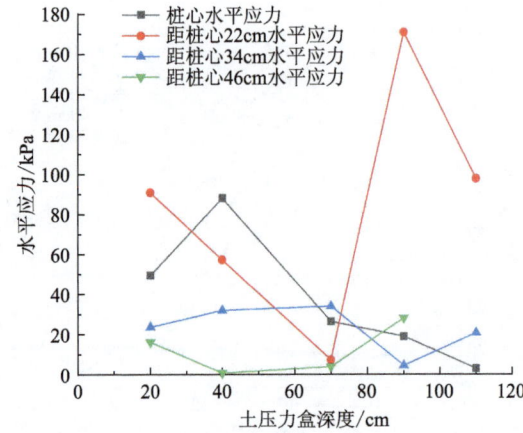
图 5-28　60mm 水平位移时同一位置土压力盒

单宫格桩基础荷载位移曲线呈缓变型,有着显著的趋势。桩身位移超过 30mm 时,逐渐产生平台段,水平承载力显著下降。桩加载至曲线平台段时,基础前端土体出现明显隆起,后端出现较大裂缝,土体发生了滑移。

随水平荷载增大,桩体正下方的土压力显著增大,而两侧土体后期受到的力几乎不变。在达到终止加载条件时,桩内深度 40cm 处土压力最大,而桩身外侧则是 90cm 处土体受到的压力最大。

5.4.3　单宫格桩基 DGG-3 试验

本次试验中的模型桩采用有机玻璃制作而成。模型桩桩长 1m,截面边长 20cm,壁厚 4cm。

将土压力盒校准之后,按照图 5-29 所示的位置将其放置在土体中,竖向土压力盒深度分别是 20cm、40cm、70cm、110cm、130cm。期间要保持垂直程度尽量不变,与土压力盒相连的导线要尽可能的平顺,减少其对土应力和桩沉降的影响。桩内土压力盒放置在土体靠近水平荷载一侧,桩外土压力盒放置在距离桩身水平距离 4cm、23cm 处。为测试边缘效应的影响,在距离模型箱侧板的 5cm 处设置 1 个土压力盒,深度为 10cm。

单宫格桩水平循环试验采用位移控制方式分 6 级进行加载,各级加载处的荷载位移曲线如图 5-30～图 5-35 所示。从图中可以看到,当加载位移幅值较小时(如第一级加载),其对应的荷载位移曲线大致呈线性,而随着施加的水平位移逐级增大(从 ±10mm 到 ±60mm),该系列曲线的非线性特征也越来越显著。对于同一级加载,相同位移对应的水平荷载则随循环次数的增加而减小。如定义每次加载的荷载幅值与位移幅值之比为桩基的水平向割线刚度,则整体而言,该刚度随循环次数的增加逐渐降低。

前两次试验与预期结果吻合较好,从第三级试验开始,在左侧加载方向的曲线产生了奇怪的曲折变化,但并不是偶然,因为之后的每一级都产生了类似的变化,而右侧则依然与预期结果吻合较好,初步判断是由于砂土的密实度难以控制。尽管对全部砂土进行了压实,在左侧方向依然有可能产生了较大空隙导致水平力出现了意料之外的变化。

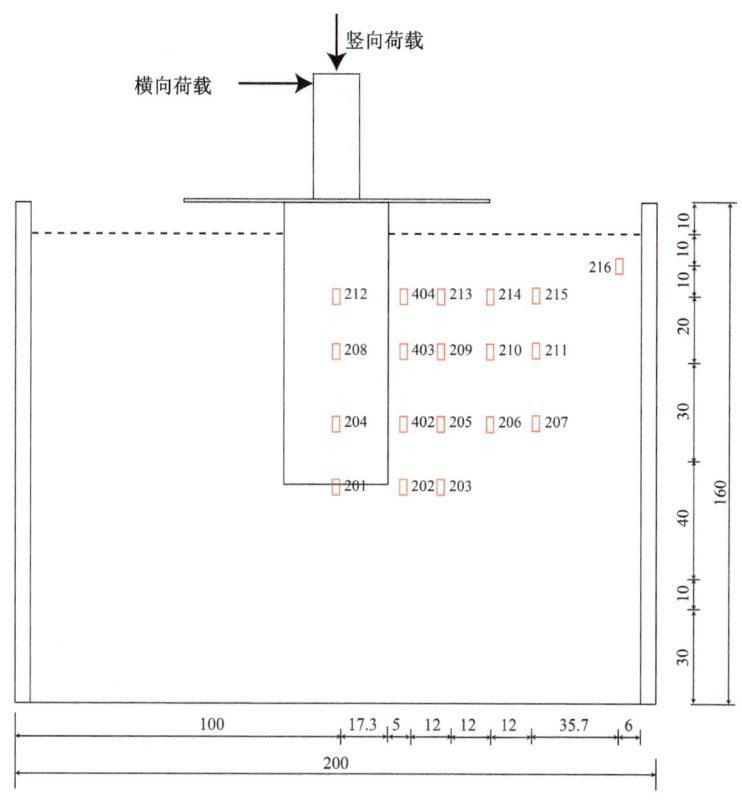

图 5-29　单宫格桩基 DGG-3 试验土压力盒位置（单位为 cm）

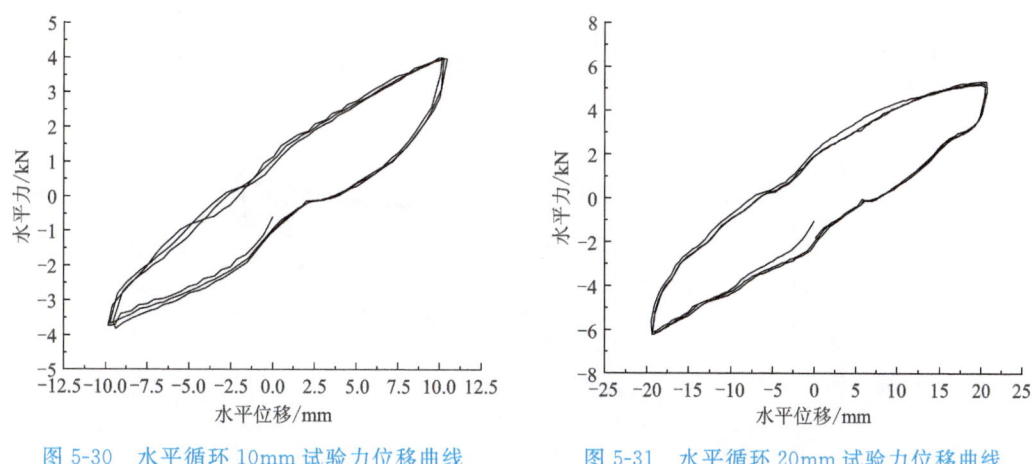

图 5-30　水平循环 10mm 试验力位移曲线　　图 5-31　水平循环 20mm 试验力位移曲线

为了进一步对比各级加载之间的差异，将每级加载第一次循环的荷载位移曲线叠加汇总成图 5-36。该图更清晰地表明，单宫格桩水平刚度随荷载级（控制水平位移幅值）的增加而减小。

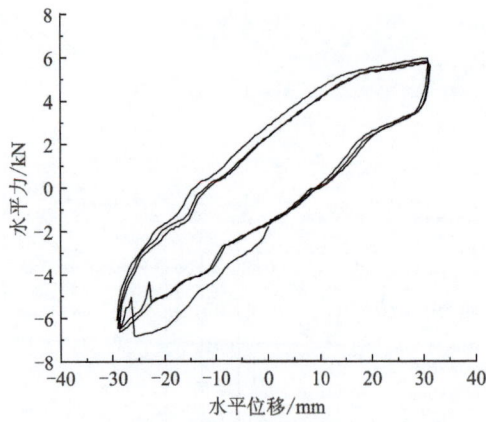

图 5-32　水平循环 30mm 试验力位移曲线

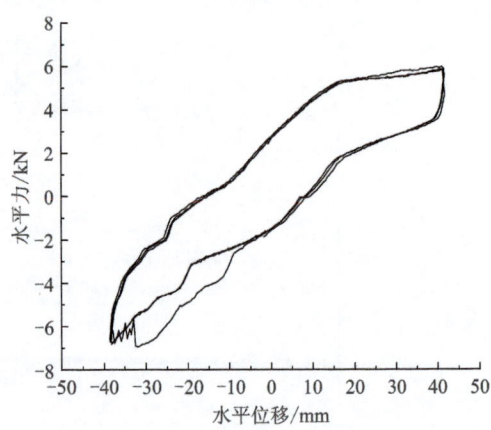

图 5-33　水平循环 40mm 试验力位移曲线

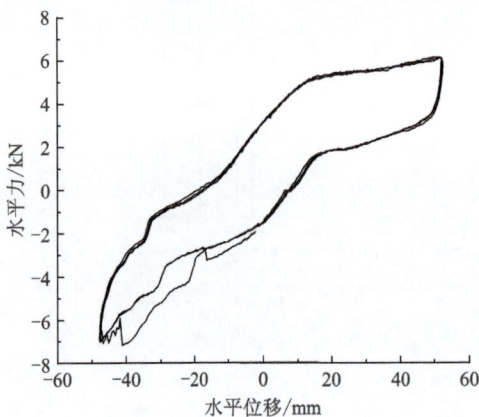

图 5-34　水平循环 50mm 试验力位移曲线

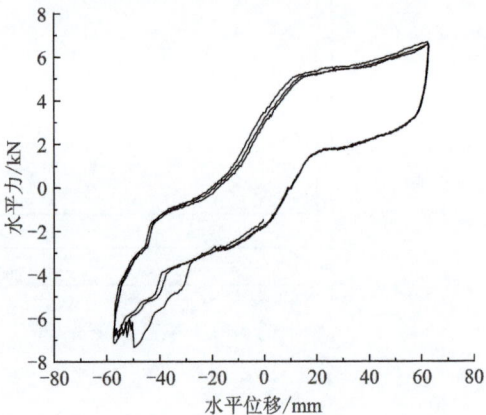

图 5-35　水平循环 60mm 试验力位移曲线

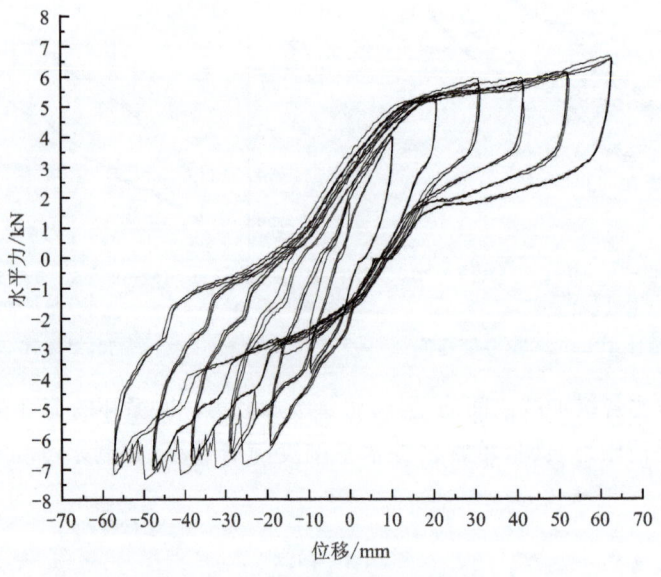

图 5-36　水平循环汇总力位移曲线

5.4.4 双宫格桩基 DGG-4 试验

试验中的双宫格由两个完全相同的单宫格桩拼在一起制作而成,模型桩采用有机玻璃材质。模型桩桩长 0.9m,截面边长 16cm,壁厚 4cm。与单宫格桩类似,双宫格桩水平循环试验中各级加载产生荷载位移曲线如图 5-37 所示。双宫格桩试验共分 4 级加载,分别为 20mm、40mm、60mm、80mm,每一级加载 20 次,同样采用位移控制的方式进行。

由于受多种因素影响,此次试验并不顺利,仅产生了 20mm 一级的力位移曲线。对于同级加载,相同位移对应的水平荷载随循环次数的增加而减小。如定义每次加载的荷载幅值与位移幅值之比为桩基的水平向割线刚度,则整体而言,该刚度随循环次数的增加逐渐降低。

由图 5-37 可知,与单宫格桩试验结果图相比,双宫格桩各级加载曲线的非线性更加明显,曲线割线刚度随循环次数的增加而减小的趋势也更显著。此外,双宫格桩试验的荷载位移曲线的滞回圈较单宫格桩试验更为饱满,其应力水平显著大于单宫格桩,从而产生了较大的土体塑性变形。

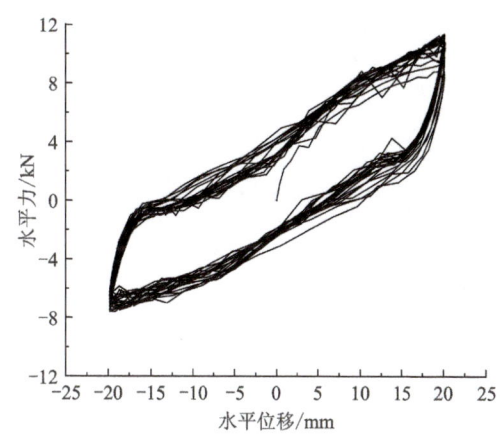

图 5-37 双宫格桩基 20mm 力位移曲线

5.4.5 三宫格桩基 SGG-5 试验

试验中的三宫格由 3 个完全相同的单宫格桩拼在一起制作而成,模型桩采用有机玻璃材质。模型桩桩长 0.9m,截面边长 16cm,壁厚 4cm。与单宫格桩类似,三宫格桩水平循环试验中各级加载产生荷载位移曲线如图 5-38~图 5-41。三宫格桩试验共分 4 级加载,分别为 5mm、10mm、15mm、20mm,每一级加载 10 次,频率分别为 0.05Hz、0.025Hz、0.012 5Hz、0.006 25Hz,同样采用位移控制的方式进行。

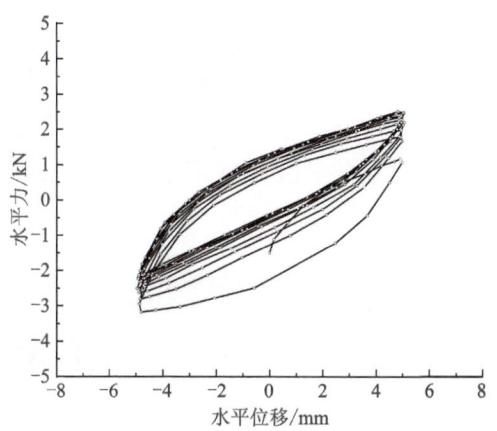

图 5-38 三宫格桩基 5mm 力位移曲线

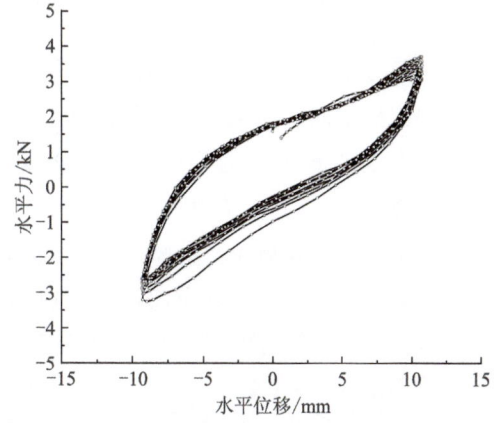

图 5-39 三宫格桩基 10mm 力位移曲线

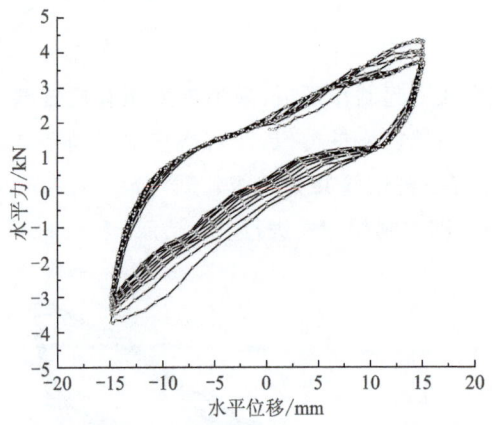

图 5-40 三宫格桩基 15mm 力位移曲线

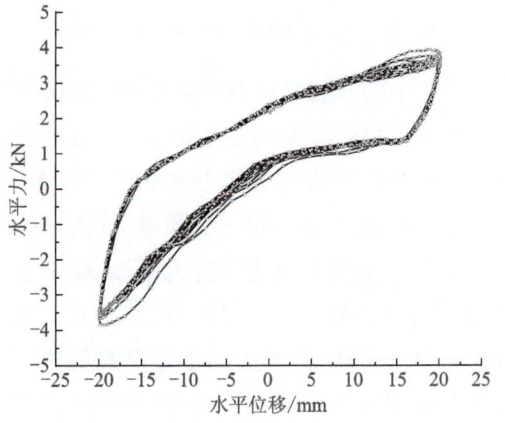

图 5-41 三宫格桩基 20mm 力位移曲线

为了进一步对比各级加载之间的差异,将每级加载循环的荷载位移曲线叠加汇总成图 5-42。该图更清晰地表明,单宫格桩水平刚度随荷载级(控制水平位移幅值)的增加而减小。

此次试验相比之前,最大的水平作用力较小。针对此次试验发生的过程,可以判断是由于在准备过程中出现了桩产生一定倾斜的问题,为了解决这个问题,将桩周围土进行了清空,将桩拉正之后再加入土体,可能导致桩周土体过松,从而最大水平力受到了一定影响。

总体而言,与单宫格桩试验结果和双宫格桩试验结果相比,三宫格桩各级加载曲线的非

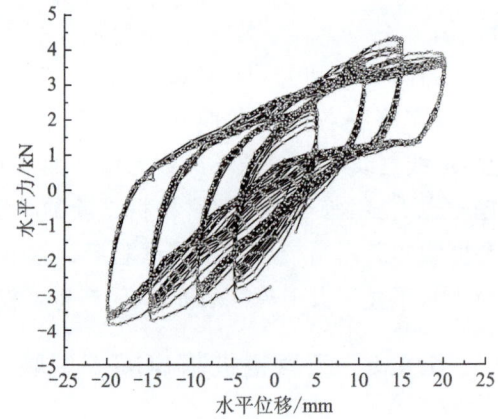

图 5-42 三宫格水平循环汇总力位移曲线

线性更加明显,曲线斜率比也随着反复加载次数而减小,卸载刚度退化。此外,多宫格桩试验的荷载位移曲线的滞回圈较单宫格桩试验更为饱满,从而产生了较大的土体塑性变形。

5.4.6 小结

单宫格桩试验采用位移控制方式加载。由于两次单宫格桩静载试验条件不同,因此相同力产生的位移不同。但结合两者相同的性状进行分析可知,随着水平位移增大,增加相同位移所需的力越来越小,一直到产生平台段,力几乎不增长而位移显著增加,可知达到了土体的极限承载力。

单宫格桩基础荷载位移曲线呈缓变型,有着显著的趋势。桩身位移逐渐产生平台段,水平承载力显著下降。桩加载至曲线平台段时,基础前端土体出现明显隆起,后端出现较大裂缝,土体发生了滑移。随水平荷载增大,桩体正下方的土压力显著增大,而两侧土体受到的力后期几乎不变。

水平循环试验依然使用位移加载。前两级试验与预期结果吻合较好,从第三级试验开

始,在左侧加载方向的曲线产生了奇怪的曲折变化,但并不是偶然,因为之后的每一级都产生了类似的变化,而另一侧则依然与预期结果吻合较好。初步判断由于砂土的密实度难以控制,尽管全部进行了压实,但在左侧方向依然有可能产生了较大空隙,导致水平力出现了意料之外的变化。

与单宫格桩试验结果图相比,多宫格桩各级加载曲线的非线性更加明显,曲线割线刚度随循环次数的增加而减小的趋势也更显著。此外,多宫格桩试验的荷载位移曲线的滞回圈较单宫格桩试验更为饱满,其应力水平显著大于单宫格桩,从而产生了较大的土体塑性变形。

桩顶的荷载位移曲线随加载级(即控制位移)的增大表现出明显的非线性特征。桩体水平刚度均随荷载循环次数的增加而减小。

5.5 结论与展望

5.5.1 主要结论

单宫格桩试验采用位移控制方式加载,桩顶的荷载位移曲线随加载级(即控制位移)的增大表现出明显的非线性特征。

单宫格桩基础荷载位移曲线呈缓变型,有着显著的趋势。随着水平位移增大,增加相同位移所需的力越来越小,一直到产生平台段,力几乎不增长而位移显著增加,可知达到了土体的极限承载力。

桩身位移产生平台段时,水平承载力显著下降。桩加载至曲线平台段时,基础前端土体出现明显隆起,后端出现较大裂缝,土体发生了滑移。随水平荷载增大,桩体正下方的土压力显著增大,而两侧土体受到的力后期几乎不变。

先期循环加载对桩基后期的水平刚度有着重要的影响。单宫格桩的水平刚度均随荷载循环次数的增加而减小。

当承受幅值较大的水平循环荷载时,承台在加载方向产生明显的倾角,同时桩伴随加载过程出现严重沉降。其原因一方面在于桩周土体受水平循环加载影响,强度显著降低,桩侧摩阻力下降;另一方面在于各基桩由于承台的约束作用,桩头随承台的水平往复运动不断承受竖向荷载。

5.5.2 进一步研究的建议

宫格桩水平加载试验主要针对砂土地基中的桩基础展开,结果反映了特定荷载条件下的宫格桩响应。实际工程中的桩所处的环境和承受的荷载显然要更加复杂。今后需要结合更多不同的场地及荷载条件对该问题展开进一步研究,例如可以考虑不同的循环荷载比,选择饱和黏土地基,以及增加承台上部结构自重等,从而使研究成果更具有代表性。

由于各方面条件的限制,试验研究对桩周土体实际受力状态的关注存在一定的不足。例如,宫格桩加载试验中缺乏对桩土相互作用的详细量测,因此给进一步地分析基桩荷载机理造成困难。下一步的研究应该更侧重于对桩周土应力,通过更深入的试验和理论分析,从土单元角度揭示桩基水平循环和偏心受荷的本质,提出合适的计算方程式。

针对比尺模型试验可以规划得更加系统,将问题做进一步的抽象和简化,例如继续开展单宫格桩和多宫格桩基础的水平偏心加载试验。该试验不仅能够将各种复杂的荷载进行叠加,尽可能地减少其他因素对结果的干扰,而且易于对桩基响应进行全面的测量,有助于开展更细致的试验分析。

可以同时考虑多向荷载共同作用的宫格桩基础,也可以考虑更多宫格组合在一起形成更庞大的结构,更贴近实际工程。

6 宫格桩基础水平承载特性数值模拟研究

6.1 引 言

随着国民经济的快速发展,深水桥梁群桩基础也应用到了各类大工程中,如跨海大桥、海上钻井平台、高速铁路等工程中,同时对基础的各方面性能都提出了更严格的要求。在这些工程中,上部结构在运行期内要承担风、波浪、交通、地震等多种荷载作用,因此,桩基础不仅需要承受上部结构自重荷载,还要长期承受竖向或水平向的循环荷载作用。

国内外很多学者也相继展开了关于水平循环荷载效应的各种研究。Vesić(1973)建议采用线弹性地基反力法分析砂性土中的水平受荷桩,并通过减小土的模量来考虑循环加载的影响。陈仁朋等(2012)对水平循环荷载下高桩基础受力性状进行了模型试验研究,动态荷载加载曲线采用正弦波的形式,试验显示出循环荷载的应力叠加作用,使得土体中的水平刚度发生变化,此效应在群桩中更为明显,并提出循环效应系数来考虑循环荷载作用对单桩水平受力的影响,以此分析群桩水平循环受荷的性状。

梁发云等(2023)开展了通过圆形截面桥墩和矩形截面桥墩离心振动台试验,研究地震作用下深水桥墩的动力特性及动水压力分布规律。结果表明,动水压力对桥墩地震响应的影响规律与地震波频率分布特征和深水环境下桥墩模态频率相关,动水压力和桥墩表面的加速度呈现高度线性相关,且基本与荷载频率和桥墩的运动形式无关。国内关于深水桥墩的试验研究开展较晚,王磊等(2025)通过振动台试验研究了水深和地震动特性对深水大直径桥墩动力响应和动水压力的影响,结果表明,随水深增大,桥墩基频呈加速下降趋势;桥墩应变、位移峰值和动水压力随水深增大而增大,且桥墩应变增幅呈加速增大趋势。众多学者的研究表明,在地震作用下,水体本身会对结构自身的动力特性产生影响,进而影响其在地震时的动力响应,且环境中长期的水流、波浪的共同作用也会对结构的动力响应产生影响。

群桩基础作为深水基础的一种重要结构形式,在跨江海大跨度桥梁中广泛应用。相比深水桥墩,国外有关深水群桩基础的振动试验比较少见。与国外不同,这一课题在我国因为实际工程需要受到了工程界的极大关注,国内相关学者在这一领域开展了大量工作。兰雅梅等(2005)利用上海交通大学海洋工程全国重点实验室的风、浪、流试验水池研究了不规则波与均匀流共同作用于小尺度单桩及斜群桩承台的水动力特征,研究表明,承台的存在对作用在桩基上的波流力有显著影响。王君杰等(2011)将深水高桩基础的承台理想化为一个浸入水中的截断圆柱体,提出了截断圆柱体的地震动水压等效附加质量与等效附加阻尼矩阵的计算方法和非圆柱体等效为圆柱体的近似处理方法;在频域建立了深水高桩基础桥梁考虑动水力效应的地震振动方程,并首次进行了水下振动台试验研究,验证了上述理论方法的正确性。宋波等(2018)为验证动水力简便计算方法的准确性和可靠性,以南京长江三桥南塔基础为原型,将模型置于盛水的钢箱中,通过对钢箱进行振动台加载,开展了水中模型振动台试验,通过对比无水和有水状态时动力荷载作用下的模型试验和计算的结果,发现该方法在低频简谐波输入时,吻合较好,但在高频输入时,该方法计算结果相比试验值偏小10%以上。黄信(2012)同样利用盛水的钢箱开展了水中群桩基础桥墩的振动台试验,验证了其推导的基于辐射波浪理论的地震作用下水-桥墩动力相互作用计算方法。柳春光和王晓晓(2019)进行了水下桩墩结构模型体系的振动台试验,探讨了动水压力对结构体系动力特性和地震响应的影响,研究发现模型在水中的自振频率比无水时有所降低;动水压力的大小与输入的加速度峰值有关,且在相同的峰值加速度下沿模型从上到下依次递增。

6.2 桩基承受水平荷载计算方法

水平受荷桩的工作性状实质上是桩-土相互作用的问题。桩基在水平荷载和弯矩的作用下产生水平位移和弯曲,外力的一部分由桩本身承担,另一部分通过桩传递给桩周土体,使之发生相应的变形而产生抗力,这一抗力阻止了桩基变形的进一步发展。

当水平荷载较小时,这一抗力仅由靠近地面的土体提供,且桩周土处于弹性压缩阶段;随着水平荷载的增大,桩基变形相应增加,表层土逐渐产生塑性屈服,从而使水平荷载向更深处的土层传递。当变形增大到桩体或桩周土的承受极限时,桩-土体系便发生破坏。

埋入土中的水平受荷桩的基本方程为

$$EI \frac{d^4 y}{d x^4} + bp(x,y) = 0 \tag{6-1}$$

式中:EI 是桩身弯曲刚度;y 是桩身挠度;x 是泥面以下桩身长度;b 是与土反力垂直方向的桩宽;p 是桩单位面积上的地基反力。

依据式(6-1)中 $p(x,y)$ 的不同定义,目前国内外的计算方法主要分为极限地基反力法、弹性地基反力法以及复合地基反力法等。

1. 极限地基反力法(极限平衡法)

土体极限状态的地基反力分布形状是按经验假定的,由作用于桩上的外力平衡求得地基土的反力,此时

$$p = p(x) \tag{6-2}$$

即地基反力 p 只是 x 的函数,而与桩的挠度 y 没有直接关系。比较有代表性的如适用于刚性短桩的 Broms 法。

2. 弹性地基反力法

该方法假定土为弹性体,应用梁的弯曲理论计算桩身变形和内力。计算地基反力时采用 Winkler 模型,不考虑桩土之间的黏聚力和摩阻力,把桩周土离散为一个个单独作用的弹簧,当某一个弹簧受力时,仅此一个弹簧产生和力成比例的压缩或伸长,而其他弹簧不受影响。用数学模型表示为

$$p = kx^m y^n \tag{6-3}$$

式中:k 为由土的弹性决定的系数;x 为桩身长度;y 为桩身挠度。

弹性地基反力法按 y 的指数 n 来区分,有 $n=1$ 的线弹性地基反力法和 $n \neq 1$ 的非线性弹性地基反力法。对于线弹性地基反力法,当 $m=1$ 时即为我国规范中常用的 m 法;对于非线性弹性地基反力法,以 $n=0.5$ 的日本港湾研究所方法最有代表性。

3. 复合地基反力法($p\text{-}y$ 曲线法)

$p\text{-}y$ 曲线法假定土中的桩为一根弹性梁,并用一系列独立的非线性弹簧模拟不同深度的土层。各深度处的土反力与变形之间的关系曲线即为 $p\text{-}y$ 曲线。利用这些曲线与基本微分方程就可以求解任意水平荷载下的桩土变形以及桩身内力。该方法可以反映实际桩周土的非线性特点,因此得到了越来越广泛的应用。

目前国内相关规范计算桩基水平承载力的方法主要为 m 法。在《建筑桩基技术规范》(JGJ 94—2008)、《公路桥涵地基与基础设计规范》(JTG 3363—2019)及《港口工程灌注桩设计与施工规程》(JTJ 248—2001)中推荐了 m 法。《港口工程桩基规范》(JTS 167—4—2012)同时还推荐了考虑桩土作用非线性的 NL 法和 $p\text{-}y$ 曲线法。

6.3 单宫格桩承受水平荷载数值模拟

6.3.1 有限元软件介绍

本节采用通用有限元软件 ADINA(Automatic Dynamic Incremental Nonlinear Analysis)对宫格桩基础进行模型建立以及受力和变形分析。通过建立与室内试验相同尺寸和参数的数值模型进行对比,详细地研究了宫格桩基础的承载能力、沉降特性、土压力分布、桩身应力及侧摩阻力分布情况。通过建立不同尺寸和宫格数量的数值模型,对比了桩身长度、桩身参数、土体参数,以及宫格数量对桩的水平承载机理的影响。

ADINA 软件是由美国 ADINA R&D 公司推出的一款大型通用有限元计算分析平台,最早研发于 1975 年。在市场众多软件中,ADINA 以其杰出的非线性求解和多物理场耦合优势独占一席之地。ADINA 以有限元理论为基础,通过求解力学线性、非线性方程组的方式获得固体力学、结构力学、温度场问题的数值解。无论是软件安装、界面操作,还是命令流编辑和执行,均显示出其特有的流畅性、便捷性和专业性。ADINA 有强大的多物理耦合模块,包括结构力学分析模块、流体力学分析模块、电磁场分析模块、热分析模块、流固耦合模块、热固耦

合模块等。由于 ADINA 具有优秀的非线性功能,它一直被工程界、教育界及科研院所广泛采用。ADINA 具备全球领先的计算理论、稳定的非线性求解技术、强大的多场仿真分析功能,因此获得了用户的广泛好评,享誉全球。

6.3.2 单宫格桩数值模拟参数确定

在数值模型中,土体材料为细砂,宫格桩基础材料为有机玻璃,与桩基础连接的承台采用钢制构件,并采用螺栓连接。为了研究不同的参数对水平承载力的影响,分别设置了不同参数的数值模型,单宫格桩数值模拟参数如表 6-1 所示。

表 6-1 单宫格桩模拟参数表

	土体摩擦角/(°)	桩体弹性模量/MPa	桩长/m
模型参数	19	2×10^5	0.8
	22	2×10^6	0.9
	25	2×10^7	1.0

除以上参数作为单独变化值外,其余参数根据前期试验结果设置。根据前期试验地基土的选用情况,试验所用的砂土,主要成分是河砂、粉土以及黏土,各成分所占含量分别为 70%、25% 和 5%。根据试验土的成分,数值模型中土的弹性模量设置为 2×10^5 MPa,黏聚力设置为 5kPa。试验模型桩为正六边形空心桩,外围采用力学性能相同的、厚度为 4cm 的有机玻璃进行制作,采用有机玻璃胶水将 6 块有机玻璃板打磨拼装成整体,并使用螺钉进一步加固,内部中空,试验时填入地基土。其参数设置根据试验参数确定,泊松比设置为 0.18。试验模型承台采用单独设计的可调节桩径装配型承台,采用角钢焊接,以承受上部结构传来的压力。

此外,还设置了不同长度的桩长模型来研究宫格一体式桩长度对其水平承载力的影响,在土体摩擦角为 22°、桩体弹性模量为 2×10^5 MPa 的基础上,分别建立了桩长为 0.8m、0.9m、1.0m 的 3 种数值模型,探究桩长对水平承载力的影响。

6.3.3 单宫格桩承受水平荷载数值模型建立与加载方案

本项目利用 ADINA 软件,根据试验时宫格桩模型和试验模型的几何尺寸及力学参数进行建模。前期的桩基室内模型试验是通过几何相似比来进行模型试验设计。实际宫格桩桩基边长为 6m,长度为 30m,考虑室内试验尺寸的合理性,试验模型缩尺比为 1/30。数值模型尺寸设置与室内试验相同,土体模型边长为 2m×2m×1.6m,桩基础边长为 0.16m,厚度为 0.04m,相对应的两顶点间距离为 0.32m。承台模型采用梁单元进行简化,并使用刚性连接与桩基础相连。

地基土体的本构模型采用 Mohr-Coulomb 模型。为了更好地模拟试验时宫格桩实际连接情况,建模时将宫格桩分为两部分建模。宫格桩上部承台部分为钢制构件,建模时本构关系使用 Bilinear Elastic-Plastic 模型,以模拟桩基可能出现的刚体转动;桩身采用有机玻璃,建模时本构关系选择 Isotropic Linear Elastic 模型。网格划分以桩身中心为原点,沿着模型边界方向,网格密度由密至疏,竖直方向从底面向上采用拉伸的方法,保证模型整体网格处于连续状态,避免出现应力无法传递的问题。单宫格桩数值模型如图 6-1 所示。

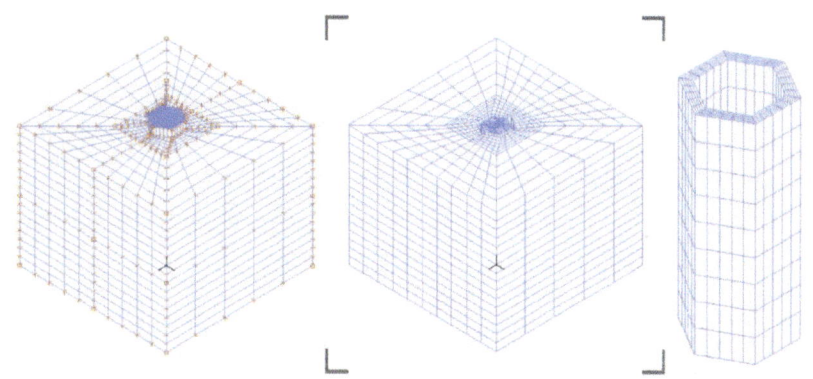

图 6-1 单宫格桩数值模型示意图

模型的边界条件仅对地基土进行设置,试验中,地基土采用分层振实的方法进行填筑并压实,因此数值模型除了竖直方向地基土自由面不做约束外,其余面均通过刚性约束,以模拟试验时的真实情况。约束设置如图 6-2 所示。

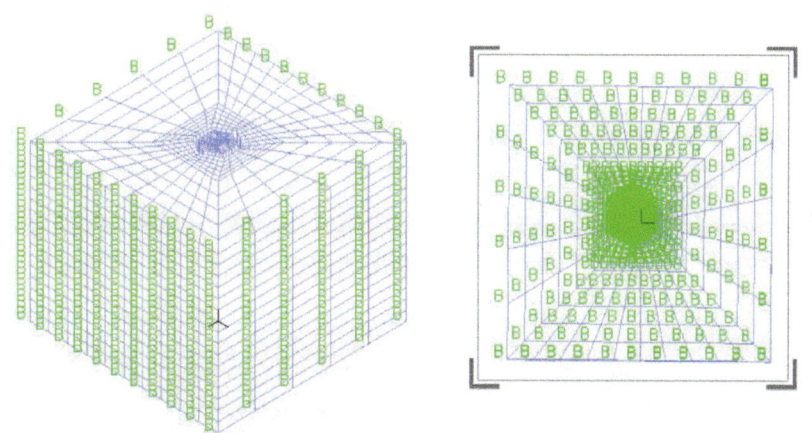

图 6-2 单宫格桩数值模型约束条件示意图

室内试验通过控制位移的方式首先进行单向、线性加载的方式加载。为避免动力效应,试验采用 0.1mm/s 的加载速度。在数值模拟中,通过对承台施加单方向的位移荷载,并使位移荷载随时间均匀变化。设置总时长为 1.00s,总步长为 100 步,每一步加载 0.01s。在总时长内,一共加载位移 0.06m。荷载布置如图 6-3 所示。

上述全部模型参数、建立方式、边界条件设置以及加载方式都适用于单宫格变参数共计 7 个模型的建立情况。变化参数模型根据表 6-1 的情况进行单独建模并加载,分析不同参数下位移变化情况和应力变化情况,以及对宫格一体式桩水平承载力的影响。

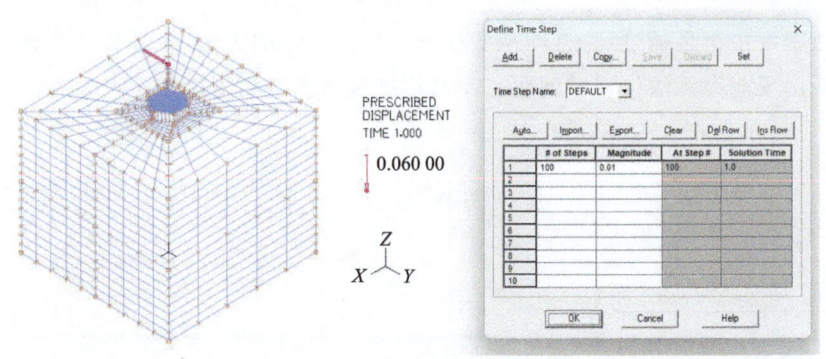

图 6-3 单宫格桩荷载布置及步长设置示意图

6.3.4 单宫格桩承受水平荷载数值模拟结果及分析

6.3.4.1 单宫格桩承受水平荷载数值模拟与试验结果对比分析

图 6-4 为前期室内试验和数值模型得出的单宫格水平承载力-水平位移曲线对比图。数值模型的参数为：地基土摩擦角设置为 $22°$，宫格桩弹性模量为 $2×10^5 MPa$，宫格桩长度为 $0.9m$，其余参数与其他模型保持不变。从图中可以看到，室内试验加载前期，较小位移量即可使水平承载力发生较大变化，$0.005m$ 后，当水平位移继续增大时，水平承载力增量开始变缓，当水平位移加载至 $0.06m$ 时，水平力达到 $8kN$，水平荷载-位移曲线在整个加载过程中都是比较平滑的。模拟水平承载力在加载前期变化趋势与试验结果相似，但拐点明显，且与试验结果相比，水平力拐点有所提前，加载后期水平力-位移曲线整体接近线性趋势，相同位移荷载下，宫格桩数值模拟模型水平承载力小于试验结果。但水平位移为 $0.06m$ 时，宫格桩数值模拟模型水平承载力也达到了 $8kN$，与试验结果相同。

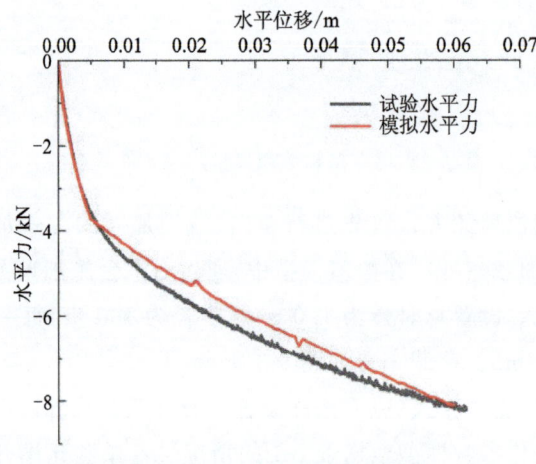

图 6-4 试验与模拟水平力曲线

6.3.4.2 单宫格桩承受水平荷载数值模拟应力与位移图分析

图 6-5 为加载过程中 6 个单宫格桩基础的位移变化情况。从图中可以看到,宫格桩基础的位移加载从顶部开始,从上到下不断发生位移变化。在加载期间中,宫格桩向加载方向发生变形,整体沿着加载方向弯曲,加载完成后,桩身整体位移从上至下位移逐渐变小,桩身底部几乎没有发生位移,说明桩身并没有整体发生刚体转动,符合实际情况。

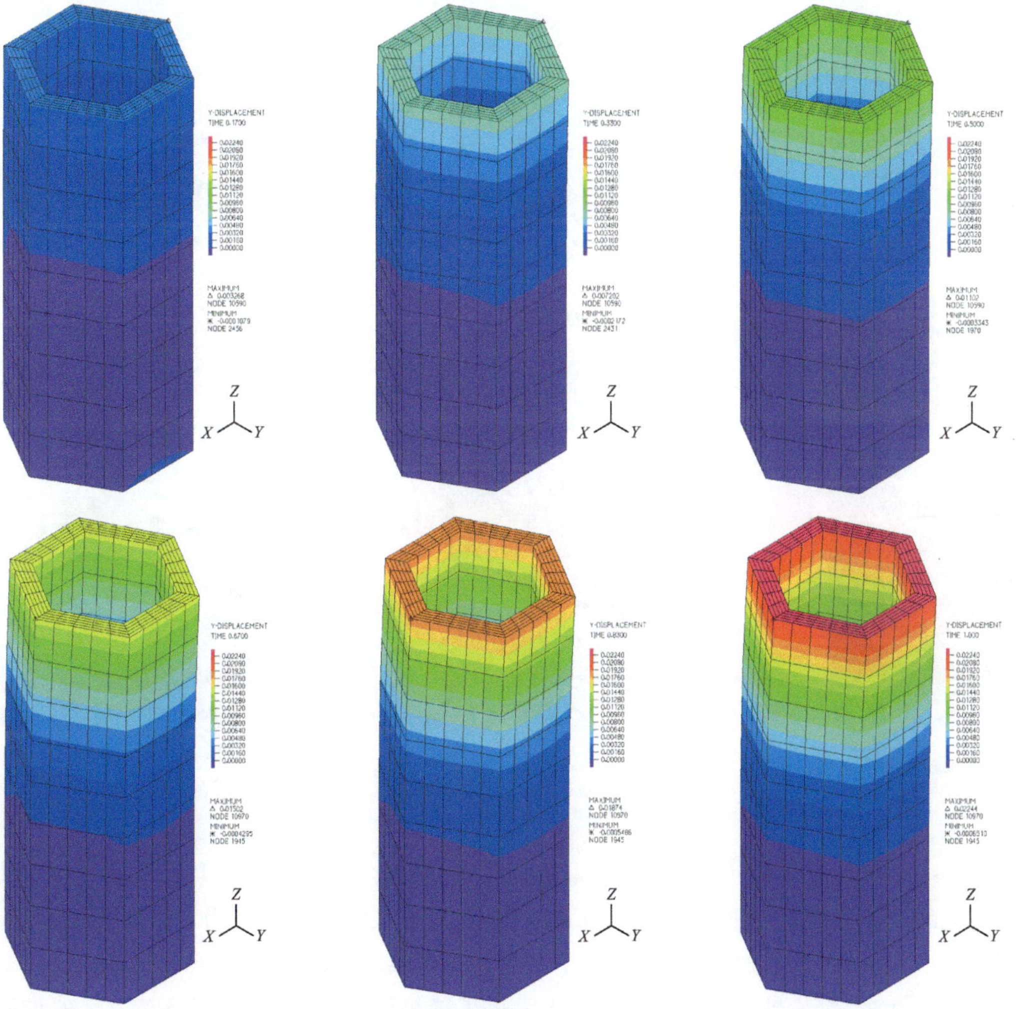

图 6-5　试验参数单宫格桩位移图

图 6-6 为单宫格桩基础在加载期间的应力变化情况,选取了加载过程中共计 6 个时刻的应力情况进行观察,时长从 0.17s 开始,到加载完成结束。从图中可以看到,宫格桩在开始加载时上部分就产生了应力变化,在加载方向应力变化最明显,宫格桩应力最大值位于加载方向上。随着位移荷载不断变大,宫格桩整体应力也随之变大,由位移荷载产生的应力从宫格桩顶部向下延伸,最终在加载完成后到达宫格桩底部。可以看到宫格桩下部区域应力较小,宫格桩整体加载方向应力大于加载垂向,应力较大区域始终位于加载方向。承台下的宫格桩

应力云图比较符合马蹄状，说明数值模拟结果与实际情况比较符合。

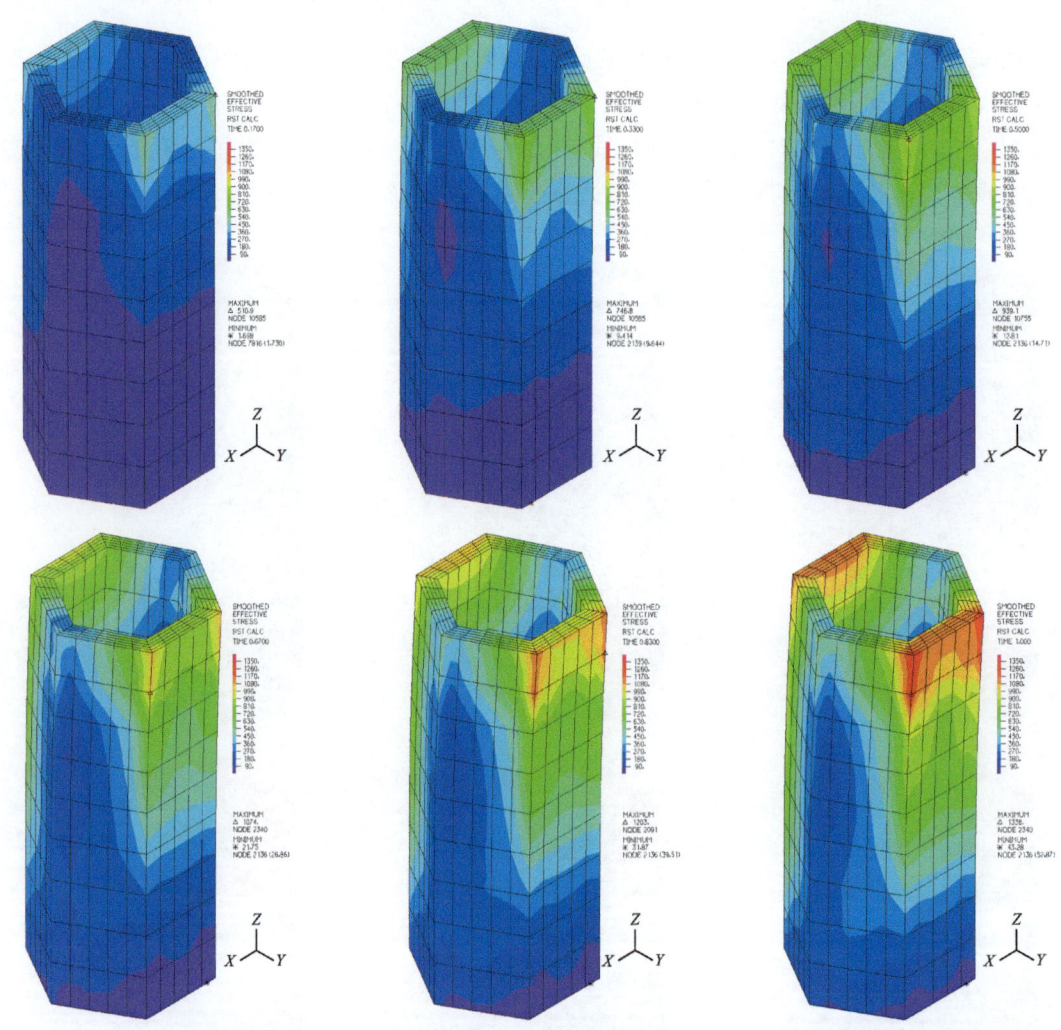

图 6-6 试验参数单宫格桩应力图

图 6-7 是试验参数单宫格桩在加载期间的地基土位移变化情况，选取了加载过程中共计 6 个时刻的位移情况进行观察，时长从 0.17s 开始，到加载完成结束。为了方便观察，将地基土模型进行切片处理，并选取了 $X=0$ 处的切面进行观察。从图中可以看到，地基土整体几乎没有位移发生，与宫格桩接触部分的地基土发生了较小位移，这是由于宫格桩发生的位移和变形挤压地基土导致的。加载完成后，地基土的最大位移值为 0.025m，且位于加载方向上，宫格桩挤压最严重的地方。

图 6-8 是试验参数单宫格桩在加载期间地基土的应力变化情况，选取了加载过程中共计 6 个时刻的应力情况进行观察，时长从 0.17s 开始，到加载完成结束。为了方便观察，将地基土模型进行切片处理，并选取了 $X=0$ 处的切面进行观察。从图中可以看到，加载开始后，宫格桩周围的上部地基土由于宫格桩的挤压产生了应力，单应力最大值位于地基土受拉区。随着位移荷载变大，宫格桩不断发生变形，地基土应力区向下延伸。地基土 Y 轴负区域与宫格

桩接触部分全部产生应力,受拉区应力区域沿宫格桩底部位置向下延伸少许,但正区域与宫格桩接触部分的地基土下部并无应力产生。

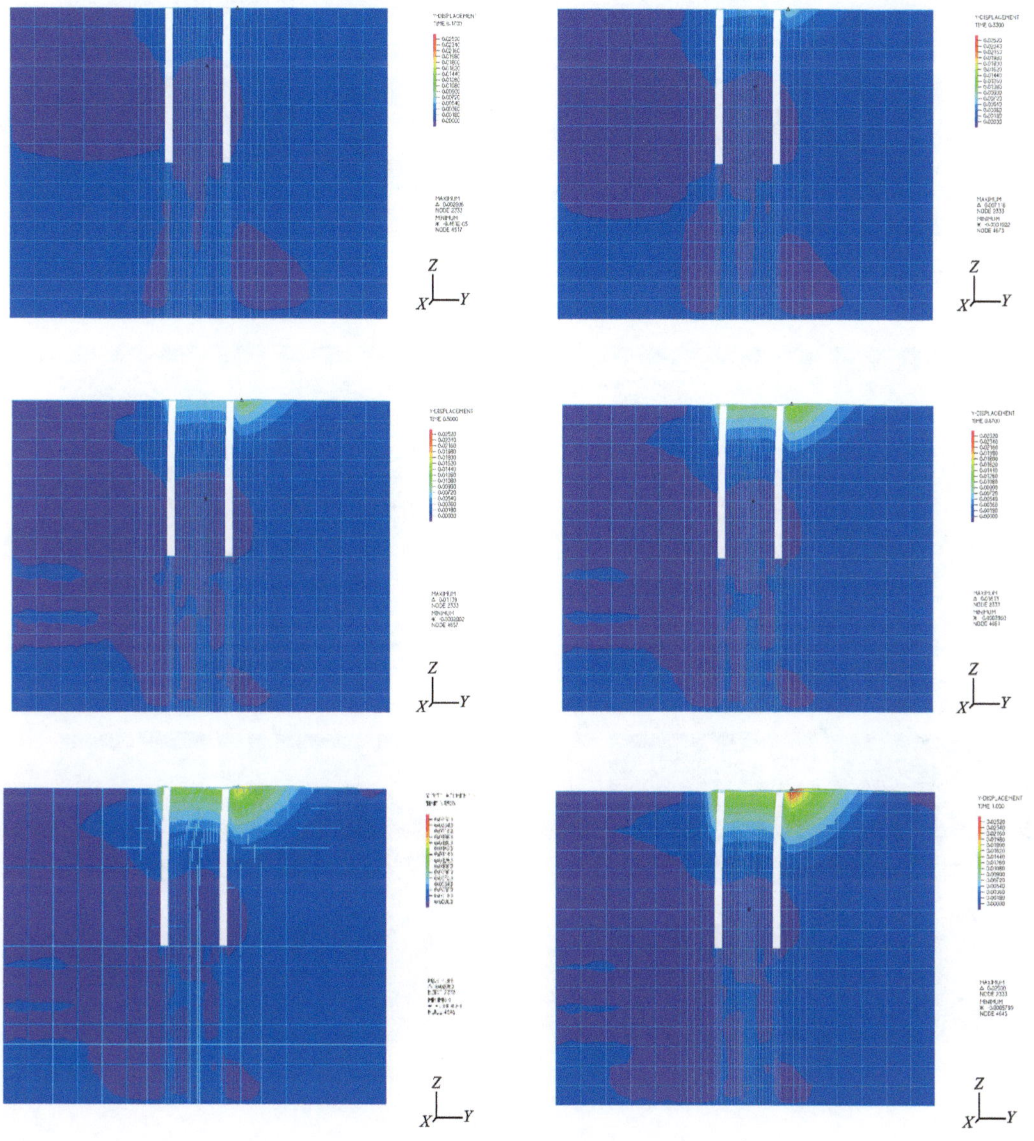

图 6-7　试验参数单宫格桩地基土位移图

在试验参数宫格桩的基础上,将地基土的土体摩擦调整为 19°、25°。

图 6-9 是地基土摩擦角为 19°时单宫格桩在加载期间的应力变化情况,选取了加载过程中共计 6 个时刻的应力情况进行观察,时长从 0.17s 开始,到加载完成结束。从图中可以看到,除了宫格桩底部外,其余部位几乎都产生了应力,且应力最大值位于宫格桩顶部加载方向上。加载完成后,宫格桩整体产生了应力,应力最大区域位于加载方向。承台下的宫格桩应力云图比较符合马蹄状,说明数值模拟结果与实际情况比较符合。

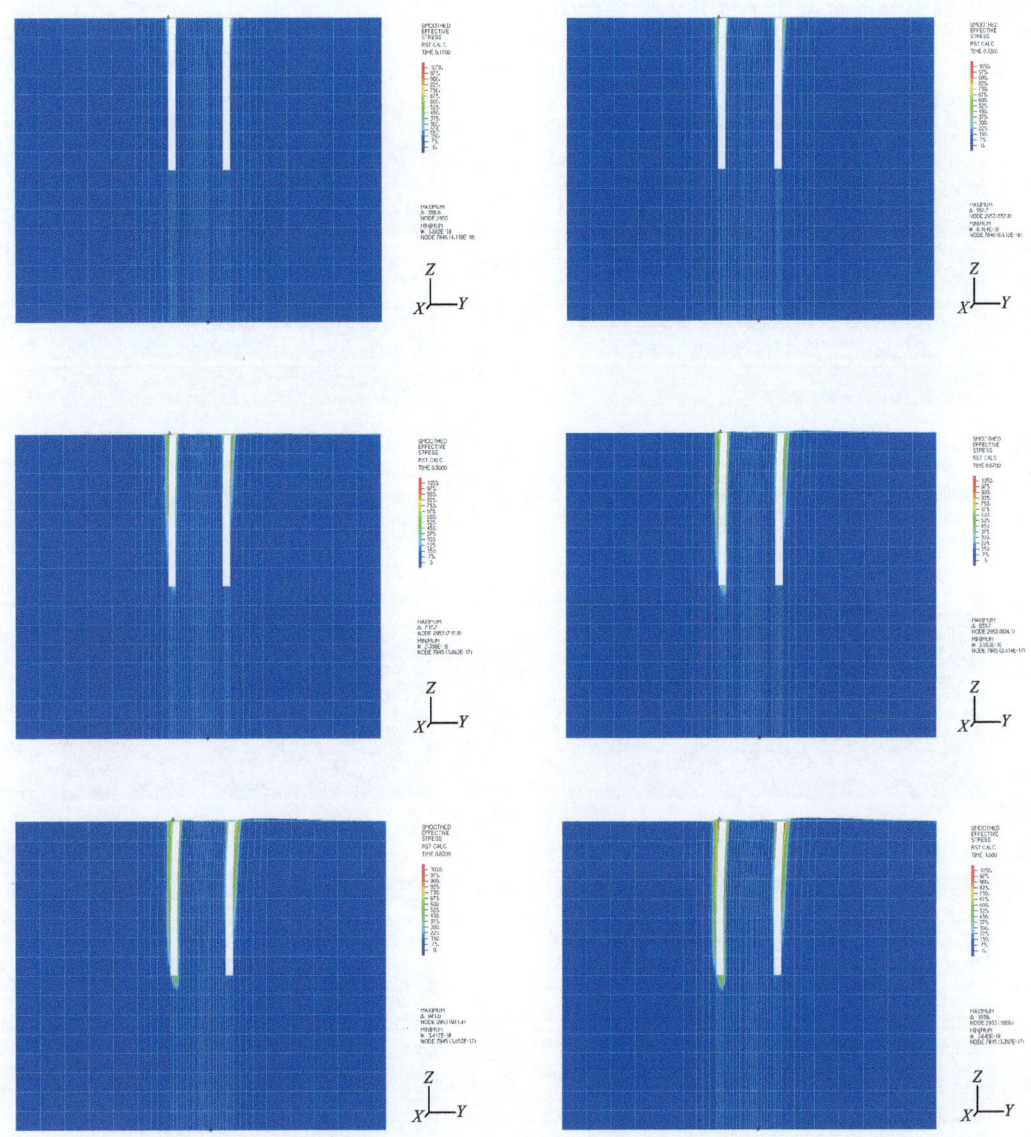

图 6-8 试验参数单宫格桩地基土应力图

图 6-10 是地基土摩擦角为 19°时宫格桩在加载期间的位移变化情况，选取了加载过程中共计 6 个时刻的位移情况进行观察，时长从 0.17s 开始，到加载完成结束。为了方便观察，将地基土模型进行切片处理，并选取了 $X=0$ 处的切面进行观察。从图中可以看到，在加载过程中，地基土与宫格桩接触上部分位移明显增大，宫格桩填充土和外部埋深土都随着位移荷载变大而变大，并且地基土位移区不断向下延伸。这可能是由于地基土摩擦角变小后，土体更加松动，在宫格桩的作用下更容易发生变形。加载完成后，地基土最大位移值为 0.008m，说明摩擦角减小会使地基土最大位移减小。

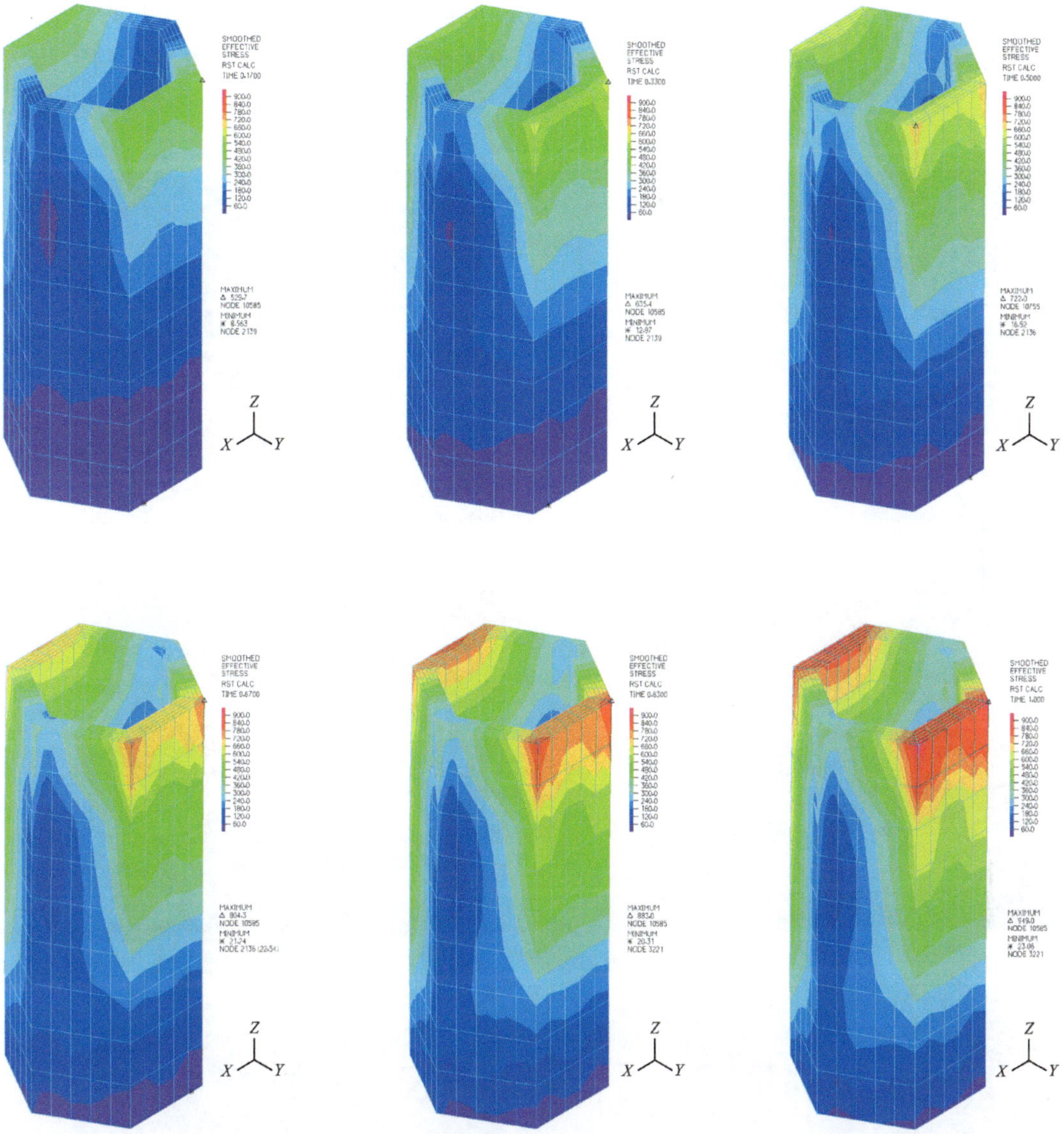

图 6-9 土体摩擦角为 19°时单宫格桩应力图

图 6-11 是地基土摩擦角为 25°时单宫格桩在加载期间的应力变化情况,选取了加载过程中共计 6 个时刻的应力情况进行观察,时长从 0.17s 开始,到加载完成结束。从图中可以看到,仅在宫格桩上部分产生应力,随着位移荷载的增加,应力区向下延伸,加载完成后,宫格桩下半部分仍有部分区域没有应力产生,应力最大值位于宫格桩顶部加载方向上。承台下的宫格桩应力云图比较符合马蹄状,说明数值模拟结果与实际情况比较符合。

图 6-12 是地基土摩擦角为 25°时宫格桩在加载期间的位移变化情况,选取了加载过程中共计 6 个时刻的位移情况进行观察。时长从 0.17s 开始,到加载完成结束。为了方便观察,将地基土模型进行切片处理,并选取了 $X=0$ 处的切面进行观察。从图中可以看到,地基土上

部分发生了不同程度的位移,随着位移荷载变大,上部分地基土位移区在加载方向上也随着扩大;但宫格桩底部的地基土几乎没有发生位移。地基土最大位移点位于加载方向上与宫格桩接触的地方,最大位移值为 0.007m。这表明,摩擦角增大有效提升了土体的摩阻力,宫格桩下部分深埋地基土中,受加载情况影响较小。

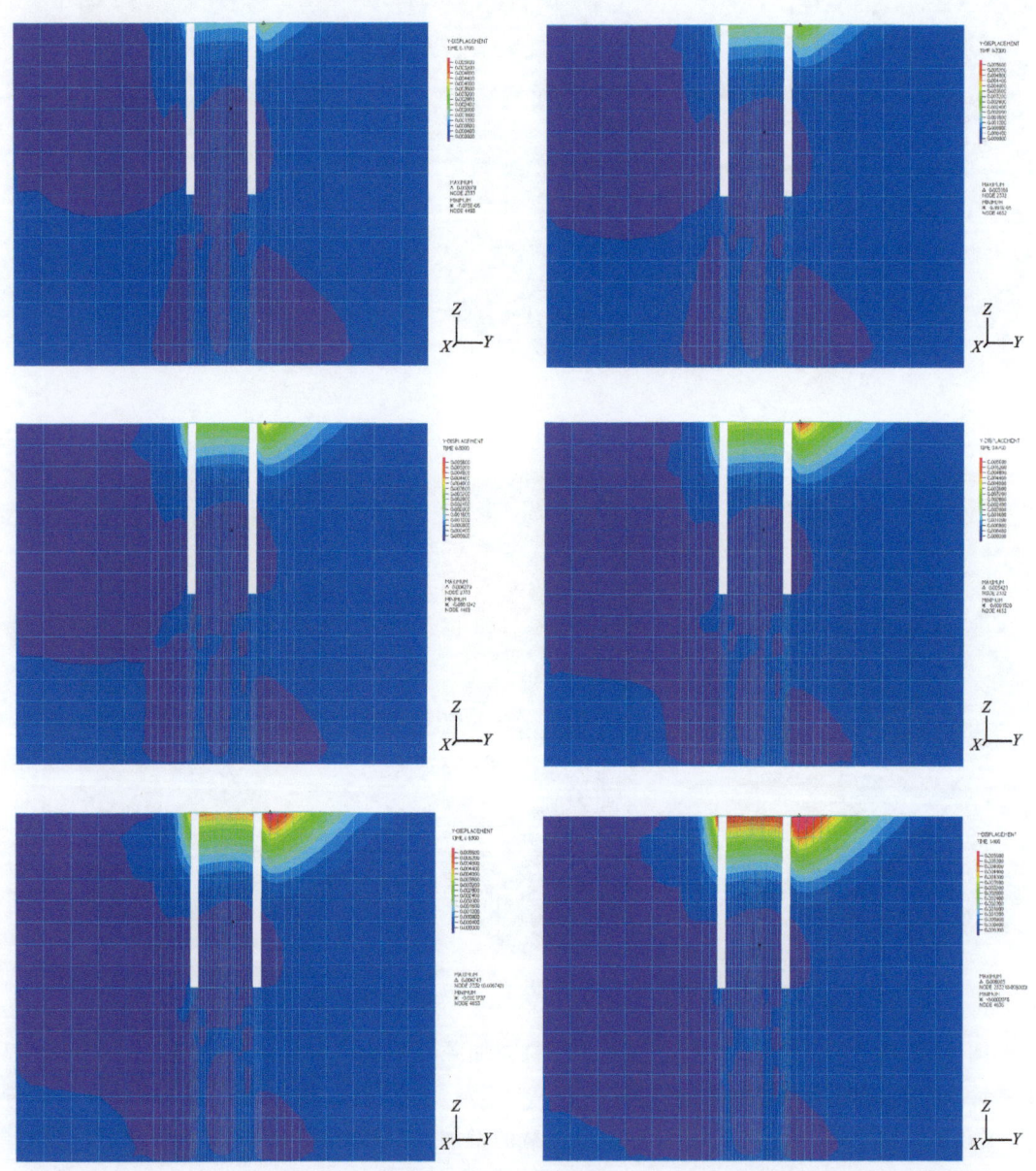

图 6-10　土体摩擦角为 19°时单宫格桩地基土位移图

基于宫格桩的试验模型参数,将宫格桩弹性模量分别调整为 2×10^6 MPa 和 2×10^7 MPa。图 6-13 是宫格桩弹性模量为 2×10^6 MPa 时,加载过程中的宫格桩应力变化情况,选取了加载过程中 6 个时刻的应力情况进行观察,时长从 0.17s 开始,到加载完成结束。从图中可以看到，开始加载时，宫格桩大部分区域产生了应力变化，在加载过程中，加载方向两侧宫格桩应力变化十分明显，宫格桩应力最大值出现侧移，在不断加载过程中，应力最大值点从 Y 方向逐渐向 X 方向移动。加载完成后，宫格桩整体几乎都有应力出现，上部区域应力值较大。承台下的宫格桩应力云图比较符合马蹄状，说明数值模拟结果与实际情况比较符合。

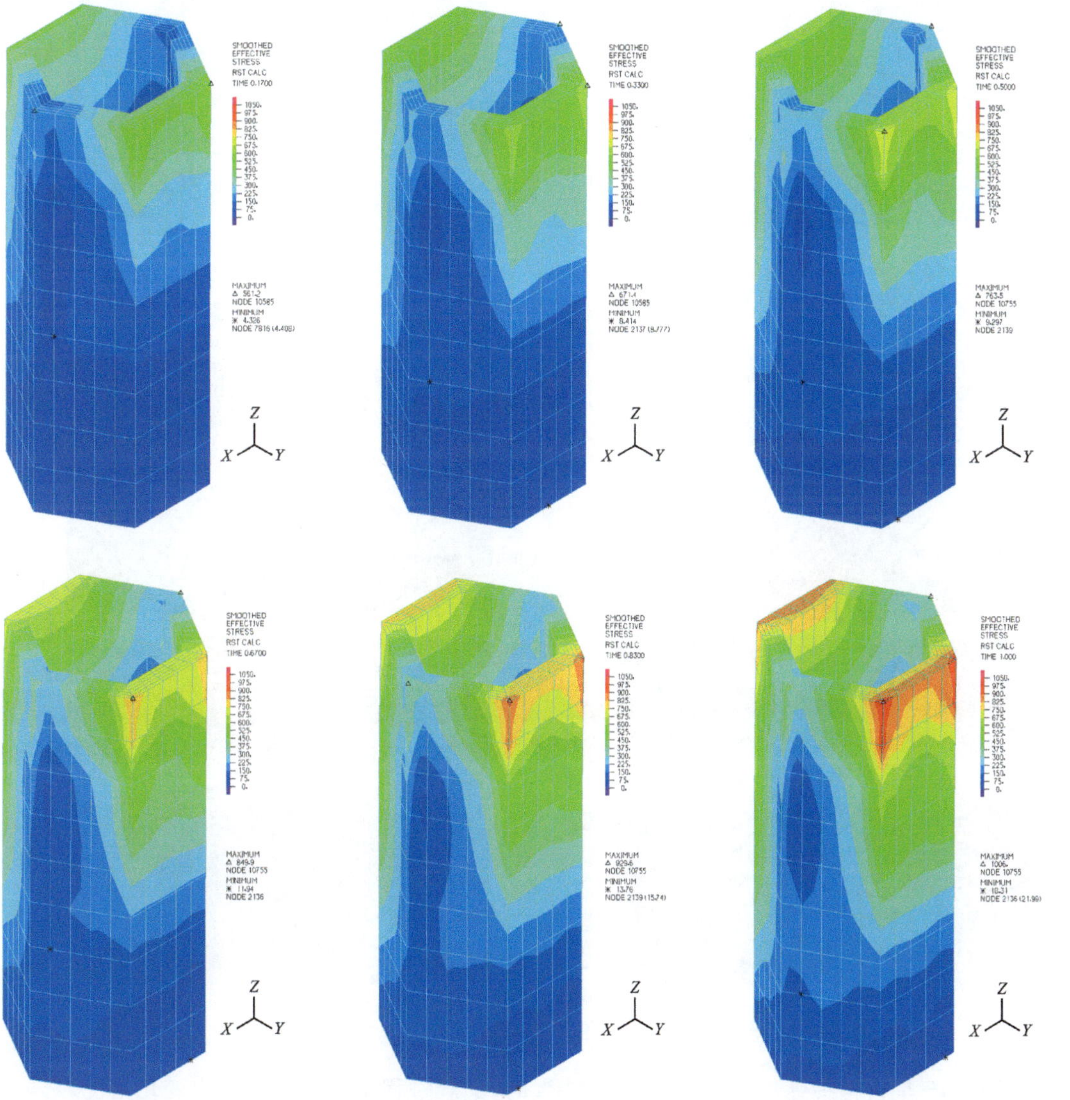

图 6-11 土体摩擦角为 25°时单宫格桩应力图

图 6-14 是宫格桩弹性模量为 $2×10^6$ MPa 时，加载过程中的地基土位移变化情况，选取了加载过程中共 6 个时刻的位移情况进行观察，时长从 0.17s 开始，到加载完成结束。为了方便观察，将地基土模型进行切片处理，并选取了 $X=0$ 处的切面进行观察。从图中可以看到，开始加载时，地基土表面发生微小位移，加载期间，位移向下传递并变大，地基土最大位移为

0.001 4m，最大位移点始终处于加载方向上与宫格桩接触的部分。宫格桩中的填土表面也发生较大位移，这表明宫格桩顶部发生了一定的弯曲变形。

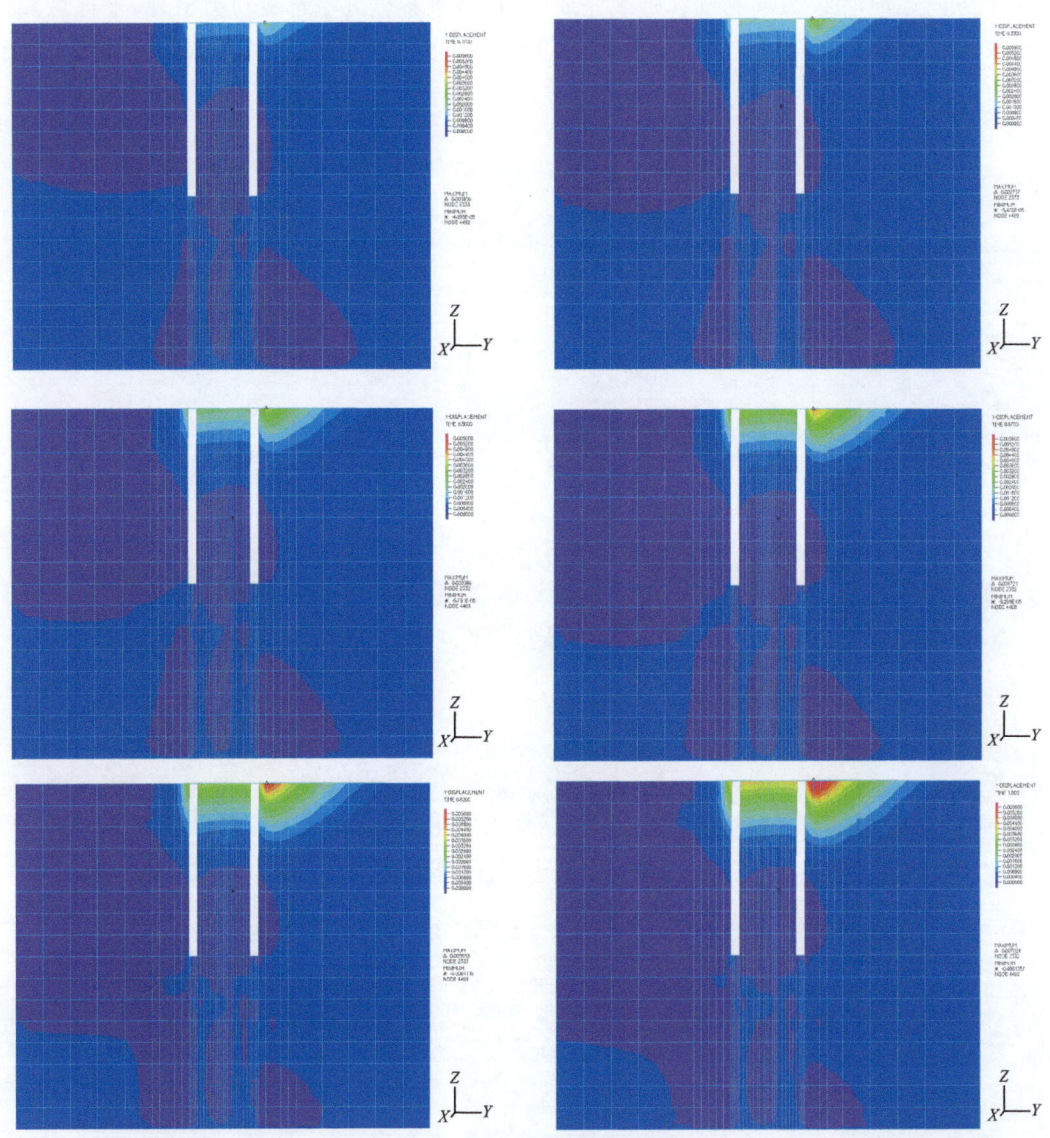

图 6-12　土体摩擦角为 25°时单宫格桩地基土位移图

图 6-15 是宫格桩弹性模量为 $2×10^7$ MPa 时，加载过程中的宫格桩应力变化情况，选取了加载过程中 6 个时刻的应力情况进行观察，时长从 0.17s 开始，到加载完成结束。从图中可以看到，桩身整体几乎没有产生较大应力，加载完成后，仅在加载方向产生较小应力，且分布均匀，无明显最大应力点。这可能是由于宫格桩的弹性模量较大，使得宫格桩整体发生倾斜，没有发生变形。承台下的宫格桩应力云图比较符合马蹄状，说明数值模拟结果与实际情况比较符合。

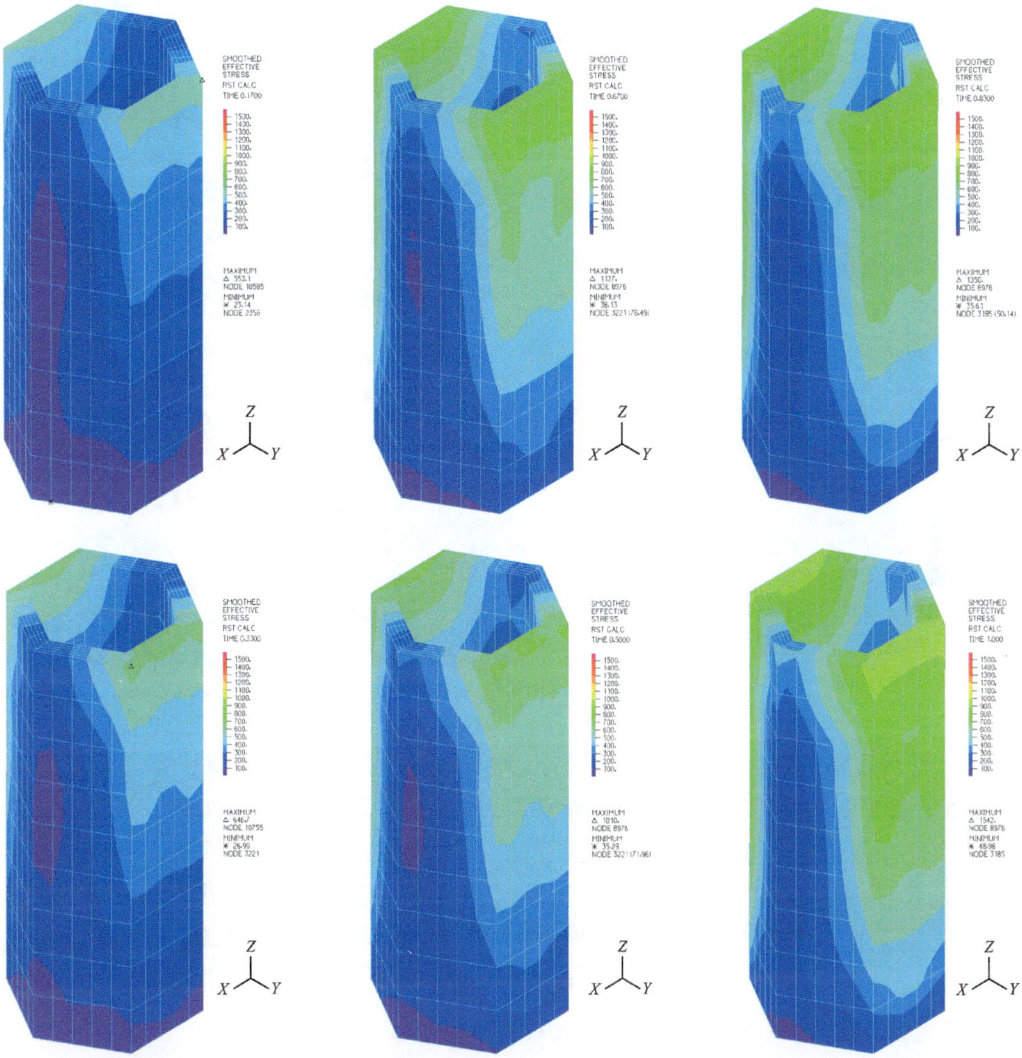

6 宫格桩基础水平承载特性数值模拟研究

图 6-13 宫格桩弹性模量为 2×10^6 时单宫格桩应力图

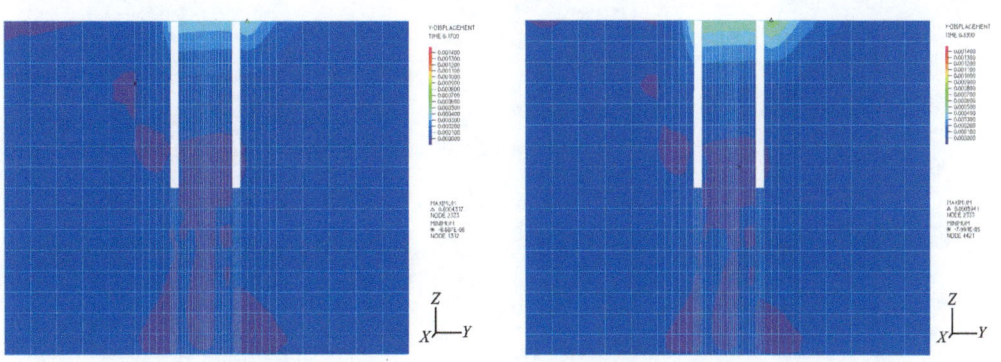

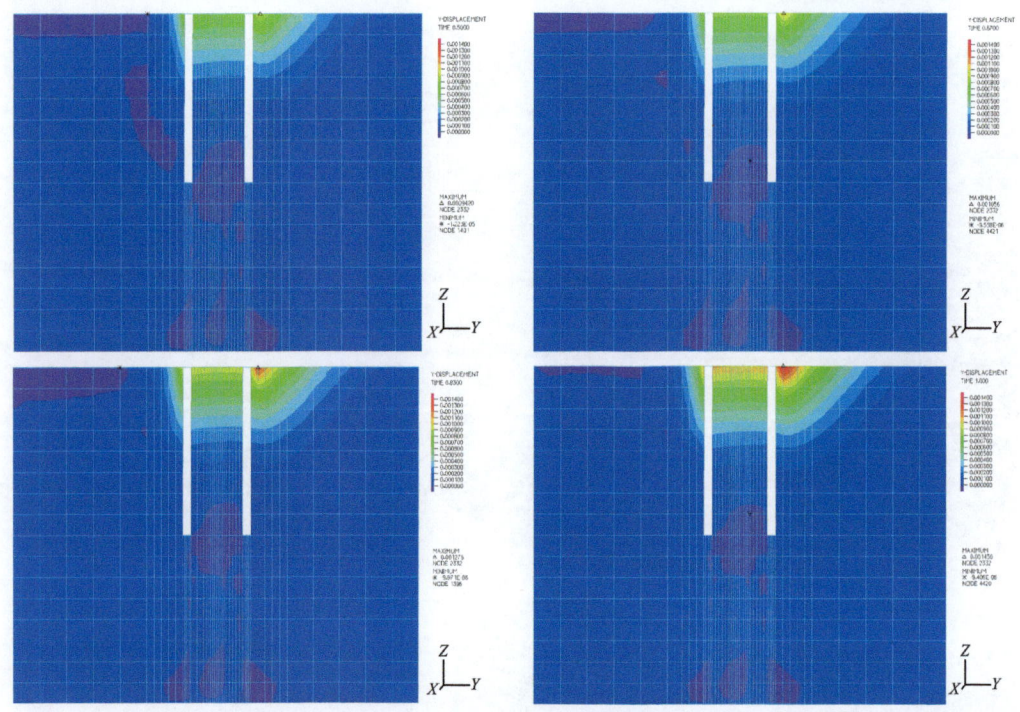

图 6-14　宫格桩弹性模量为 $2×10^6$ 时单宫格桩地基土位移图

图 6-16 是宫格桩弹性模量为 $2×10^7$ MPa 时,加载过程中的地基土位移变化情况,选取了加载过程中共计 6 个时刻的位移情况进行观察,时长从 0.17s 开始,到加载完成结束。为了方便观察,将地基土模型进行切片处理,并选取了 $X=0$ 处的切面进行观察。从图中可以看到,开始加载时,地基土表面区域有较大位移,且可以看出位移区域沿着加载方向。加载期间,地基土位移继续沿着加载方向和竖向传递并变大,加载结束后中部填土表面发生较大位移,最大位移值为 0.002 3m,表明增大宫格桩弹性模量会使地基土最大位移减小。地基土位移图整体呈倾斜状,这表明宫格桩在加载过程中发生了倾斜。

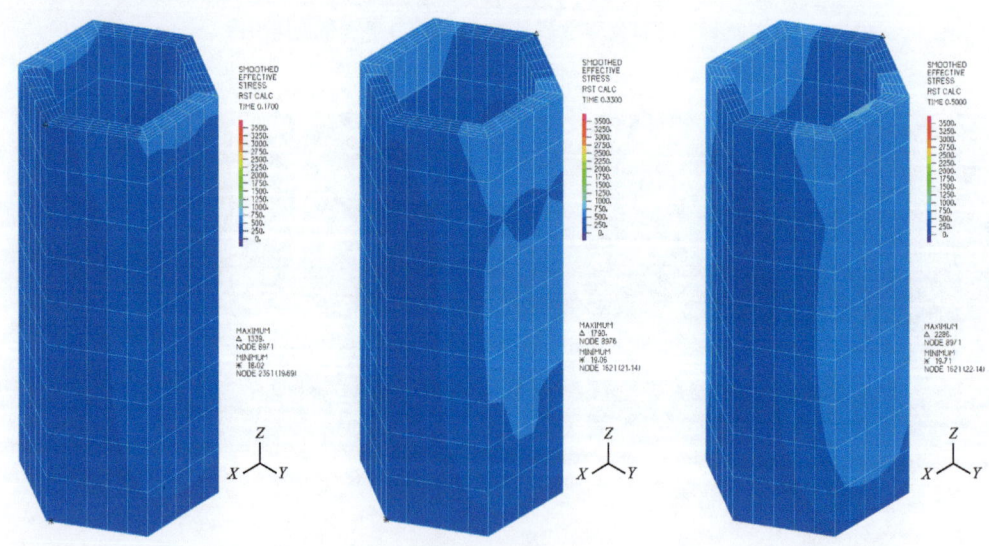

6 宫格桩基础水平承载特性数值模拟研究

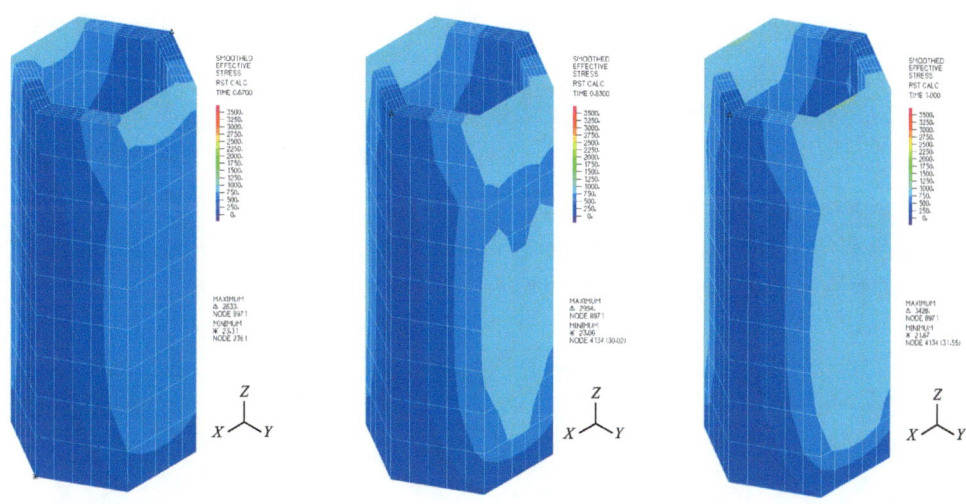

图 6-15 宫格桩弹性模量为 $2×10^7$ 时单宫格桩体应力图

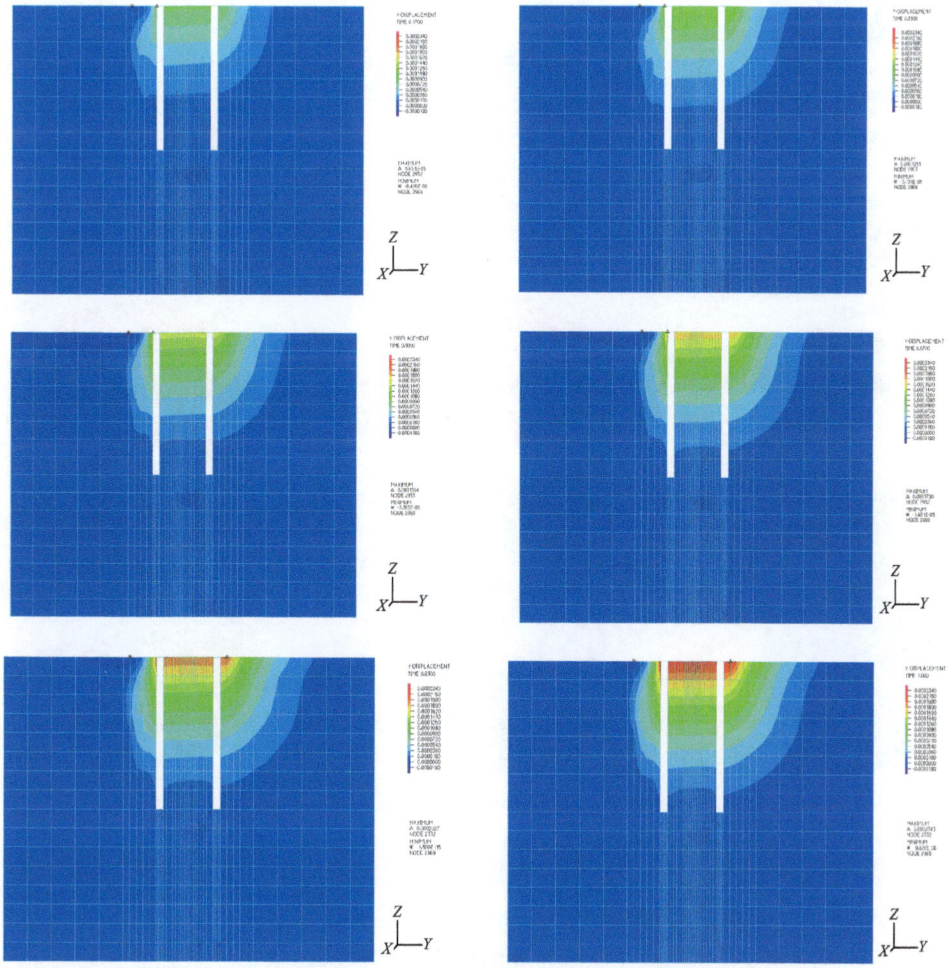

图 6-16 宫格桩弹性模量为 $2×10^7$ 时单宫格桩地基土位移图

在试验参数宫格桩的基础上，调整宫格桩长度为0.8m、1.0m，改变宫格桩埋深，保持上部非埋深部分长度不变。

图6-17是宫格桩桩长为0.8m时，加载过程中的宫格桩应力变化情况，选取了加载过程中6个时刻的应力情况进行观察，时长从0.17s开始，到加载完成结束。从图中可以看到，宫格桩在整个加载过程中应力区域始终位于下部加载方向上，且随着位移荷载变大而变大，桩身上部分几乎没有应力产生，加载完成后，仅在加载方向产生较小应力，且分布均匀，无明显最大应力点，承台下的马蹄状应力区域下移。

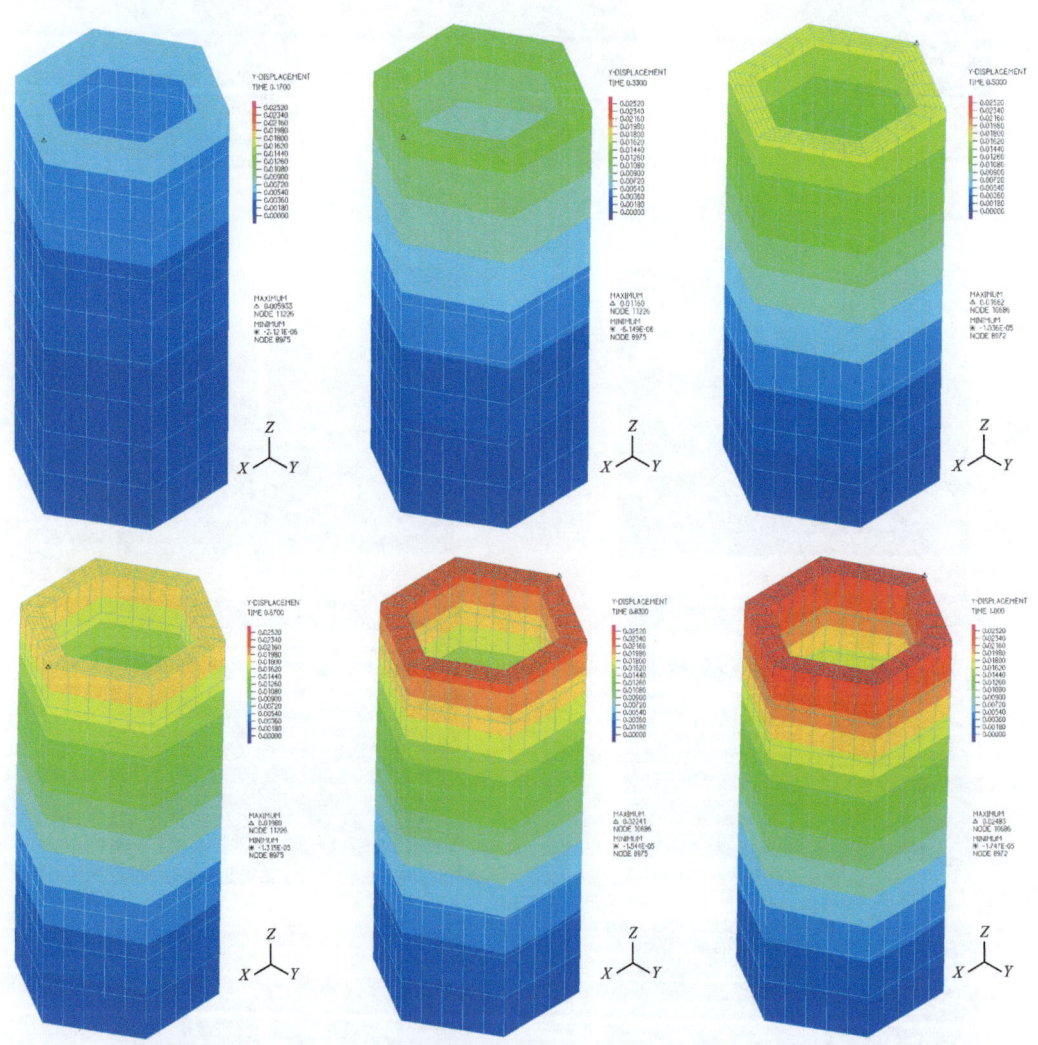

图6-17　桩长为0.8m时单宫格桩桩体应力图

图6-18是宫格桩桩长为0.8m时，加载过程中的地基土应力变化情况，选取了加载过程中6个时刻的应力情况进行观察，时长从0.17s开始，到加载完成结束。为了方便观察，将地基土模型进行切片处理，并选取了X=0处的切面进行观察。从图中可以看到，地基土在整个加载过程中，宫格桩四周土体无应力产生，只有宫格桩底部接触部分的地基土有应力，但加载

过程中应力变化不大。相比于桩长为0.9m时的模拟情况，桩身四周地基土应力减小，桩底应力变大，说明宫格桩由摩擦桩向端承桩变化。

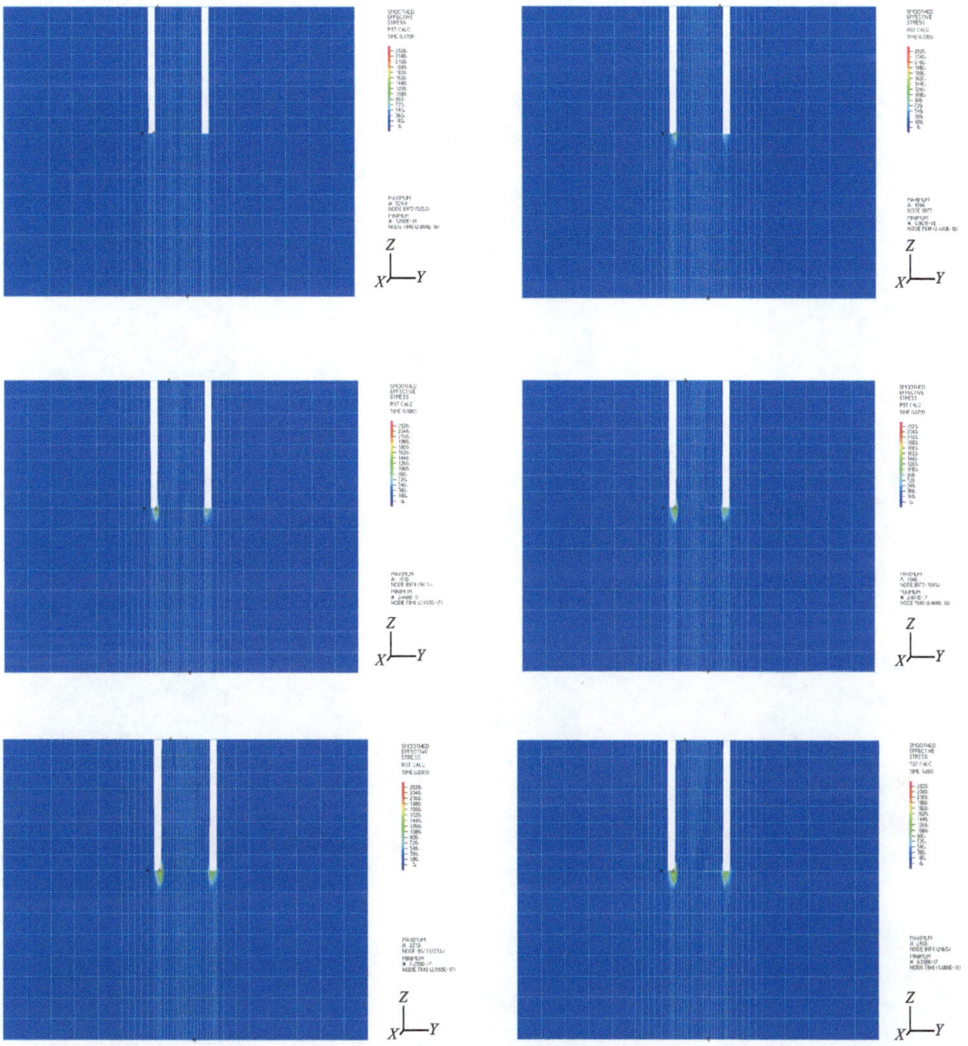

图6-18　桩长为0.8m时地基土应力图

图6-19是宫格桩桩长为1.0m时，加载过程中的宫格桩应力变化情况，选取了加载过程中6个时刻的应力情况进行观察，时长从0.17s开始，到加载完成结束。从图中可以看到，应力区域首先出现在宫格桩下部区域加载方向两侧，并随着位移荷载变大而向四周扩散，宫格桩上部应力较小，荷载施加完成后，宫格桩底部应力分布较为均匀，无明显最大应力点，马蹄状应力区域从宫格桩顶部向下移动。

图6-20是宫格桩桩长为1.0m时，加载过程中的地基土应力变化情况，选取了加载过程中6个时刻的应力情况进行观察，时长从0.17s开始，到加载完成结束。为了方便观察，将地基土模型进行切片处理，并选取了$X=0$处的切面进行观察。从图中可以看到，地基土在开始

加载前期没有应力产生,加载后期宫格桩底部地基土出现了较小应力区域,在荷载施加过程中应力无明显变化。在整个加载过程中,宫格桩四周土体无应力产生。相比于桩长为0.9m时的模拟情况,桩身四周地基土应力减小,桩底应力变大,说明宫格桩由摩擦桩向端承桩变化。

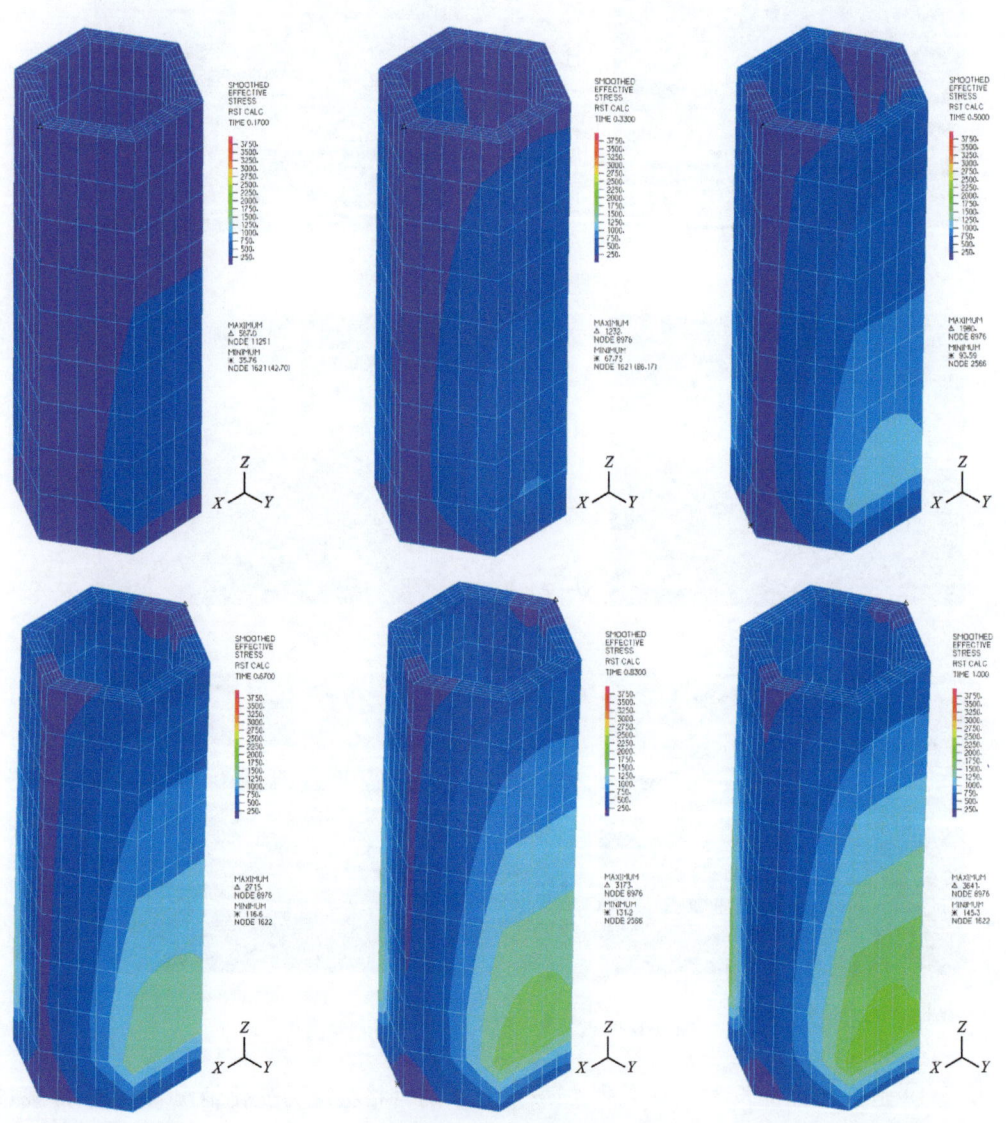

图6-19 桩长为1.0m时单宫格桩桩体应力图

6.3.4.3 单宫格桩数值模拟水平承载力分析

水平承载力是桩基础的重要指标之一,根据《建筑桩基技术规范》(JGJ 94—2008)规定,对于钢筋混凝土预制桩、钢桩、桩身配筋率不小于0.65%的灌注桩,可根据静载试验结果取地面处水平位移为10mm(对于水平位移敏感的建筑物取水平位移6mm)所对应的荷载的75%

为单桩水平承载力特征值。本书的试验宫格桩基础采用缩小的模型,几何缩比拟为1:30,试验模型缩小为实际宫格桩基础的1/30。根据规范,取10/30mm处的荷载值再乘以75%,即可得到宫格桩水平承载力特征值。

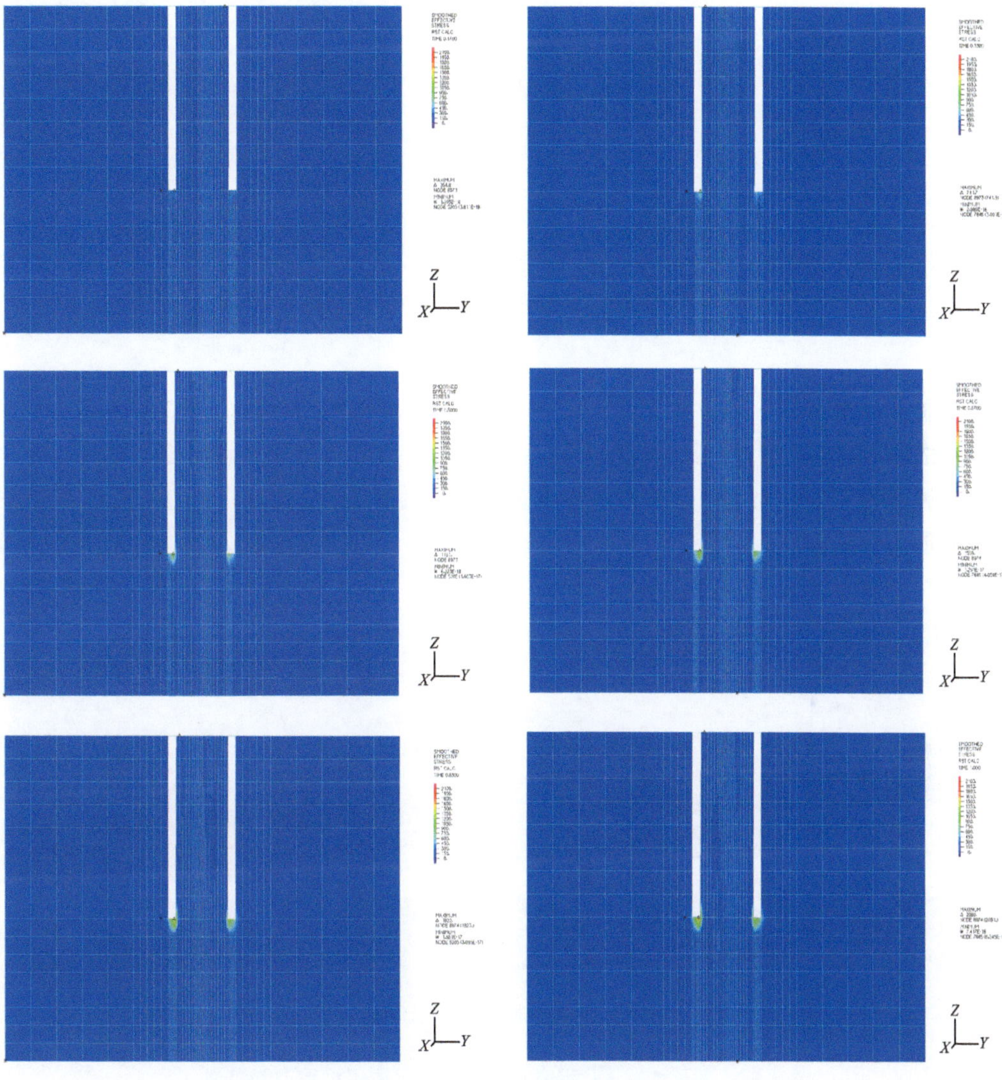

图 6-20　桩长为1.0m时单宫格桩地基土应力图

为了探究地基土摩擦角、宫格桩弹性模量和桩长对水平承载力的影响,本书在试验数值模型参数的基础上设置了3组模型进行对比。

地基土摩擦角分别设置了19°、22°和25°。其中,22°接近于试验地基土摩擦角。在保证其他参数不变的情况下,对3组模型进行位移荷载施加。图6-21为宫格桩地基土摩擦角变化对水平承载力的影响分析图。地基土摩擦角为22°时水平承载力最大,地基土摩擦角为19°和25°时水平承载力几乎相等。因此,过大或者过小的地基土摩擦角都会使地基土水平承载力变小。

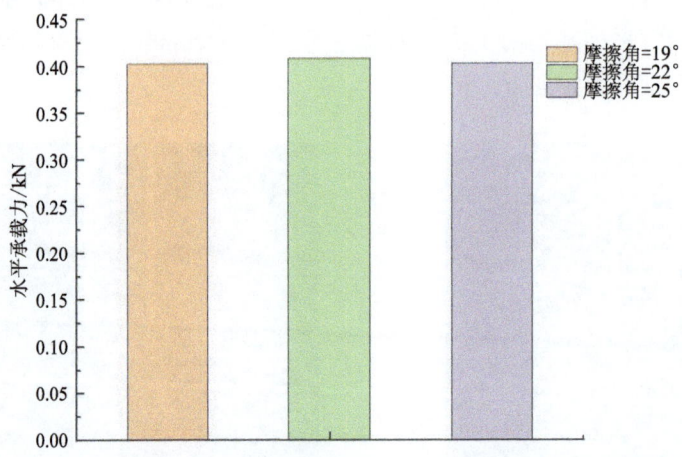

图 6-21　单宫格桩地基土摩擦角变化对水平承载力的影响分析图

宫格桩的弹性模量分别设置了 2×10^5 MPa、2×10^6 MPa 和 2×10^7 MPa，其中 2×10^5 MPa 与试验宫格桩弹性模量接近。其他模拟参数不变的情况下，对 3 组模型施加位移荷载。图 6-22 为宫格桩弹性模量变化对水平承载力的影响分析图。随着宫格桩的弹性模量变大，宫格桩的水平承载能力会变强。

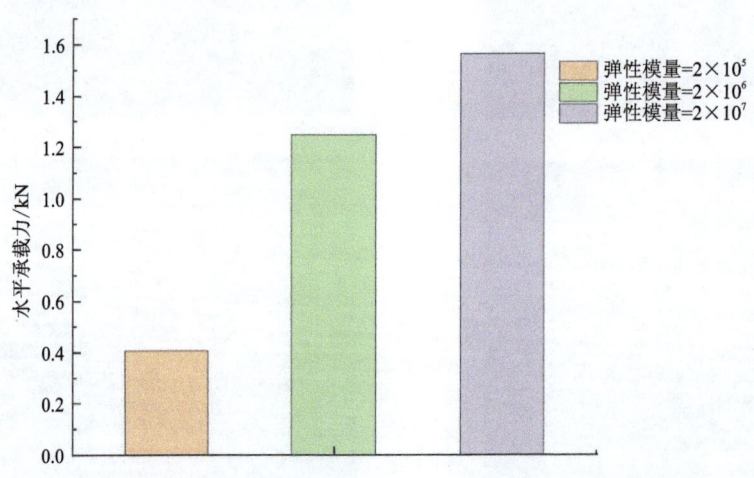

图 6-22　单宫格桩弹性模量变化对水平承载力的影响分析图

宫格桩的长度分别设置了 0.8m、0.9m 和 1.0m，其中 0.9m 为试验宫格桩的实际长度。其他模拟参数不变的情况下，对 3 组模型施加位移荷载。图 6-23 为宫格桩长度变化对水平承载力的影响分析图。宫格桩长度为 0.9m 时，水平承载力为 0.4kN，长度为 0.8m 和 1.0m 时水平承载力非常小，这与应力和位移图中反映出来的结果相似。宫格桩的长度和埋深只有在一定范围内才能有较大水平承载力，否则十分容易发生倾斜，导致宫格桩不能发挥原有的作用。

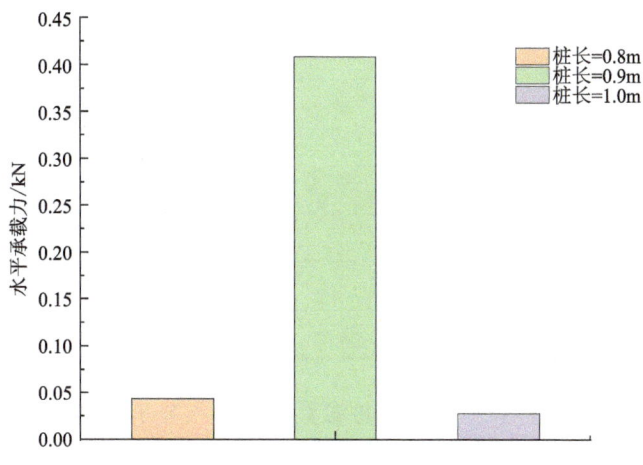

图 6-23　单宫格桩长度变化对水平承载力的影响分析图

6.3.5　本节小结

(1)根据室内试验参数建立的单宫格桩试验数值模型施加位移荷载后,得到的水平荷载-位移曲线与室内试验得到的数据基本相同。但加载后期,相同位移荷载下,数值模型水平承载能力略小于试验得到的结论,而且变化趋势是呈线性的。加载完成后,数值模型最大水平承载力与室内试验结果几乎相同,说明数值模型能够反映宫格桩基础的水平力学特性。

(2)3组地基土摩擦角下的模型水平承载能力差异性不明显,当地基土摩擦角为22°时,单宫格桩水平承载能力最大。

(3)宫格桩的弹性模量对单宫格桩水平承载能力影响较大,3组弹性模量不同的宫格桩模拟结果表明,增大宫格桩弹性模量,水平承载能力变大。

(4)宫格桩的长度对单宫格桩水平承载能力影响同样较大,3组不同长度的宫格桩模拟结果表明,只有在合适的长度范围内,宫格桩才能有效提供水平承载能力,过长或过短都会导致宫格桩承载能力下降。

6.4　双宫格桩承受水平荷载数值模拟

双宫格数值模拟基于单宫格数值模拟,在相同的地质条件下建立双宫格基础模型,并沿着 X 方向和 Y 方向分别进行加载。

6.4.1　双宫格桩承受水平荷载数值模拟概况

1. 双宫格桩数值模拟参数确定

双宫格桩数值模型参数与单宫格桩参数类似,土体材料为细砂,双宫格桩为两个单宫格桩连接而成,使用有机玻璃胶水和螺栓将两个单宫格桩面对面连接成一个整体,材料仍然为有机玻璃,与桩基础连接的承台采用钢制构件,同样采用螺栓连接。为了研究不同的参数对双宫格桩水平承载力的影响,分别建立了不同参数的数值模型,双宫格桩数值模拟参数如表 6-2 所示。

表 6-2 双宫格桩模拟参数表

	土体摩擦角/(°)	桩体弹性模量/MPa	桩长/m
模型参数	19	2×10^5	0.8
	22	2×10^6	0.9
	25	2×10^7	1.0

为了后续与单宫格桩进行对比,双宫格桩参数设置仍然与单宫格桩相同。模型土的弹性模量为 2×10^5 MPa,黏聚力 5kPa。双宫格桩为两个正六边形相连的空心桩,外围采用力学性能相同的、厚度为 4cm 的有机玻璃进行制作成单宫格桩,采用有机玻璃胶水将单宫格桩拼装成整体,并使用螺钉进一步加固;内部中空,试验时填入地基土。双宫格桩模型参数设置根据单宫格桩试验参数确定,试验模型承台采用两个单独设计的可调节桩径的装配型承台试验模型焊接。

双宫格桩建立了不同桩长的模型,探究多宫格桩长度对其水平承载力的影响,并与单宫格桩做对比分析,并在土的摩擦角为 22°、桩的弹性模量为 2×10^5 MPa 的基础上,分别建立了桩长为 0.8m、0.9m、1.0m 的 3 种数值模型,探究其对水平承载力的影响。

2. 双宫格桩承受水平荷载数值模型建立与加载方案

双宫格桩数值模型尺寸与单宫格桩基本相同,土体模型设置为 2m×2m×1.6m,桩基础为两个边长为 0.16m,厚度为 0.04m,相对应的两顶点间距离为 0.32m 的单宫格桩组合。承台模型同样采用梁单元简化,使用刚性连接与桩基础相连,通过合理调节钢的参数设置,使得承台在加载过程中的受力和位移变化情况与试验更相符。

土体的本构模型采用 Mohr-Coulomb 模型。为了更好地模拟试验时实际宫格桩的连接情况,建模时将宫格桩分为两部分。宫格桩上部承台部分为钢制构件,建模时本构关系选择 Bilinear Elastic-Plastic 模型;桩身采用有机玻璃,建模时本构关系选择 Isotropic Linear Elastic 模型。网格划分以桩身中心为原点,沿着模型边界方向,网格密度由密至疏,竖直方向从底面向上采用拉伸的方法,保证模型整体网格处于连续状态,避免出现应力无法传递的问题。最终建立的数值模型如图 6-24 所示。

双宫格桩数值模型边界条件除了竖直方向地基土自由面不做约束外,其余面均通过刚性约束,以模拟试验时的真实情况。约束设置如图 6-25 所示。

双宫格桩数值模拟,通过对承台分别施加 X 方向和 Y 方向的位移荷载,并使位移荷载随时间均匀变化。设置总时长为 1.00s,总步长为 100 步,每一步加载 0.01s。在总时长内,一共加载位移 0.06m。荷载布置如图 6-26 所示。

6 宫格桩基础水平承载特性数值模拟研究

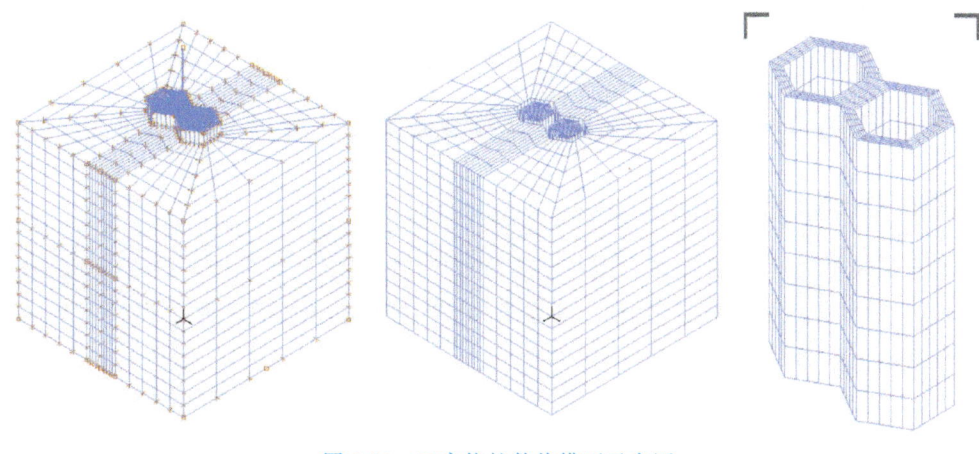

图 6-24　双宫格桩数值模型示意图

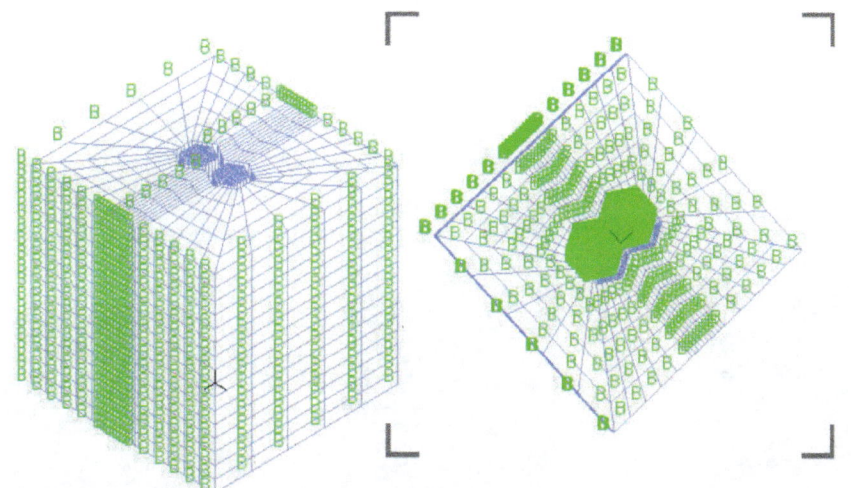

图 6-25　双宫格桩数值模型约束条件示意图

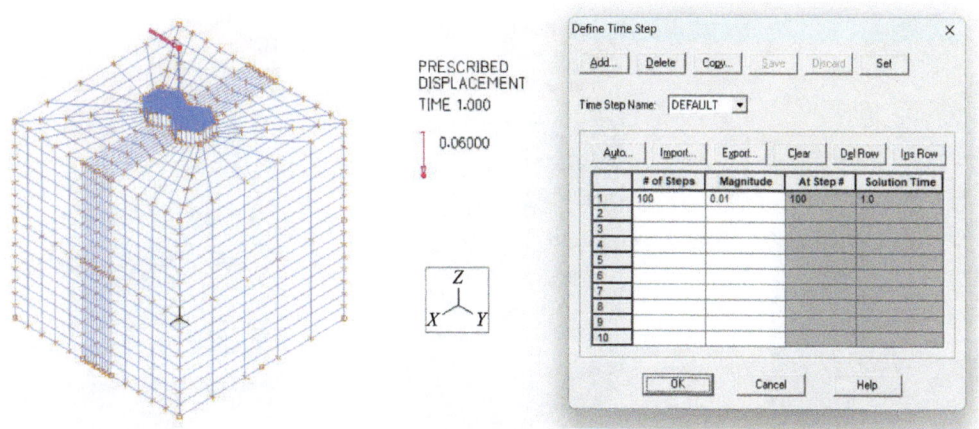

图 6-26　双宫格桩荷载布置及步长设置示意图

　　双宫格桩的模型参数、建立方式、边界条件设置以及加载方式都与单宫格桩相同,双宫格桩变参数模型根据表 6-2 所示的情况进行单独建模并沿 X 方向和 Y 方向加载,分析不同参数下的位移变化情况和应力变化情况,以及对宫格一体式桩水平承载力的影响,并与单宫格桩相应参数下的水平承载力做对比,并分析同参数下双宫格桩不同方向加载的水平承载力。

6.4.2 双宫格桩承受水平荷载数值模拟结果及分析

6.4.2.1 双宫格桩沿Y方向加载应力与位移图分析

为了与试验结果对比,建立了一组各项参数与单宫格桩试验参数比较接近的双宫格试验参数数值模型,该模型的参数为:地基土摩擦角为22°,宫格桩弹性模量为2×10^5MPa,宫格桩长度为0.9m,其余参数与其他模型保持不变。

图6-27是试验参数双宫格桩在加载期间的位移变化情况,为了方便观察,时长选取从0.17s开始,到加载完成共计6个加载过程。从图中可以看到,宫格桩的位移加载从顶部开始,并从上到下不断发生位移变化,加载期间,宫格桩几乎不发生变形,加载完成后,宫格桩顶部位移变化值为设定的6cm,桩身整体位移从上至下位移逐渐变小,桩身底部几乎没有发生位移。

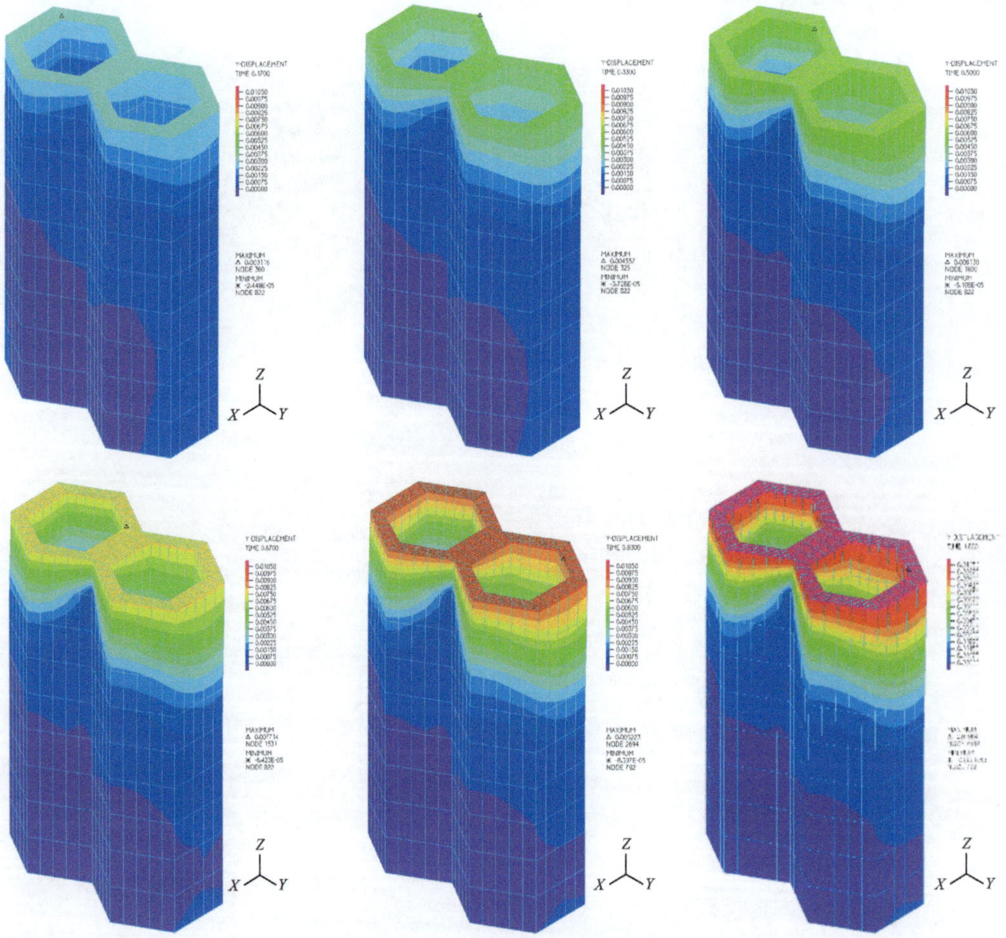

图6-27 试验参数双宫格桩位移图

6 宫格桩基础水平承载特性数值模拟研究

图 6-28 是试验参数双宫格桩在加载期间的应力变化情况,选取了加载过程中共计 6 个时刻的应力情况进行观察,时长从 0.17s 开始,到加载完成结束。从图中可以看到,宫格桩在开始加载时顶部开始产生应力变化。随着位移荷载不断变大,宫格桩整体应力也随之变大,由位移荷载产生的应力从宫格桩顶部向下延伸。宫格桩整体加载方向应力大于加载垂向,应力较大区域始终位于加载方向,两个单桩在 X 轴正方向的连接处出现应力集中。与单宫格桩相比,其应力范围显著减小。

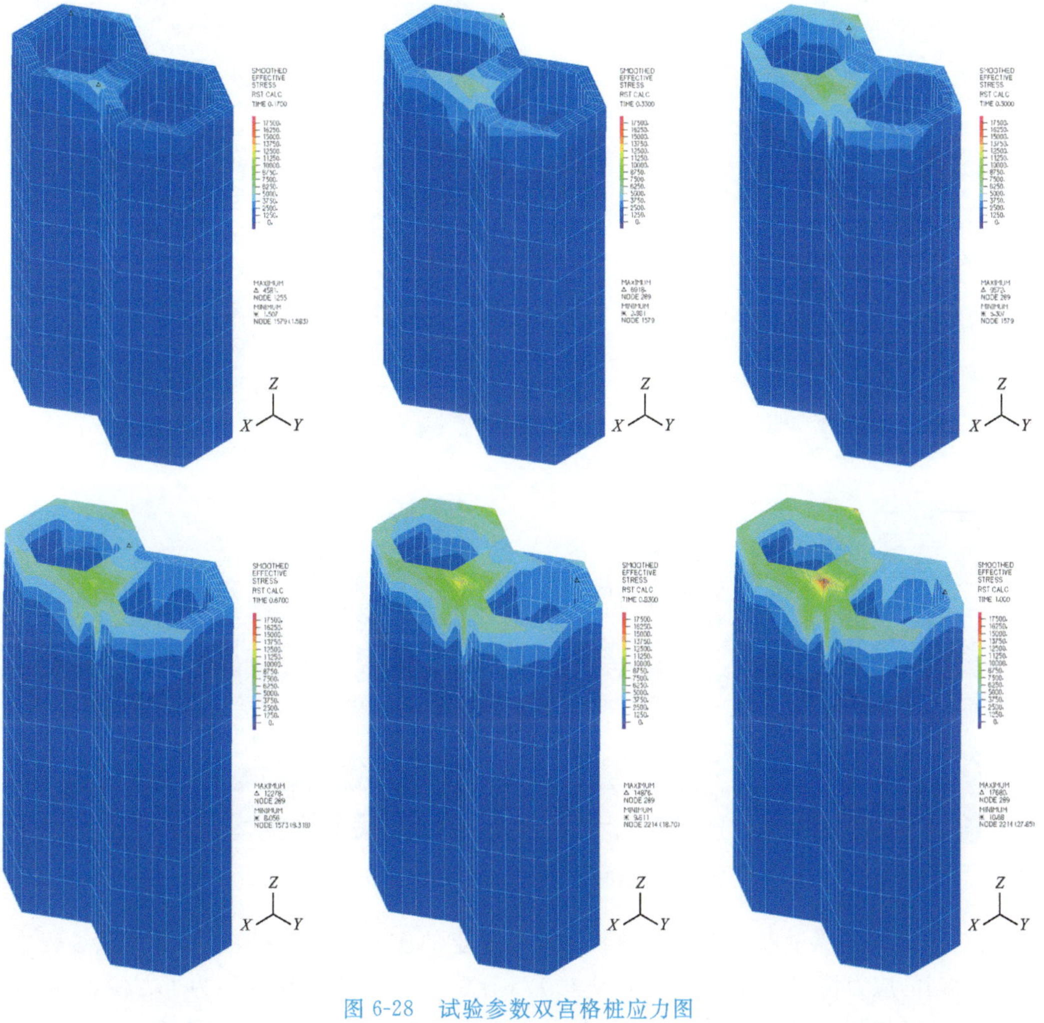

图 6-28 试验参数双宫格桩应力图

图 6-29 是试验参数双宫格桩在加载期间地基土的位移变化情况,选取了加载过程中共计 6 个时刻的位移情况进行观察,时长从 0.17s 开始,到加载完成结束。为了方便观察,将地基土模型进行切片处理,并选取了 $X=0$ 处的切面进行观察。从图中可以看到,随着时间的增加,桩体从顶部开始沿加载方向发生位移引起桩周土体随之发生微小变形。桩周土体从上至下位移逐渐变小,底部几乎没有发生位移。加载完成后,地基土的最大位移值为 0.008m,且位于加载方向上宫格桩挤压最严重的地方。

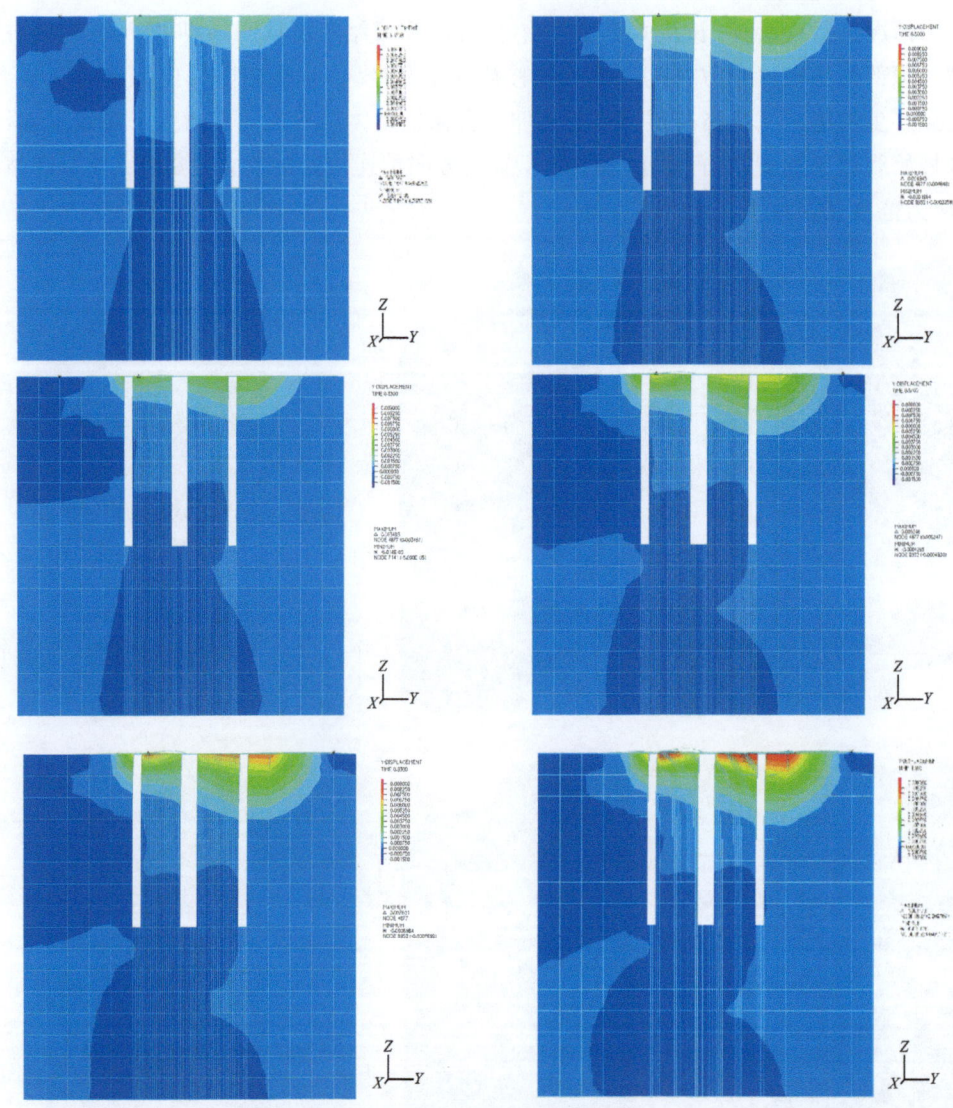

图 6-29 试验参数双宫格桩地基土位移图

图 6-30 是试验参数双宫格桩在加载期间地基土的应力变化情况,选取了加载过程中共计 6 个时刻的应力情况进行观察,时长从 0.17s 开始,到加载完成结束。为了方便观察,将地基土模型进行切片处理,并选取了 $X=0$ 处的切面进行观察。从图中可以看到,加载开始后,宫格桩周围的上部地基土由于宫格桩的挤压产生了应力。随着位移荷载变大,宫格桩不断发生变形,地基土应力区向下延伸,但总体应力变化不明显,底部几乎无应力产生。

在试验参数宫格桩的基础上,将地基土的土体摩擦角调整为 19°和 25°。

图 6-31 是地基土摩擦角为 19°时双宫格桩在加载期间的应力变化情况,选取了加载过程中共计 6 个时刻的应力情况进行观察,时长从 0.17s 开始,到加载完成结束。从图中可以看到,与试验参数的情况类似,宫格桩在开始加载时顶部开始产生应力变化。随着位移荷载不

6 宫格桩基础水平承载特性数值模拟研究

断变大,宫格桩整体应力也随之变大,由位移荷载产生的应力从宫格桩顶部向下延伸。X 轴正方向的两个单桩连接处出现应力集中的范围有所减小,与试验参数双宫格桩的情况类似。

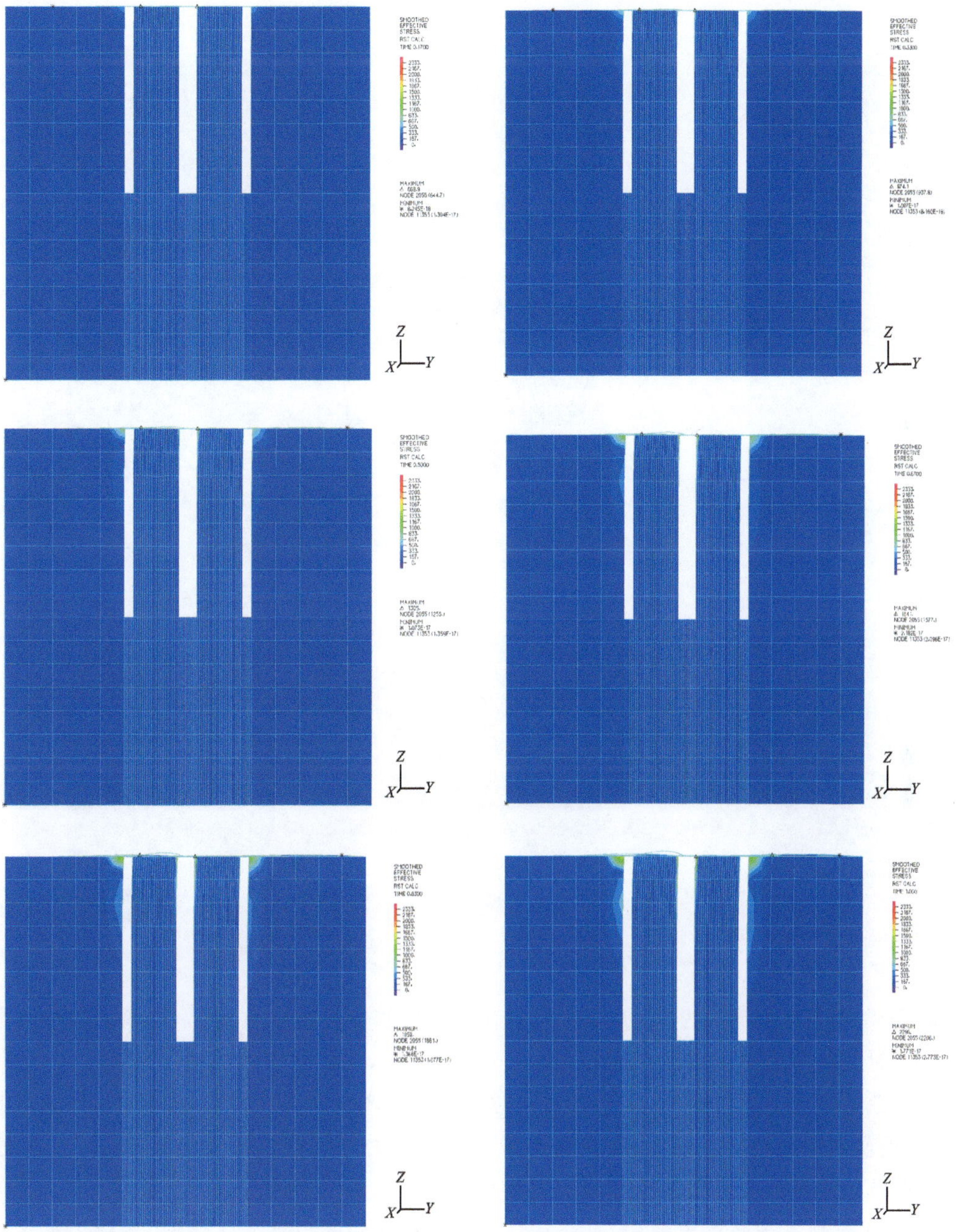

图 6-30　试验参数双宫格桩地基土应力图

图 6-32 是地基土摩擦角为 19°时宫格桩在加载期间地基土的位移变化情况,选取了加载过程中共计 6 个时刻的位移情况进行观察,时长从 0.17s 开始,到加载完成结束。为了方便观察,将地基土模型进行切片处理,并选取了 $X=0$ 处的切面进行观察。从图中可以看到,随

着时间的增加,桩体从顶部开始沿加载方向发生位移引起桩周土体随之发生微小变形。桩周土体从上至下位移逐渐变小,底部几乎没有发生位移。位移增大的原因可能是由于地基土摩擦角变小后,土体更加松动,在宫格桩的作用下更容易发生位移,最大位移量为 0.009m。

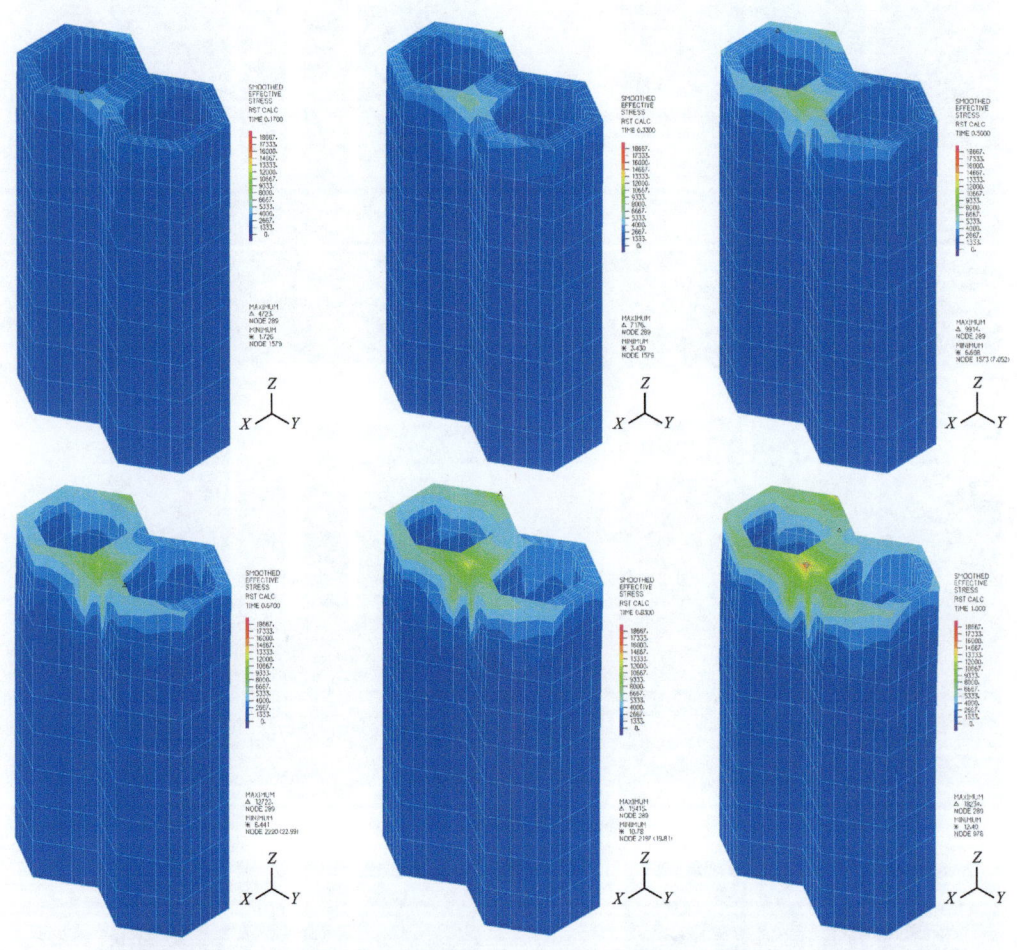

图 6-31　土体摩擦角为 19°时双宫格桩应力图

图 6-33 地基土摩擦角为 25°时双宫格桩在加载期间的应力变化情况,选取了加载过程中共计 6 个时刻的应力情况进行观察,时长从 0.17s 开始,到加载完成结束。从图中可以看到,与试验参数的情况类似,宫格桩在开始加载时顶部开始产生应力变化。随着位移荷载不断变大,宫格桩整体应力也随之变大,由位移荷载产生的应力从宫格桩顶部向下延伸。X 轴正方向的两个单桩连接处应力集中范围有所增大。

图 6-34 是地基土摩擦角为 25°时双宫格桩在加载期间的位移变化情况,选取了加载过程中共计 6 个时刻的应力情况进行观察,时长从 0.17s 开始,到加载完成结束。为了方便观察,将地基土模型进行切片处理,并选取了 $X=0$ 处的切面进行观察。从图中可以看到,随着时间的增加,桩体从顶部开始沿加载方向发生位移,引起桩周土体随之发生微小变形。桩周土体从上至下位移逐渐变小,底部几乎没有发生位移。

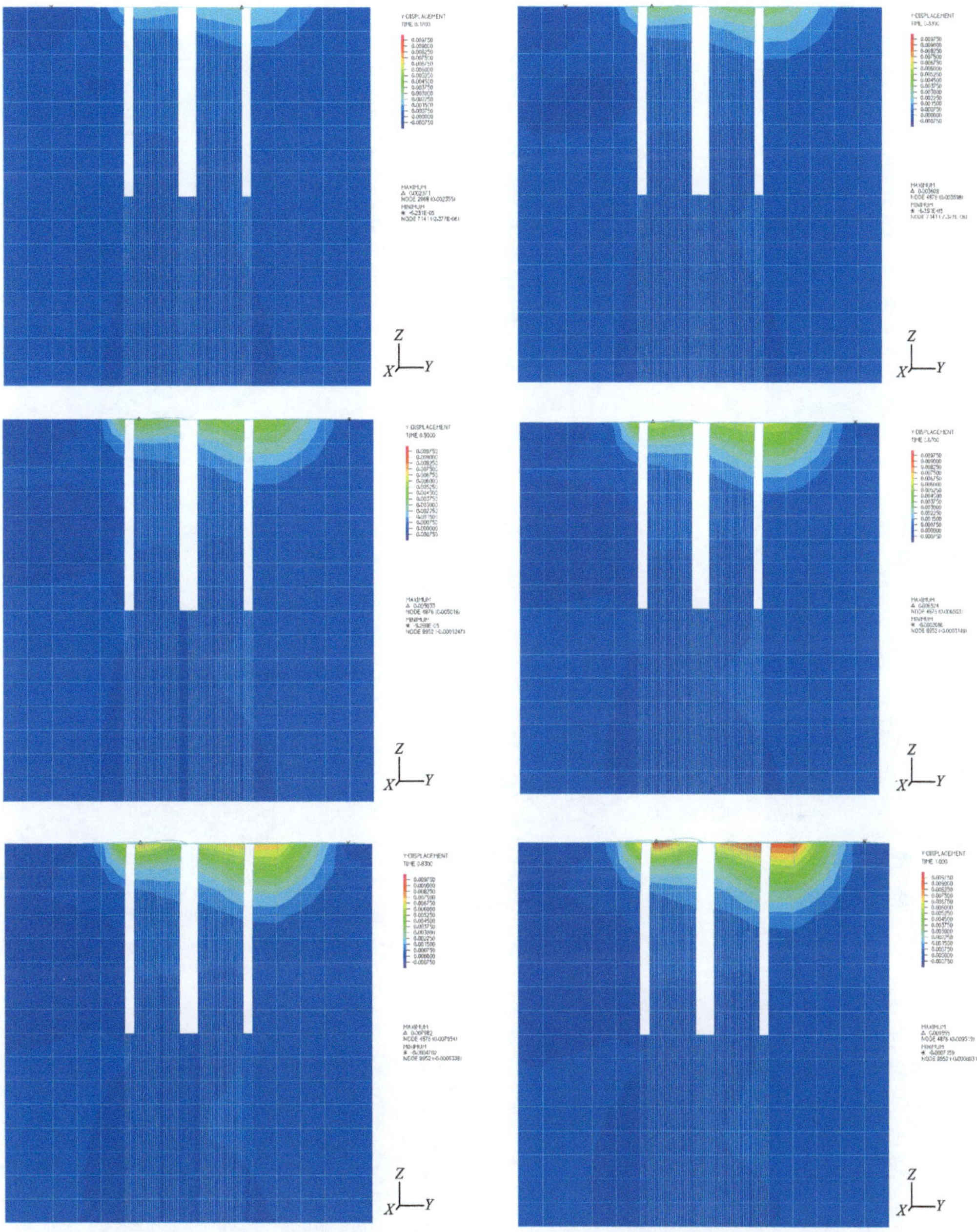

6 宫格桩基础水平承载特性数值模拟研究

图 6-32　土体摩擦角为 19°时双宫格桩地基土位移图

在试验参数宫格桩的基础上,将宫格桩弹性模量分别调整为 2×10^6 MPa 和 2×10^7 MPa。

图 6-35、图 6-36 是试验参数双宫格桩在改变弹性模量时的加载期间应力变化情况,选取了加载过程中共计 6 个时刻的应力情况进行观察,时长从 0.17s 开始,到加载完成结束。从图中可以看到,在开始加载时,宫格桩顶部开始产生应力变化。随着位移荷载不断变大,整体应力也随之变大,由位移荷载产生的应力从宫格桩顶部向下延伸。X 轴正方向的两个单桩连接处出现应力集中。通过比较得知,随着弹性模量增大,水平承载能力变大。

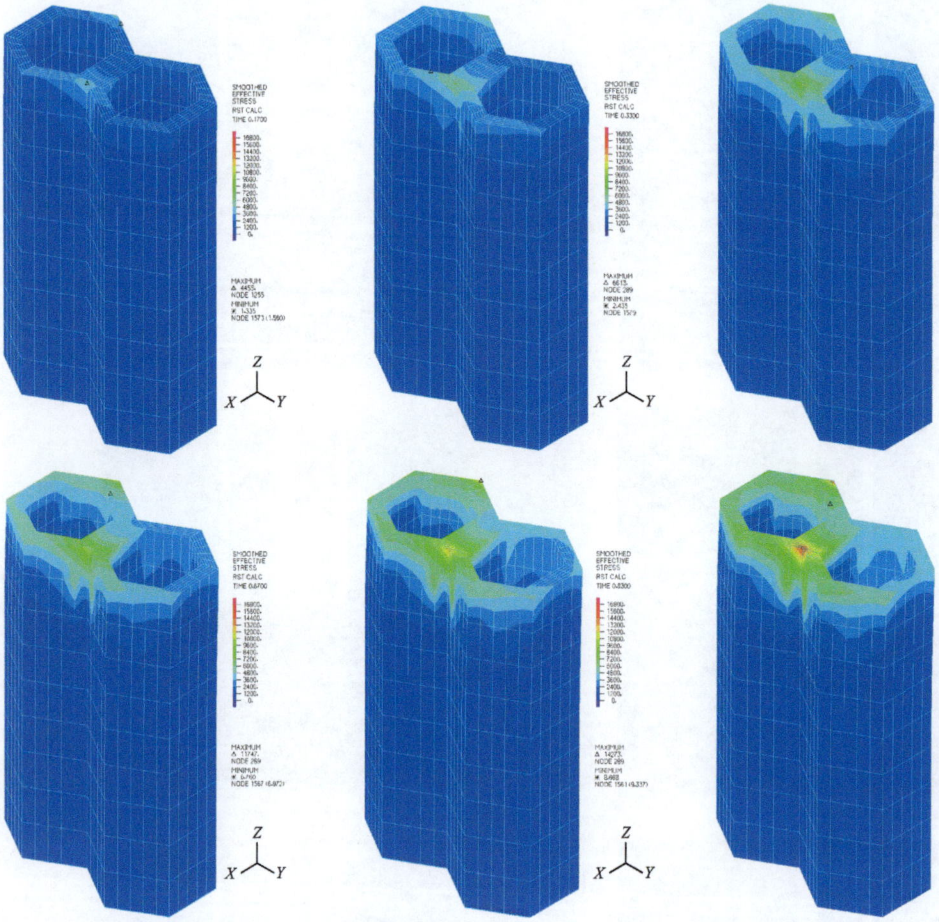

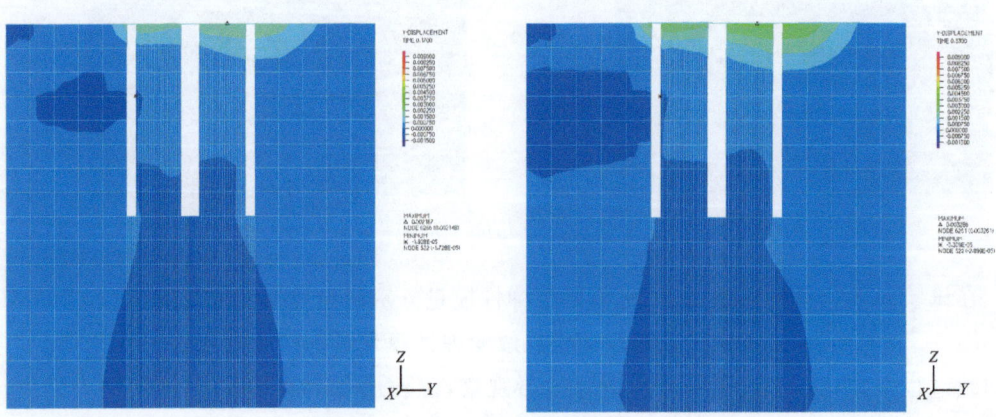

图 6-33　土体摩擦角为 25°时双宫格桩应力图

6 宫格桩基础水平承载特性数值模拟研究

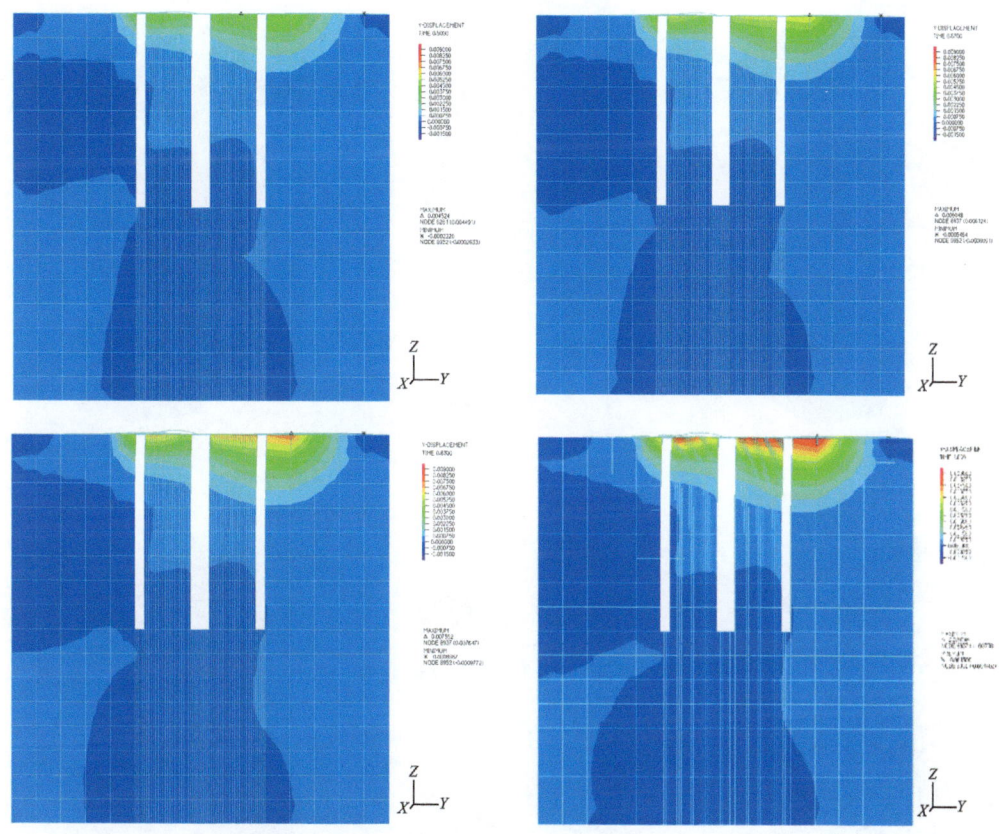

图 6-34　土体摩擦角为 25°时双宫格桩地基土位移图

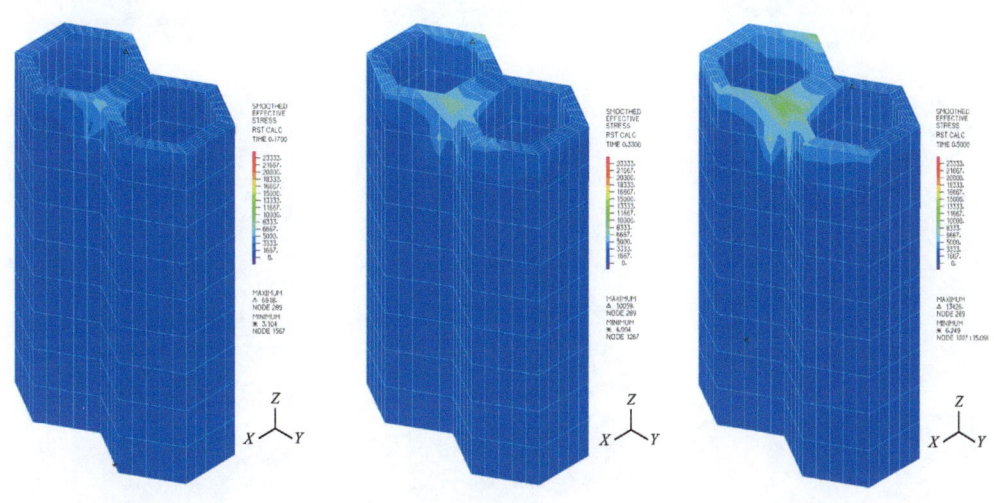

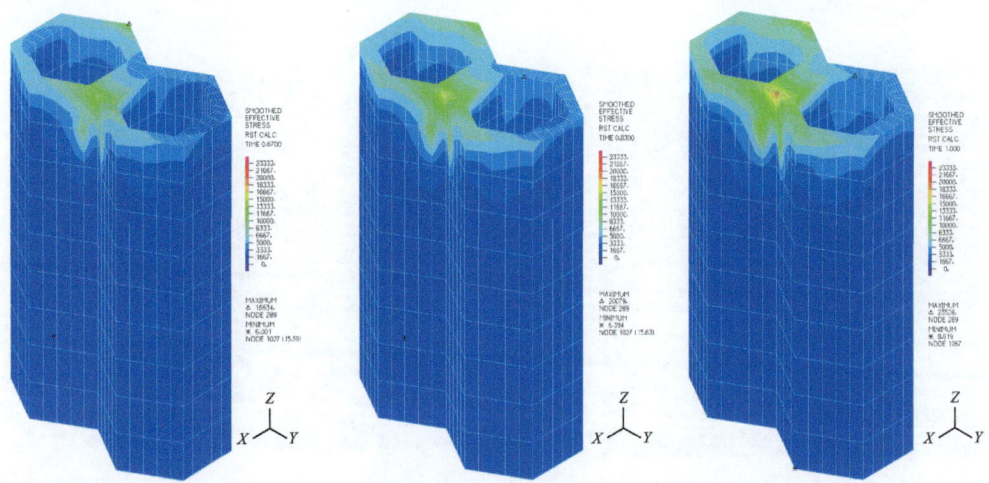

图 6-35 弹性模量为 $2×10^6$ 时双宫格桩应力图

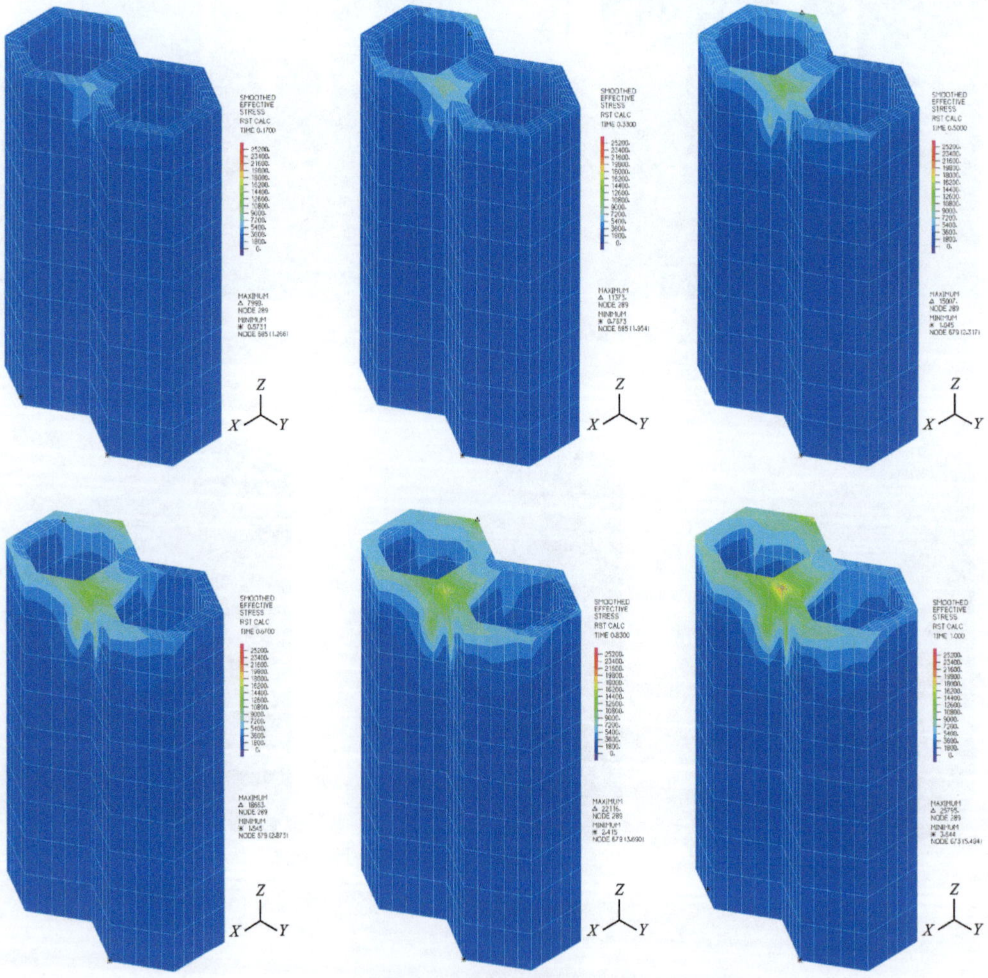

图 6-36 弹性模量为 $2×10^7$ 时双宫格桩应力图

6 宫格桩基础水平承载特性数值模拟研究

图 6-37、图 6-38 是试验参数双宫格桩在改变弹性模量时加载期间地基土的位移变化情况,选取了加载过程中共计 6 个时刻的位移情况进行观察,时长从 0.17s 开始,到加载完成结束。为了方便观察,将地基土模型进行切片处理,并选取了 $X=0$ 处的切面进行观察。从图中可以看到,随着时间的增加,桩体从顶部开始沿加载方向发生位移引起桩周土体随之发生微小变形。桩周土体从上至下位移逐渐变小,底部几乎没有发生位移。加载结束后,两种情况下的地基土位移最大值分别为 0.001 1m 和 0.001 2m。通过比较得知,随着弹性模量的增大,地基土产生位移区域将会下移,但位移最大值变化较小。

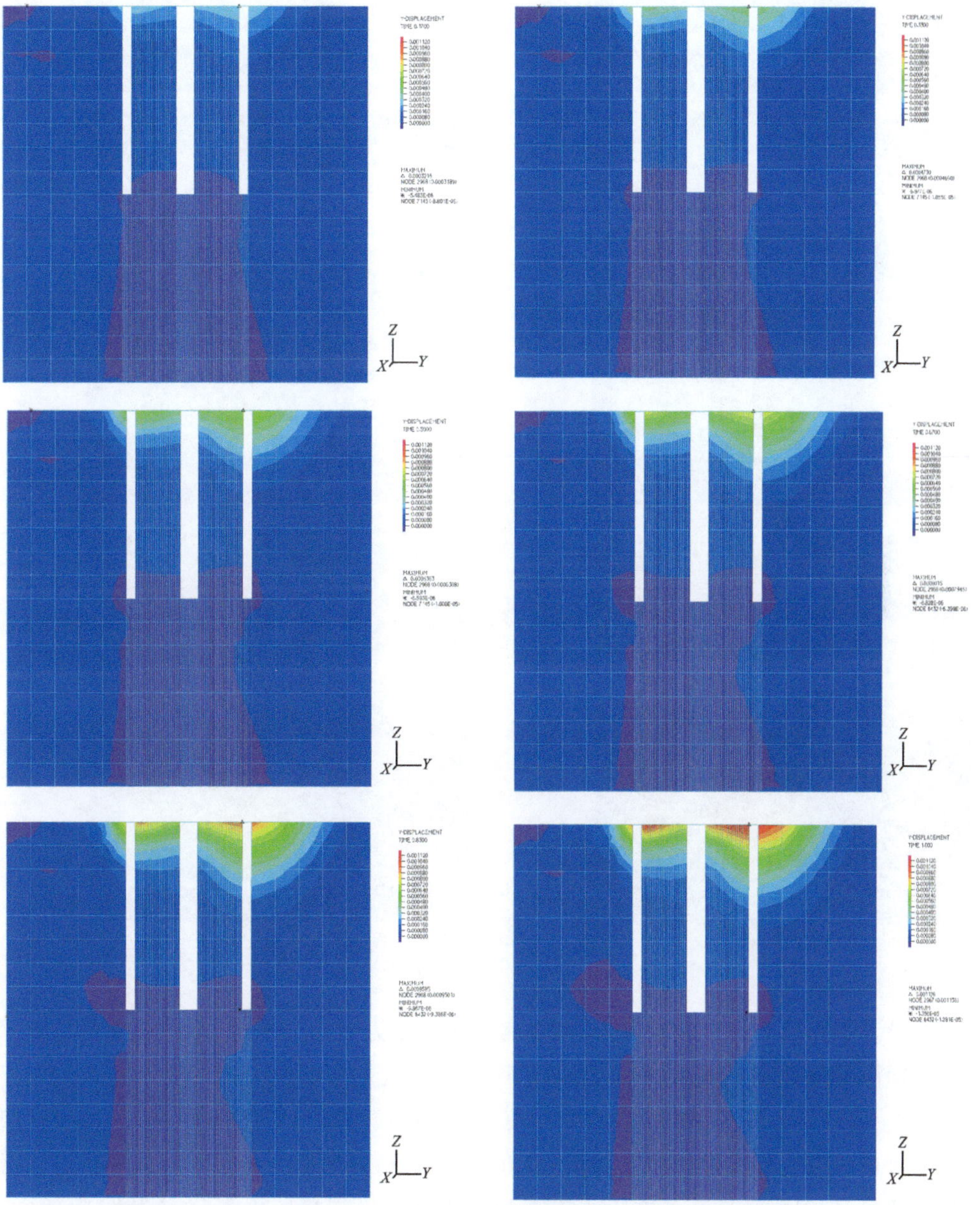

图 6-37 弹性模量为 2×10^6 时双宫格桩地基土位移图

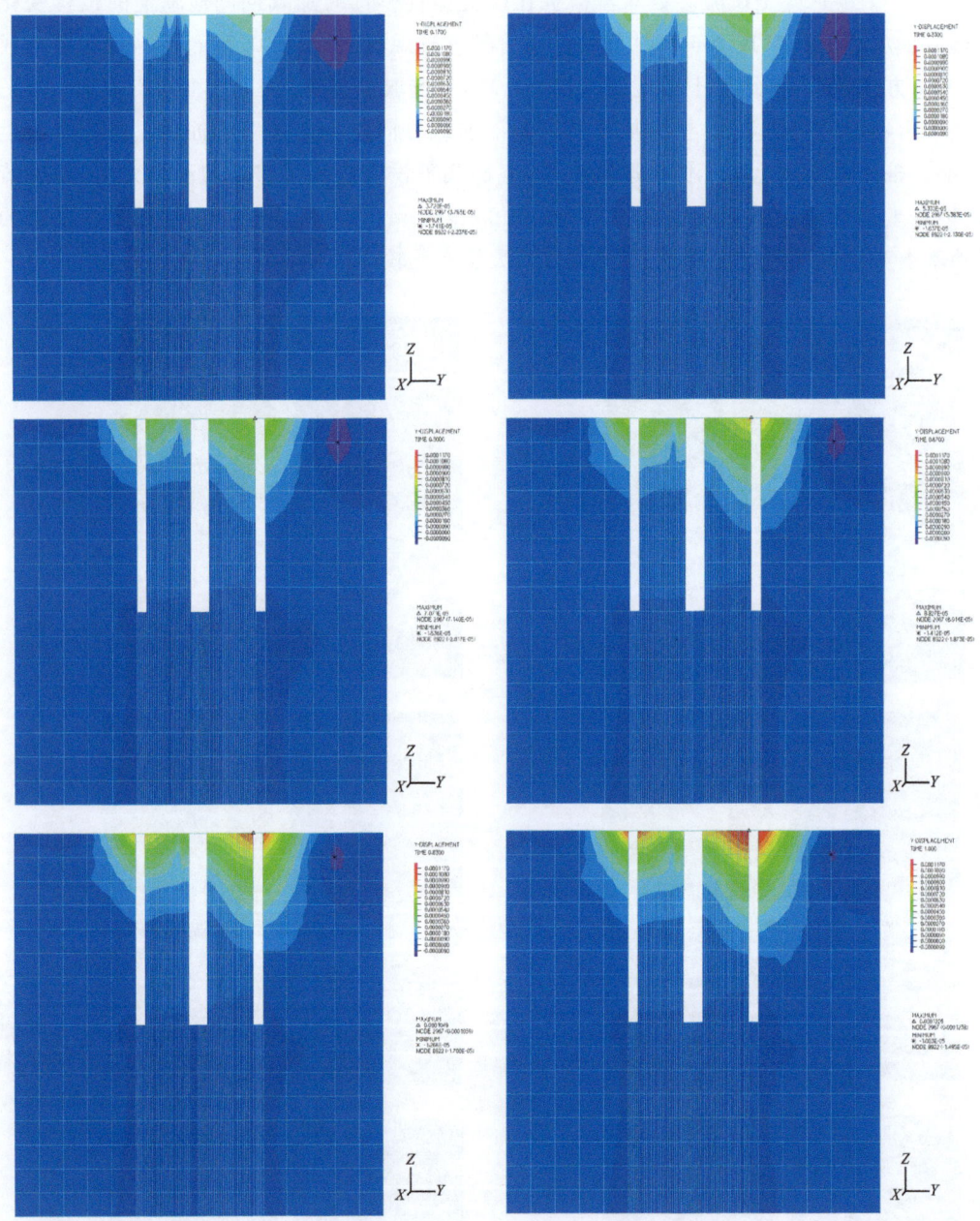

图 6-38　弹性模量为 2×10^7 时双宫格桩地基土位移图

在试验参数宫格桩的参数基础上,调整宫格桩长度为 0.8m 和 1.0m,改变宫格桩埋深,保持上部非埋深部分长度不变。

图 6-39 是试验参数双宫格桩在改变桩长为 0.8m 时的应力变化情况,选取了加载过程中共计 6 个时刻的应力情况进行观察,时长从 0.17s 开始,到加载完成结束。从图中可以看到,在开始加载时,宫格桩顶部开始产生应力变化。随着位移荷载不断变大,宫格桩整体应力也随之变大,由位移荷载产生的应力从宫格桩顶部向下延伸至底部,整体应力变化的范围扩大。

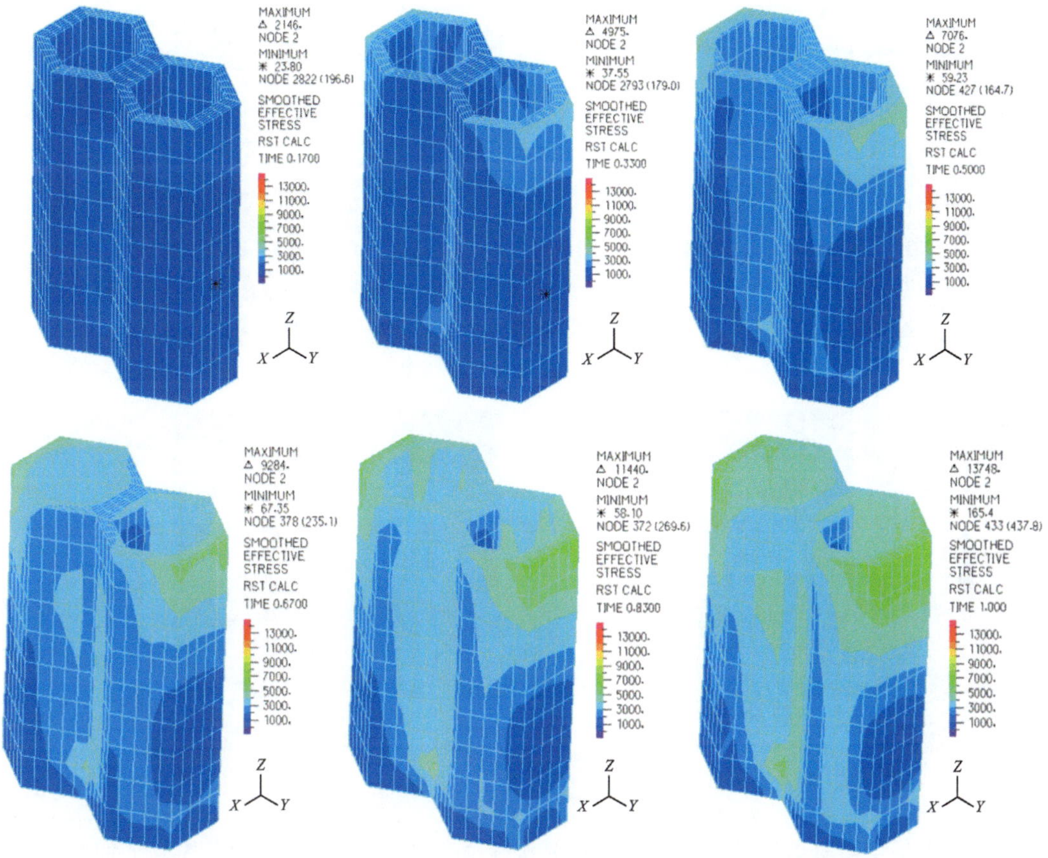

6 宫格桩基础水平承载特性数值模拟研究

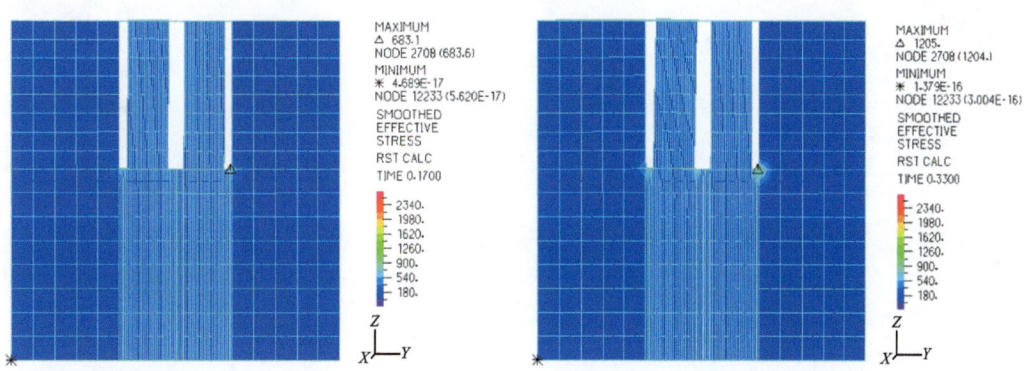

图 6-39 桩长为 0.8m 时双宫格桩应力图

图 6-40 是试验参数双宫格桩在改变桩长为 0.8m 时地基土的应力变化情况，选取了加载过程中共计 6 个时刻的应力情况进行观察，时长从 0.17s 开始，到加载完成结束。为了方便观察，将地基土模型进行切片处理，并选取了 $X=0$ 处的切面进行观察。从图中可以看到，加载开始后，与试验参数情况不同的是土体应力向桩底区域集中，Y 轴正区域桩底应力集中现象较明显。

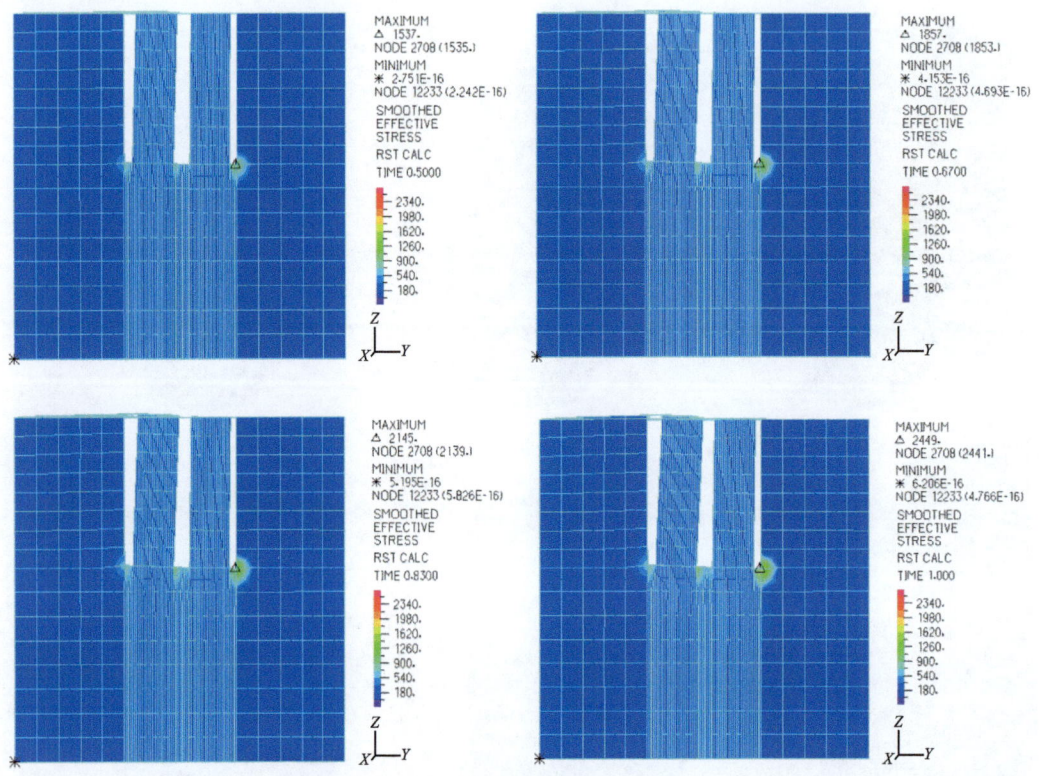

图 6-40　桩长为 0.8m 时双宫格桩地基土应力图

图 6-41 是试验参数双宫格桩在改变桩长为 1.0m 时的应力变化情况,选取了加载过程中共计 6 个时刻的应力情况进行观察,时长从 0.17s 开始,到加载完成结束。从图中可以看到,宫格桩在开始加载时顶部开始产生应力变化。随着位移荷载不断变大,宫格桩整体应力也随之变大,由位移荷载产生的应力从宫格桩顶部向下延伸至底部,整体应力发生变化的范围扩大,最大应力值减小。

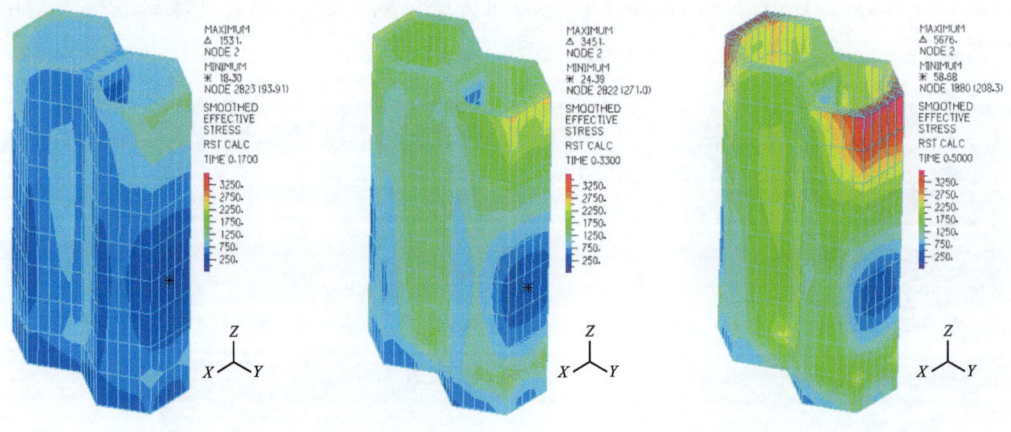

6 宫格桩基础水平承载特性数值模拟研究

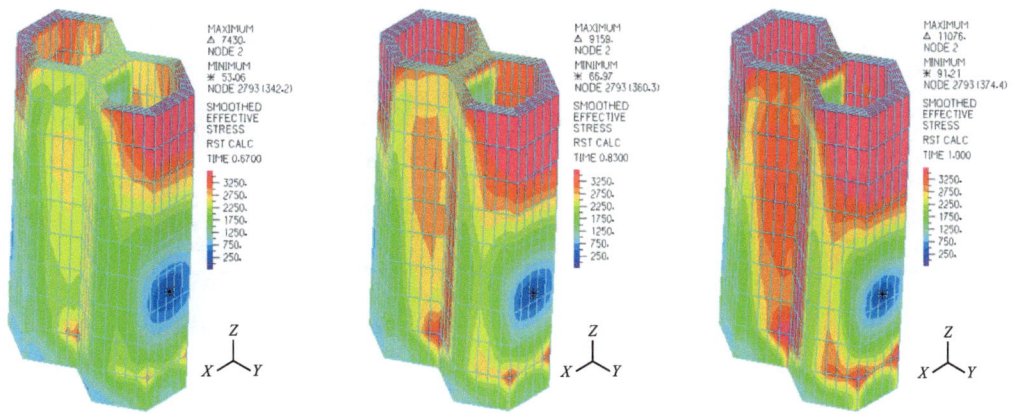

图 6-41 桩长为 1.0m 时双宫格桩应力图

图 6-42 是试验参数双宫格桩在改变桩长为 1.0m 时地基土的应力变化情况，选取了加载过程中共计 6 个时刻的应力情况进行观察，时长从 0.17s 开始，到加载完成结束。为了方便观察，将地基土模型进行切片处理，并选取了 $X=0$ 处的切面进行观察。从图中可以看到，加载开始后，与试验参数情况不同的是，土体应力向桩底区域集中，Y 轴正区域桩底应力集中现象较明显，但相比桩长为 0.8m 的情况，其应力最大值有所减小。

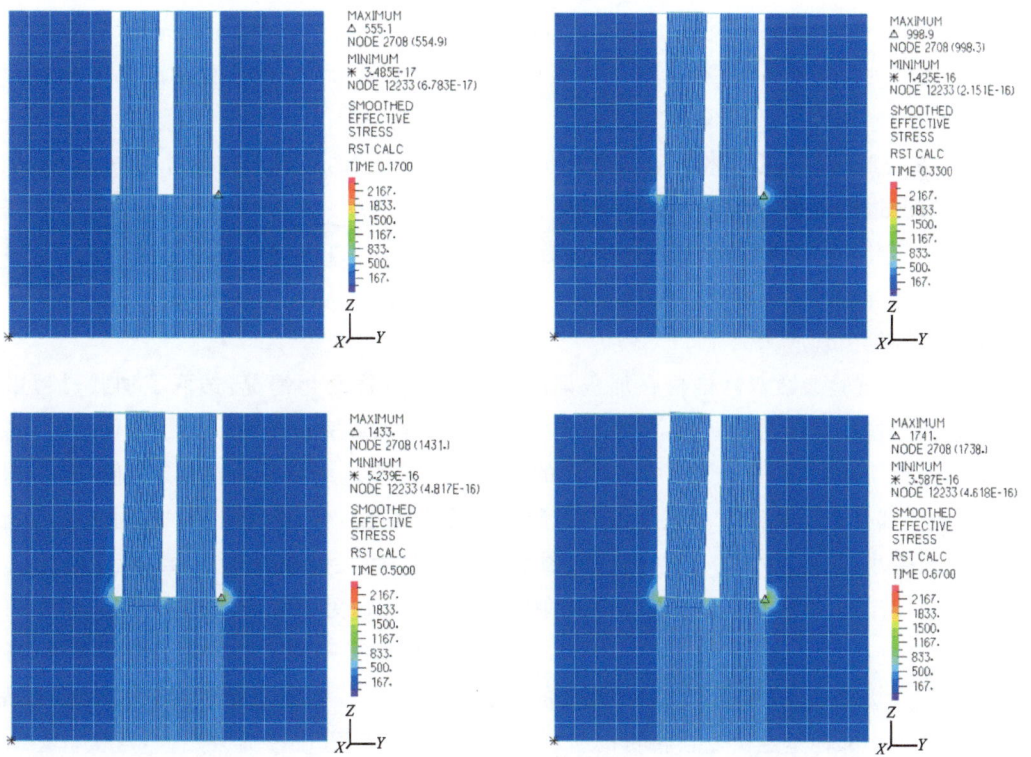

· 141 ·

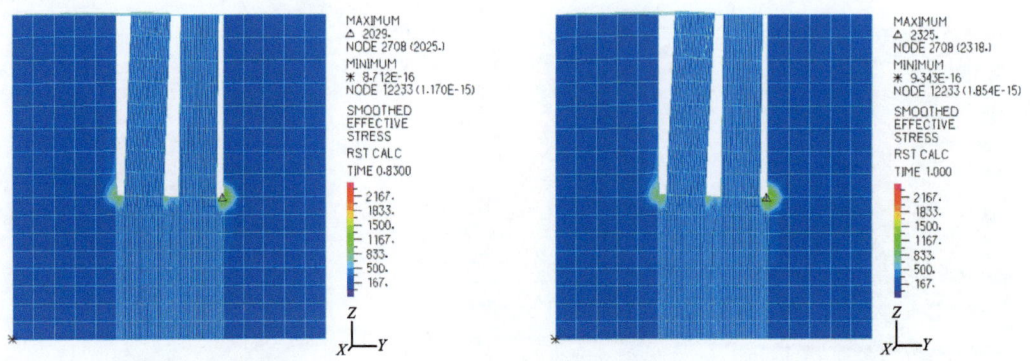

图 6-42　桩长为 1.0m 时双宫格桩地基土应力图

6.4.2.2　双宫格桩沿 X 方向加载应力与位移图分析

双宫格桩由于在坐标轴上的分布情况有差异,因此,除了在 Y 方向上施加位移荷载外,还在 X 方向施加位移荷载,双宫格桩在 X 方向上加载的模型参数设置与在 Y 方向上加载设置相同。

图 6-43 是试验参数双宫格桩在加载期间的位移变化情况,为了方便观察,时长选取从 0.17s 开始,到加载完成共计 6 个加载过程。从图中可以看到,宫格桩的位移加载从顶部开始,并从上到下不断发生位移变化,加载期间,宫格桩几乎不发生变形,加载完成后,宫格桩顶部位移变化值为设定的 6cm,桩身整体位移从上至下位移逐渐变小,桩身底部几乎没有发生位移。

图 6-44 是试验参数双宫格桩在加载期间的应力变化情况,选取了加载过程中共计 6 个时刻的应力情况进行观察,时长从 0.17s 开始,到加载完成结束。从图中可以看到,宫格桩在开始加载时顶部开始产生应力变化。随着位移荷载不断变大,宫格桩整体应力也随之变大,由位移荷载产生的应力从宫格桩顶部向下延伸。两个单桩在 X 轴正方向的连接处和 Y 轴负方向的单桩一端处出现应力集中。

图 6-45 是试验参数双宫格桩在加载期间地基土的位移变化情况,选取了加载过程中共计 6 个时刻的位移情况进行观察,时长从 0.17s 开始,到加载完成结束。为了方便观察,将地基土模型进行切片处理,并选取了 $X=0$ 处的切面进行观察。从图中可以看到,随着时间的增加,桩体从顶部开始沿加载方向发生位移引起桩周土体随之发生微小变形。桩周土体从上至下位移逐渐变小,底部几乎没有发生位移,顶部位移较大,最大位移为 0.009m。

图 6-46 是试验参数双宫格桩在加载期间地基土的应力变化情况,选取了加载过程中共计 6 个时刻的应力情况进行观察,时长从 0.17s 开始,到加载完成结束。为了方便观察,将地基土模型进行切片处理,并选取了 $X=0$ 处的切面进行观察。从图中可以看到,加载开始后,宫格桩周围的上部地基土由于宫格桩的挤压产生了应力。随着位移荷载变大,宫格桩不断发生变形,地基土应力区向下延伸,但总体应力变化不明显,底部几乎无应力产生。

在试验参数双宫格桩的参数基础上,将地基土的土体摩擦角调整为 19° 和 25°。

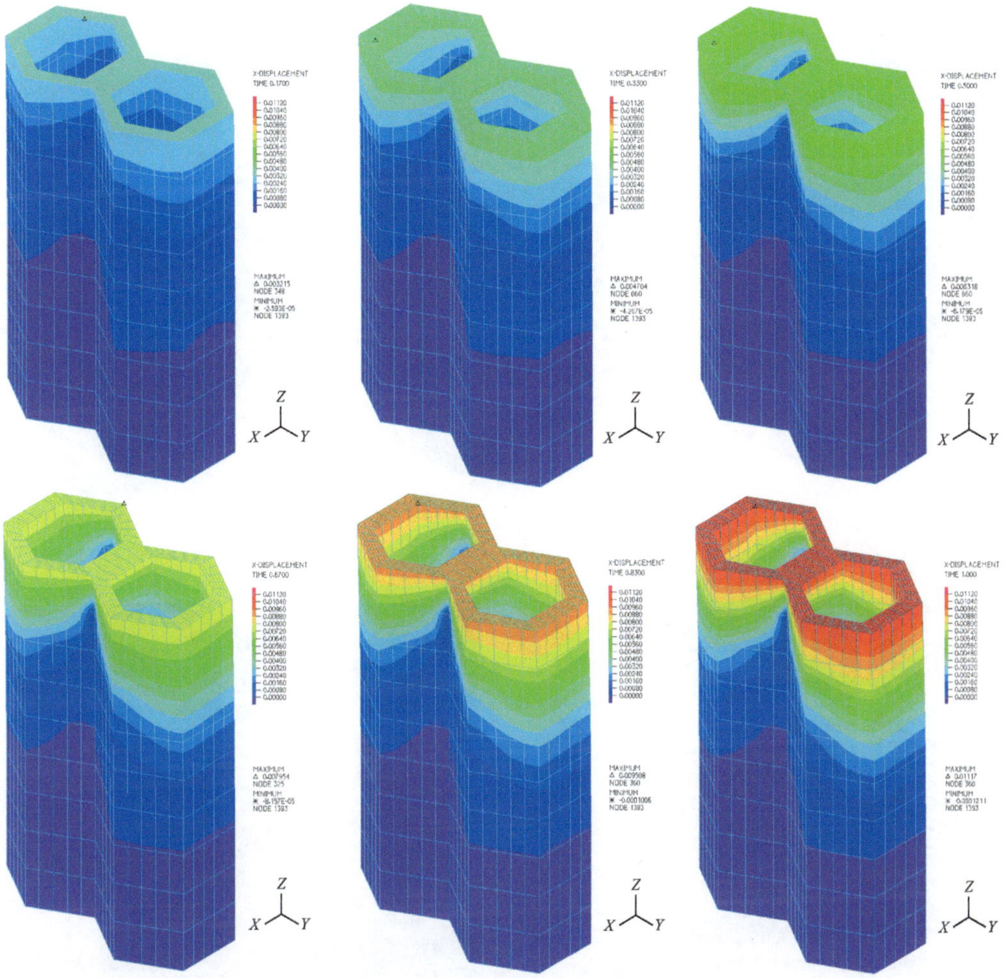

6 宫格桩基础水平承载特性数值模拟研究

图 6-43　试验参数双宫格桩位移图

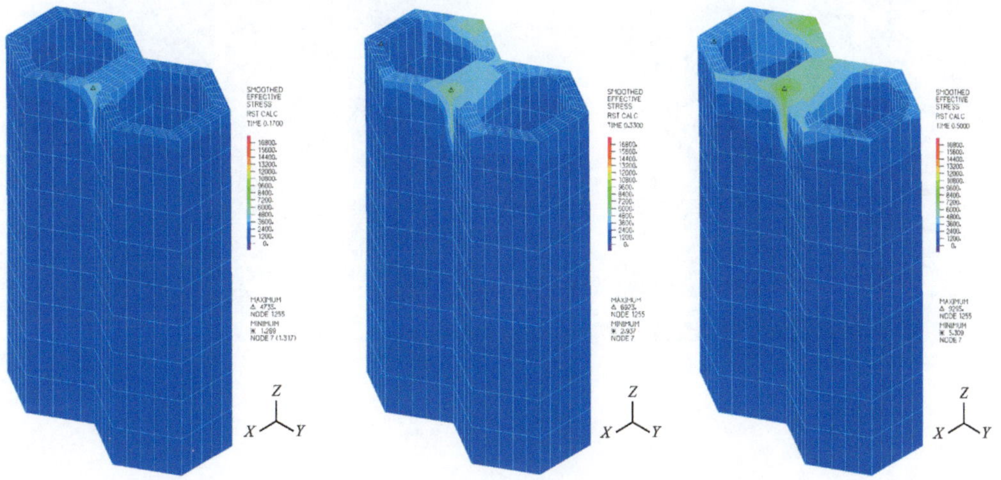

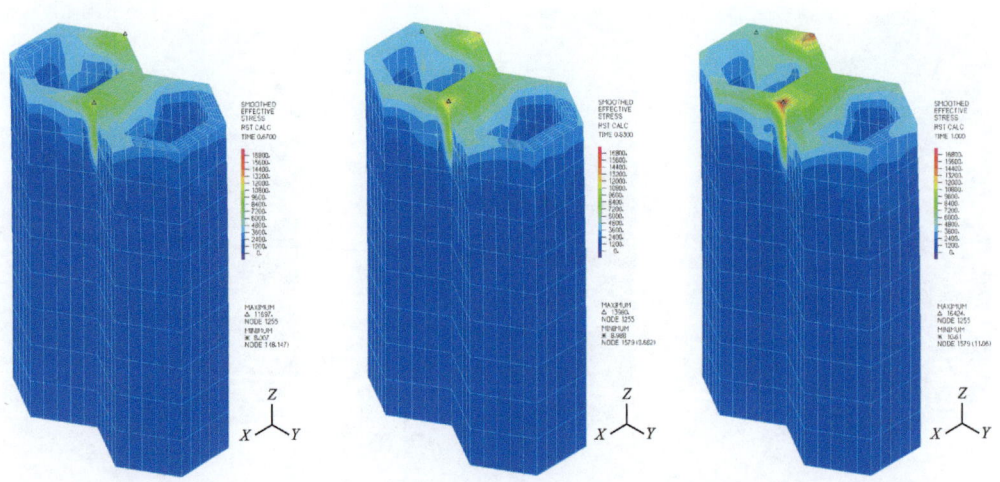

图 6-44　试验参数双宫格桩桩力应力图

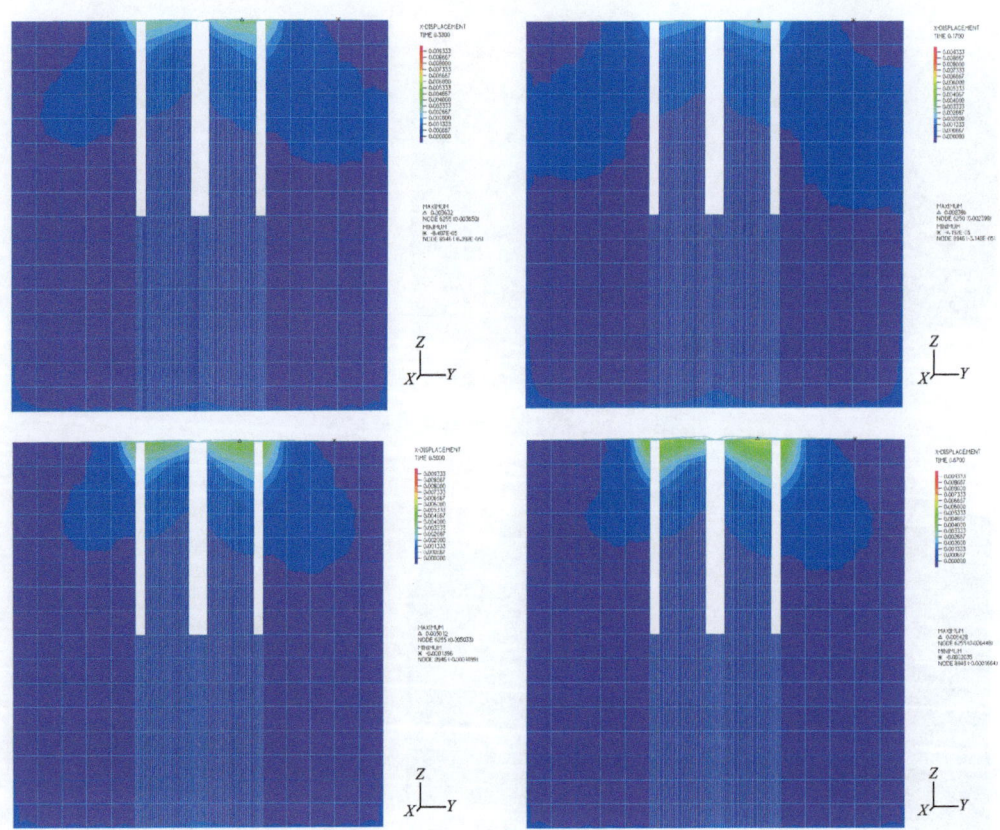

6 宫格桩基础水平承载特性数值模拟研究

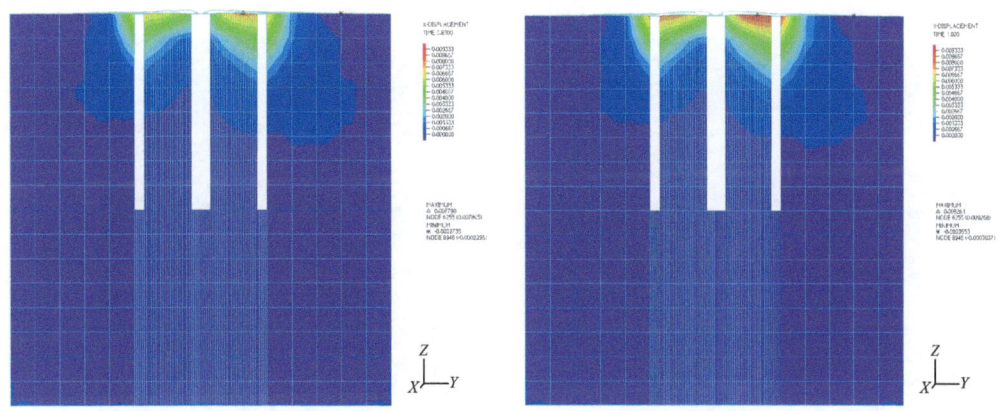

图 6-45 试验参数双宫格桩地基土位移图

图 6-47 是地基土摩擦角为 19°时双宫格桩在加载期间的应力变化情况，选取了加载过程中共计 6 个时刻的应力情况进行观察，时长从 0.17s 开始，到加载完成结束。从图中可以看到，与试验参数的情况类似，双宫格桩在开始加载时顶部开始产生应力变化。随着位移荷载不断变大，双宫格桩整体应力也随之变大，由位移荷载产生的应力从双宫格桩顶部向下延伸，可以看出摩擦角的改变对桩体的影响较小。

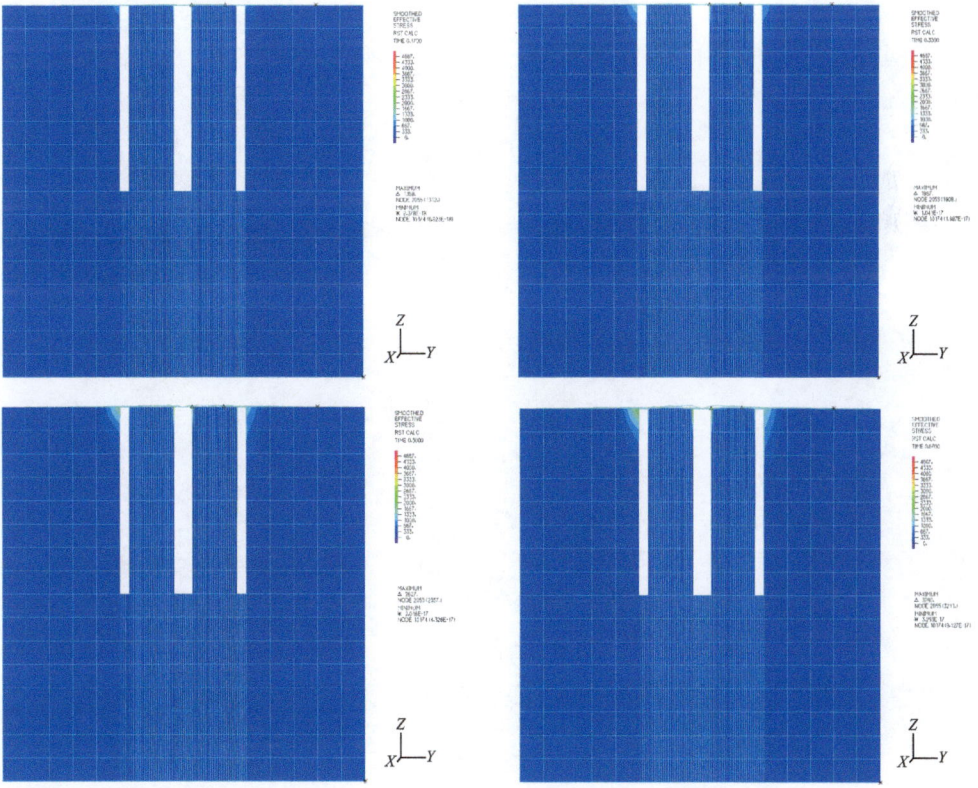

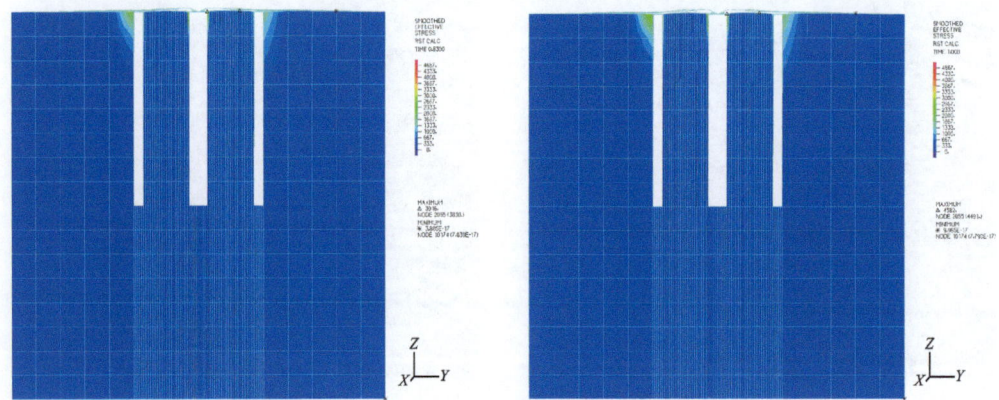

图 6-46　试验参数双宫格桩地基土应力图

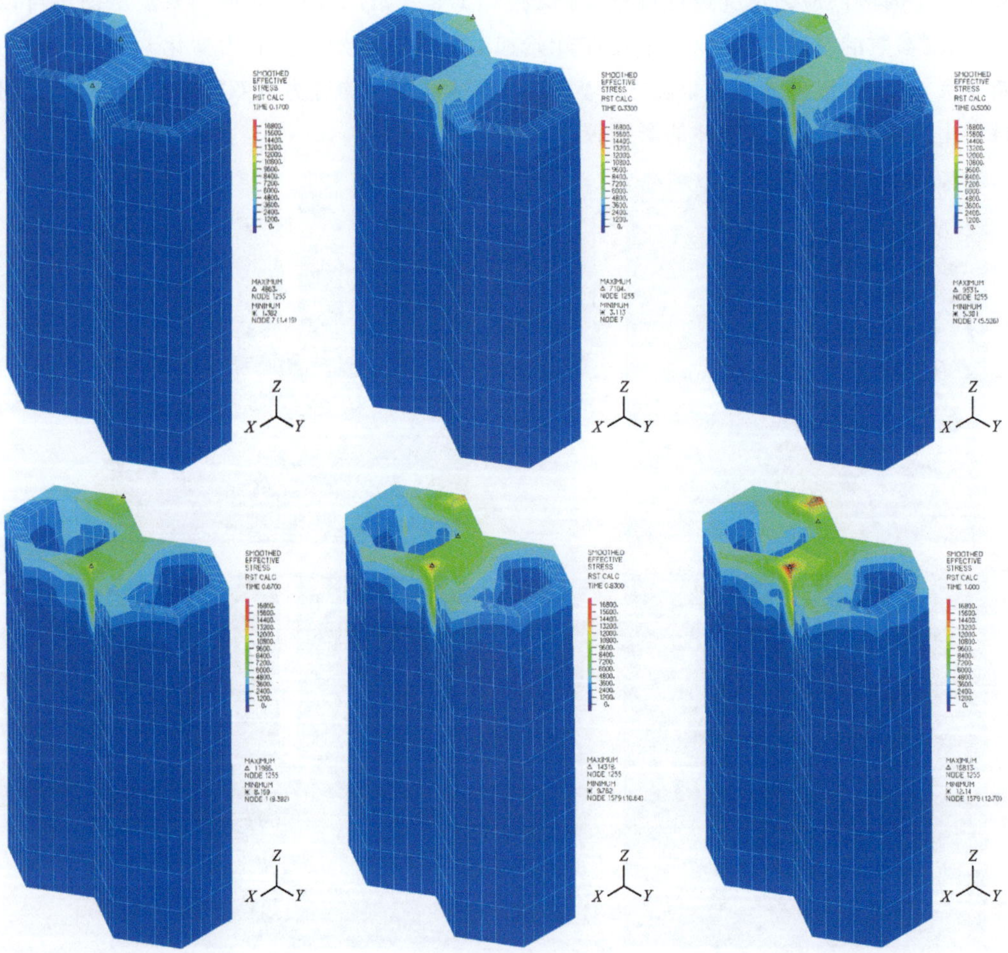

图 6-47　土体摩擦角为 19°时双宫格桩应力图

6 宫格桩基础水平承载特性数值模拟研究

图 6-48 是地基土摩擦角为 19°时双宫格桩在加载期间地基土的位移变化情况,选取了加载过程中共计 6 个时刻的位移情况进行观察,时长从 0.17s 开始,到加载完成结束。为了方便观察,将地基土模型进行切片处理,并选取了 $X=0$ 处的切面进行观察。从图中可以看到,随着时间的增加,桩体从顶部开始沿加载方向发生位移引起桩周土体随之发生微小变形。桩周土体从上至下位移逐渐变小,底部几乎没有发生位移,可以看出摩擦角的改变对土体的影响较小。

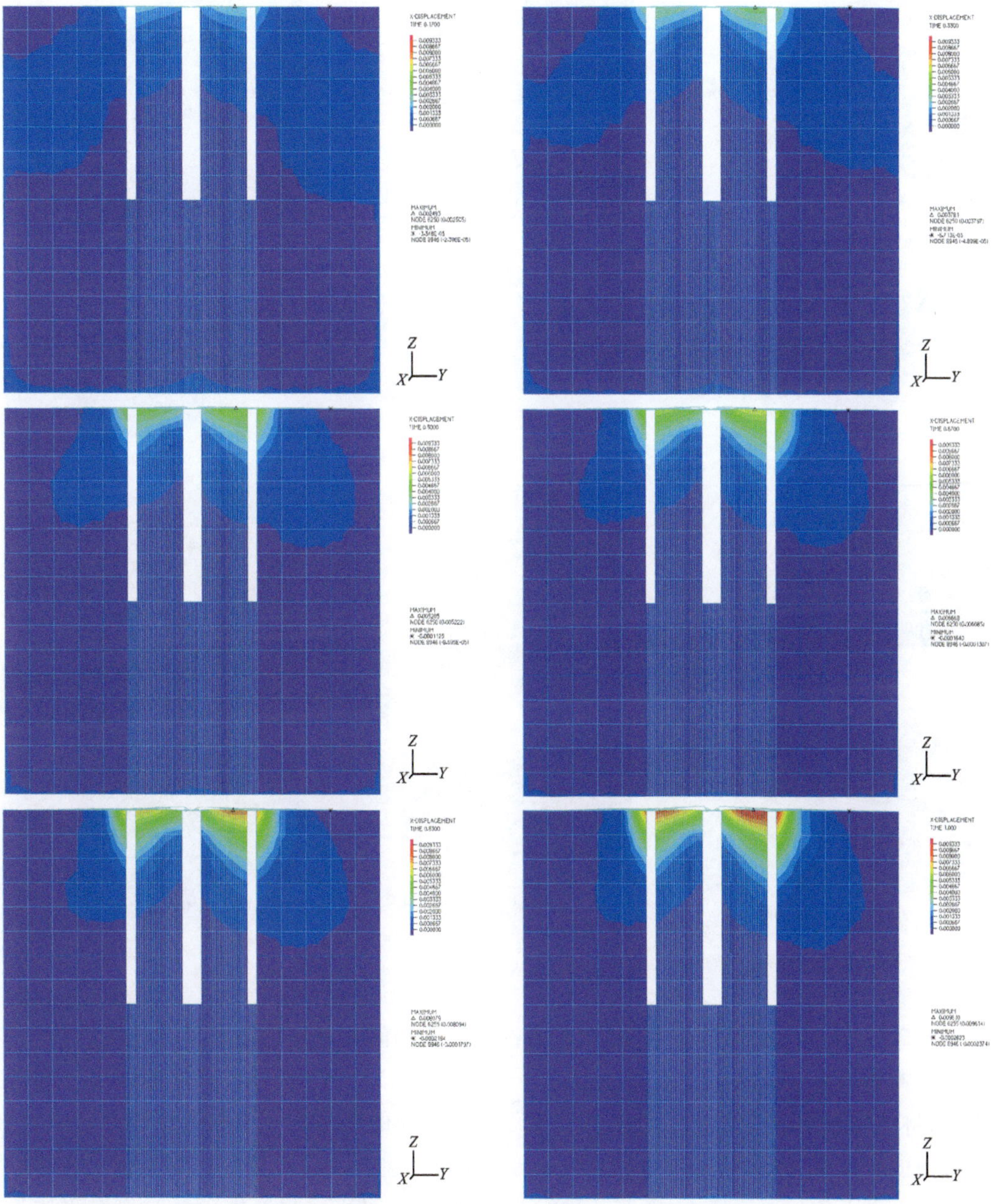

图 6-48　土体摩擦角为 19°时双宫格桩地基土位移图

图 6-49 为地基土摩擦角为 25°时双宫格桩在加载期间的应力变化情况,选取了加载过程中共计 6 个时刻的应力情况进行观察,时长从 0.17s 开始,到加载完成结束。从图中可以看到,与试验参数的情况类似,双宫格桩在开始加载时顶部开始产生应力变化。随着位移荷载不断变大,桩体应力也随之变大,由位移荷载产生的应力从桩体顶部向下延伸,可以看出摩擦角的改变对桩体的影响较小。

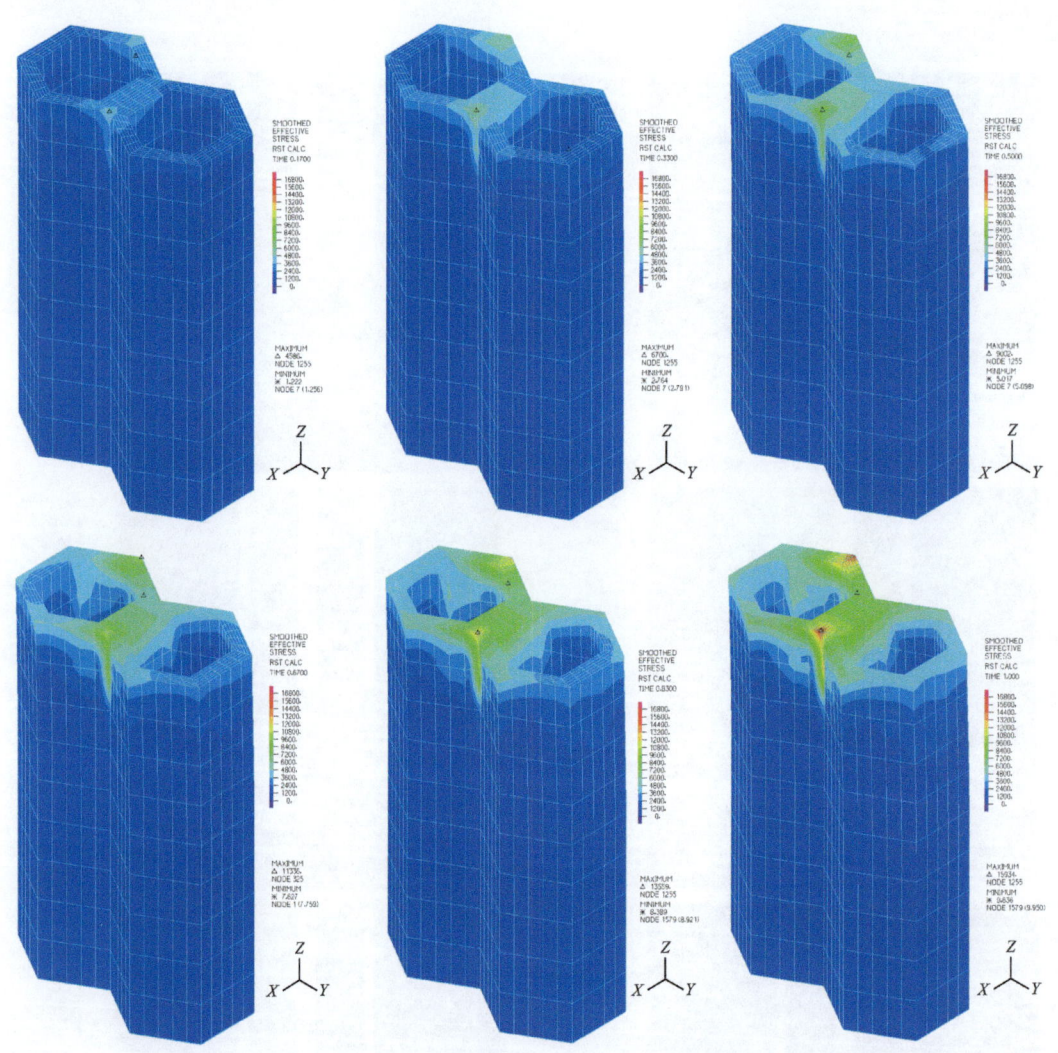

图 6-49　土体摩擦角为 25°时双宫格桩应力图

图 6-50 是地基土摩擦角为 25°时双宫格桩在加载期间地基土的位移变化情况,选取了加载过程中共计 6 个时刻的应力情况进行观察,时长从 0.17s 开始,到加载完成结束。为了方便观察,将地基土模型进行切片处理,并选取了 $X=0$ 处的切面进行观察。从图中可以看到,随着时间的增加,桩体从顶部开始沿加载方向发生位移引起桩周土体随之发生微小变形。桩周土体从上至下位移逐渐变小,底部几乎没有发生位移,可以看出摩擦角的改变对土体的影响较小。

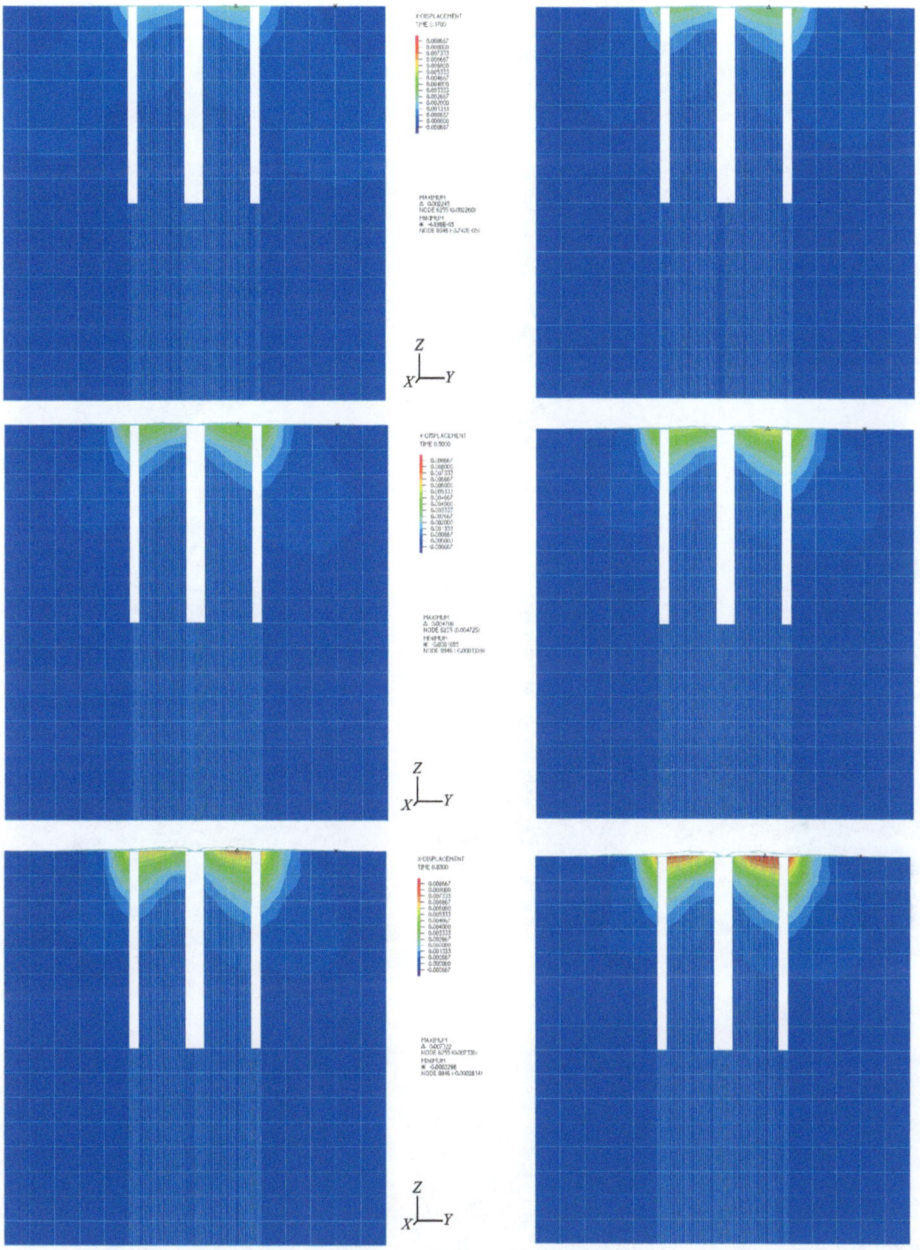

6 宫格桩基础水平承载特性数值模拟研究

图 6-50 土体摩擦角为 25°时双宫格桩地基土位移图

在试验参数宫格桩的参数基础上,将宫格桩弹性模量调整为 2×10^6 MPa 和 2×10^7 MPa。

图 6-51、图 6-52 是试验参数宫格桩在改变弹性模量时加载期间的应力变化情况,选取了加载过程中共计 6 个时刻的应力情况进行观察,时长从 0.17s 开始,到加载完成结束。从图中可以看到,在开始加载时桩体顶部开始产生应力变化。随着位移荷载不断变大,整体应力也随之变大,由位移荷载产生的应力从桩体顶部向下延伸。X 轴正方向的两个单桩连接处出现应力集中。通过比较得知,随着弹性模量的增大,应力集中范围减小。

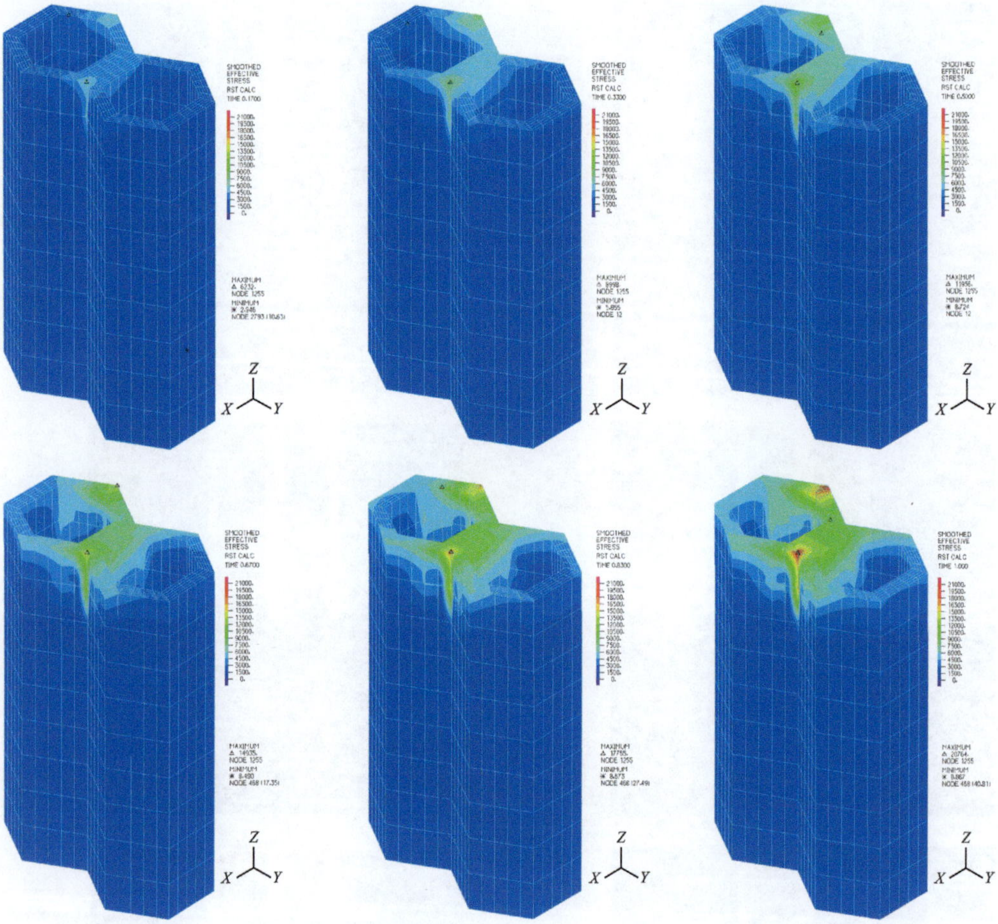

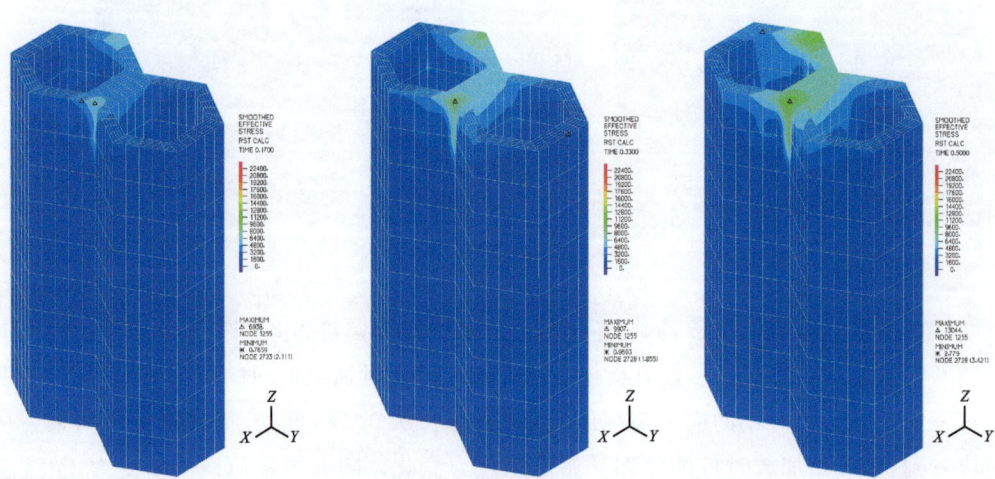

图 6-51 弹性模量为 2×10^6 时双宫格桩应力图

6 宫格桩基础水平承载特性数值模拟研究

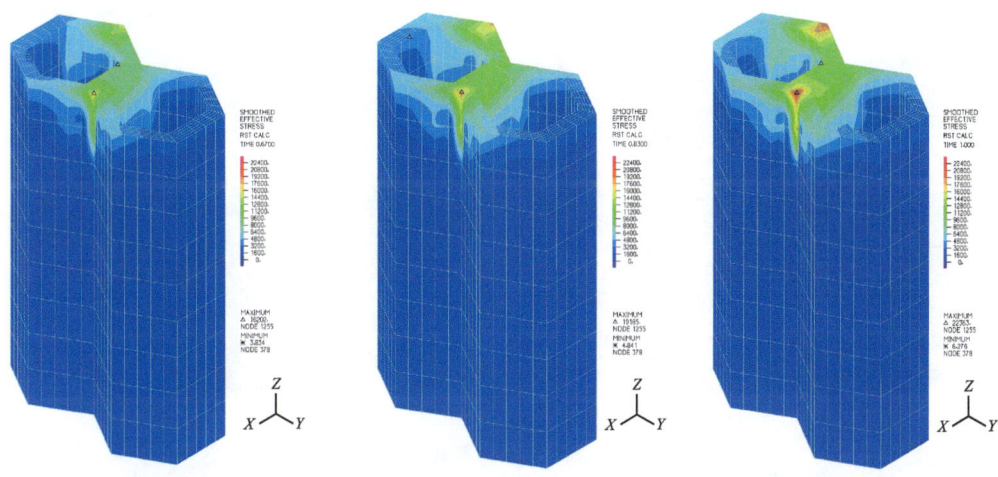

图 6-52　弹性模量为 2×10^7 时双宫格桩应力图

图 6-53、图 6-54 是试验参数宫格桩在改变弹性模量时加载期间地基土的位移变化情况,选取了加载过程中共计 6 个时刻的位移情况进行观察,时长从 0.17s 开始,到加载完成结束。为了方便观察,将地基土模型进行切片处理,并选取了 $X=0$ 处的切面进行观察。从图中可以看到,随着时间的增加,桩体从顶部开始沿加载方向发生位移引起桩周土体随之发生微小变形。桩周土体从上至下位移逐渐变小,底部几乎没有发生位移。加载完成后,两种情况下的最大位移分别为 0.001 2m 和 0.000 7m。通过比较得知,随着弹性模量的增大,最大位移有所减小。

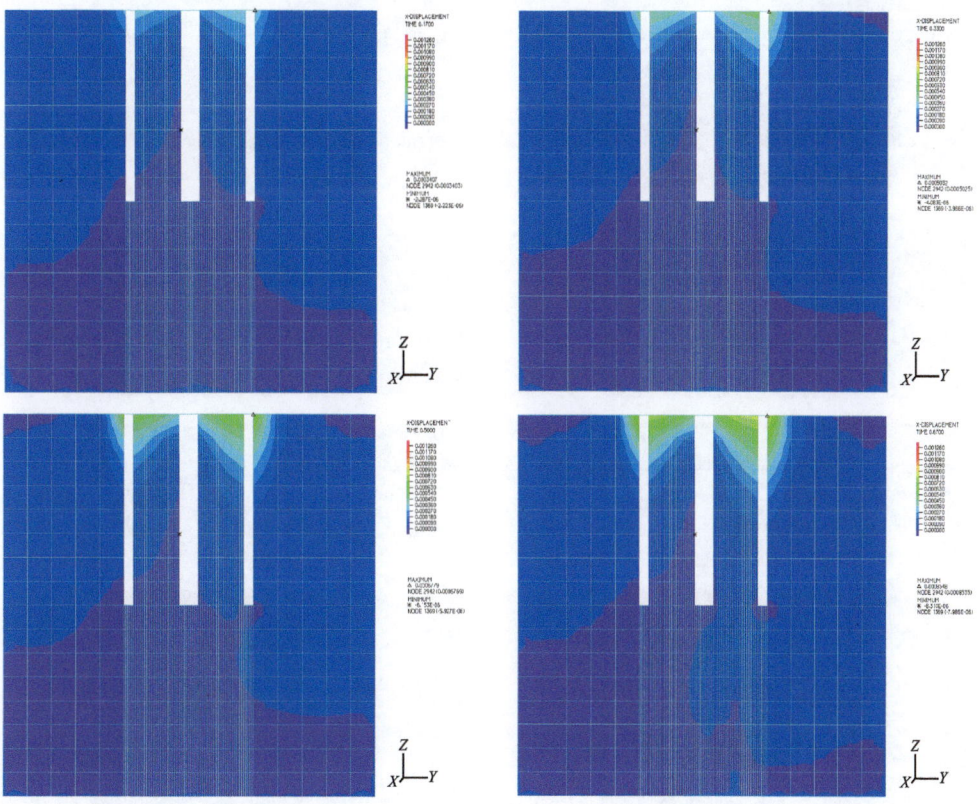

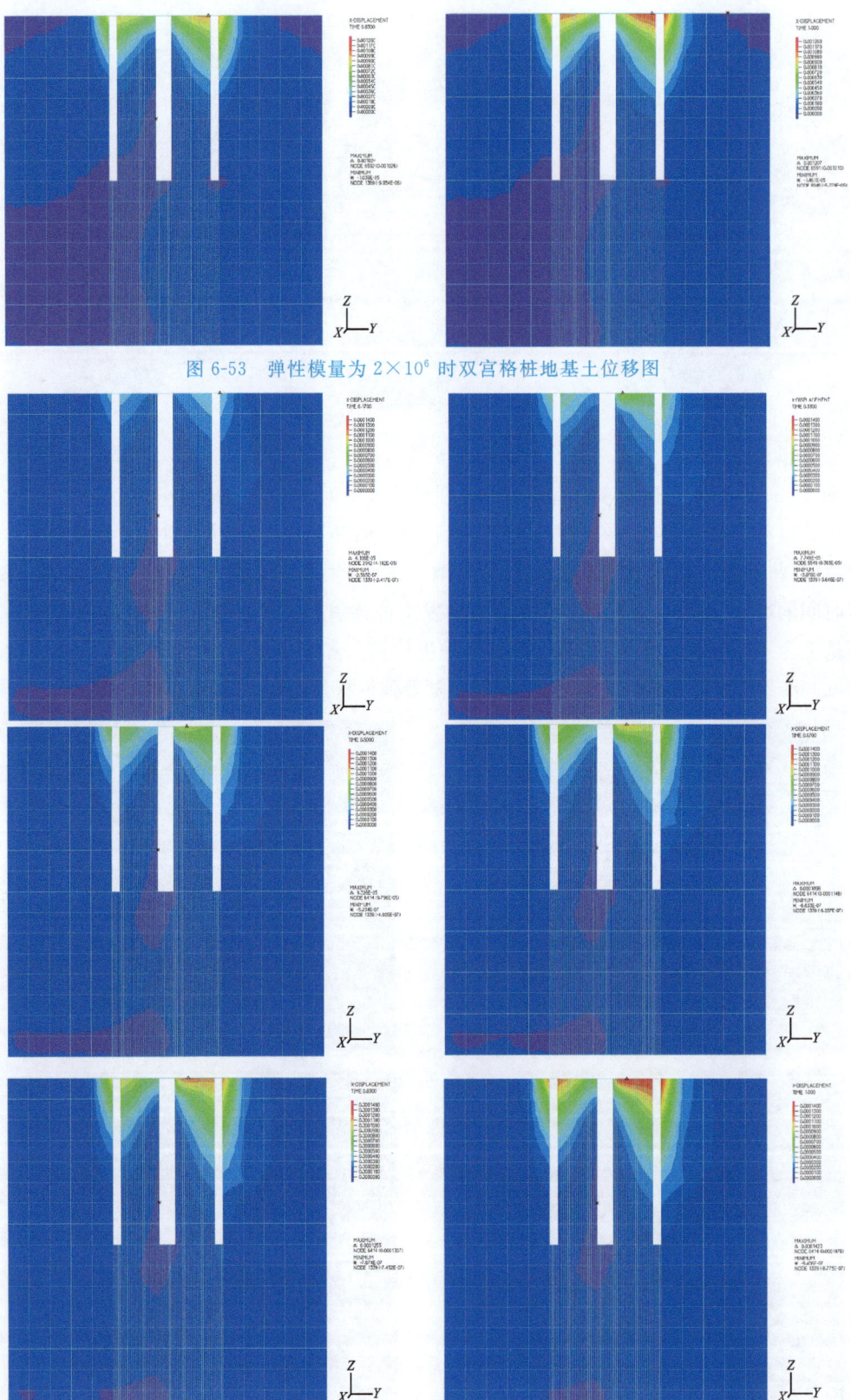

图 6-53　弹性模量为 2×10^6 时双宫格桩地基土位移图

图 6-54　弹性模量为 2×10^7 时双宫格桩地基土位移图

在试验参数宫格桩的参数基础上,调整宫格桩长度为 0.8m、1.0m,改变宫格桩埋深,保持上部非埋深部分长度不变。

图 6-55 是试验参数双宫格桩在改变桩长为 0.8m 时的应力变化情况,选取了加载过程中共计 6 个时刻的应力情况进行观察,时长从 0.17s 开始,到加载完成结束。从图中可以看到,在开始加载时,宫格桩顶部开始产生应力变化。随着位移荷载不断变大,桩体应力也随之变大,由位移荷载产生的应力从宫格桩顶部向下延伸至底部,整体应力发生变化的范围扩大。

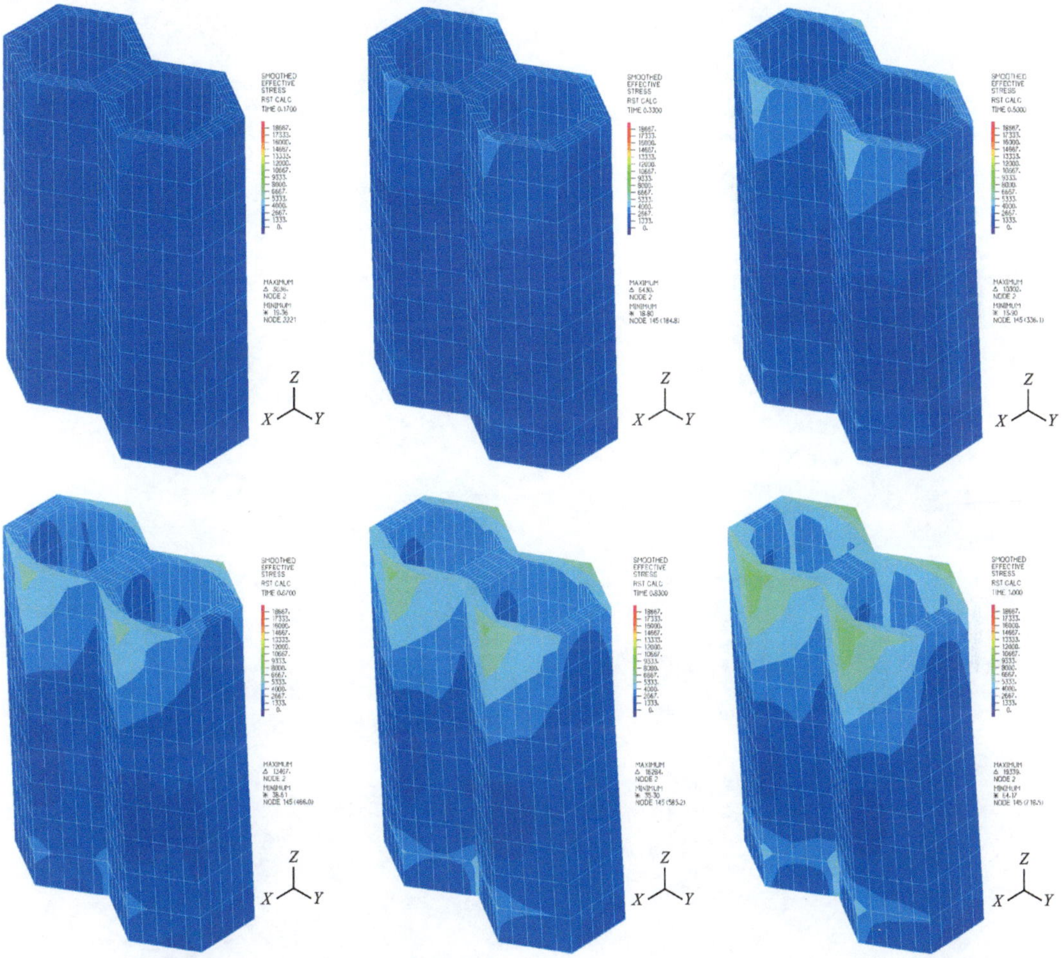

图 6-55　桩长为 0.8m 时双宫格桩应力图

图 6-56 是试验参数双宫格桩在改变桩长为 0.8m 时地基土的应力变化情况,选取了加载过程中共计 6 个时刻的应力情况进行观察,时长从 0.17s 开始,到加载完成结束。为了方便观察,将地基土模型进行切片处理,并选取了 $X=0$ 处的切面进行观察。从图中可以看到,加载开始后,与试验参数情况不同的是土体应力向桩底区域集中,两桩之间桩底应力集中现象较明显。

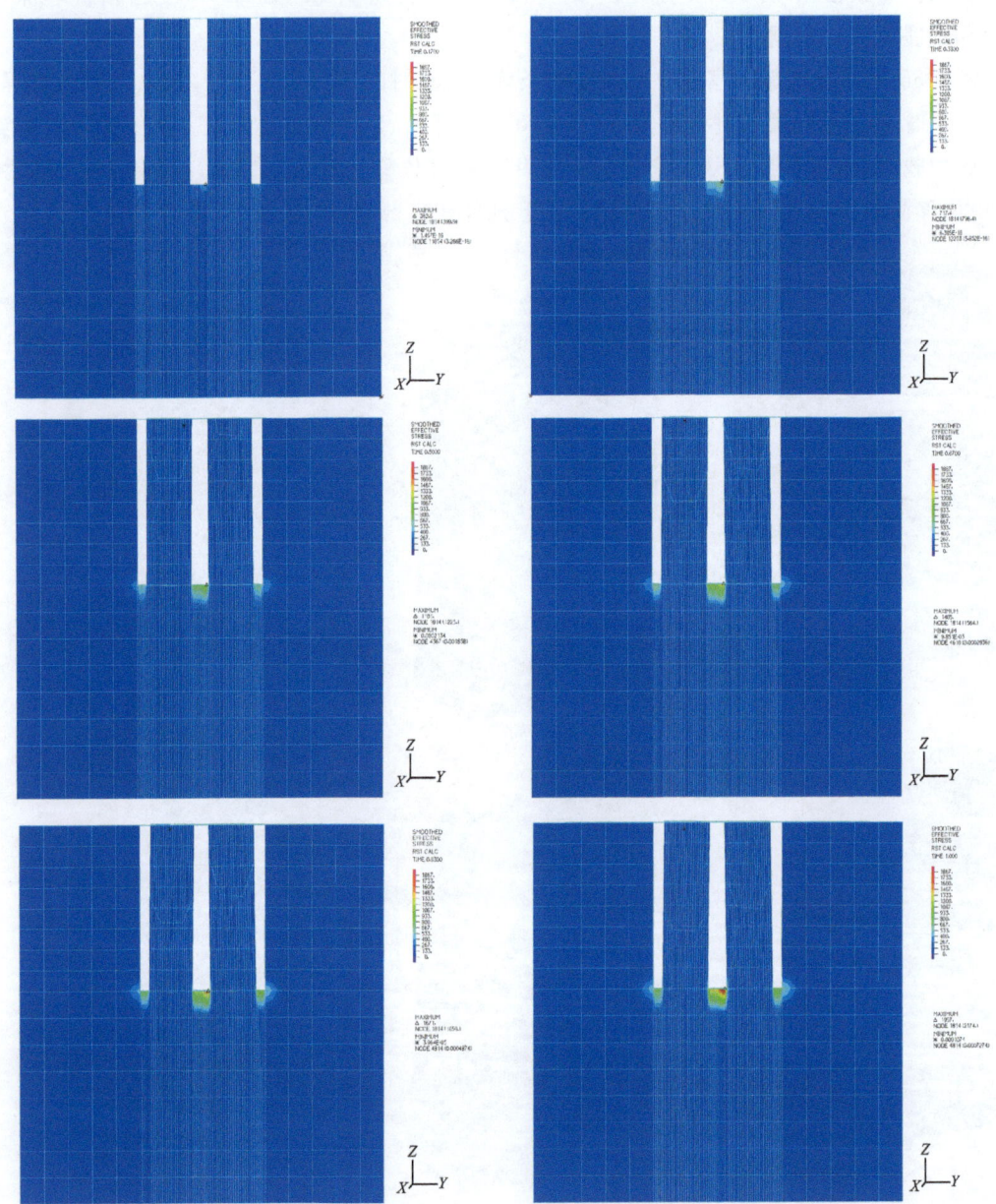

图 6-56 桩长为 0.8m 时双宫格桩地基土应力图

图 6-57 是试验参数双宫格桩在改变桩长为 1.0m 时的应力变化情况,选取了加载过程中共计 6 个时刻的应力情况进行观察,时长从 0.17s 开始,到加载完成结束。从图中可以看到,宫格桩在开始加载时顶部开始产生应力变化。随着位移荷载不断变大,宫格桩整体应力也随之变大,由位移荷载产生的应力从宫格桩顶部向下延伸至底部,整体应力发生变化的范围扩大,最大应力值减小。

图 6-58 是试验参数双宫格桩在改变桩长为 1.0m 时地基土的应力变化情况,选取了加载过程中共计 6 个时刻的应力情况进行观察,时长从 0.17s 开始,到加载完成结束。为了方便

观察,将地基土模型进行切片处理,并选取了 $X=0$ 处的切面进行观察。从图中可以看到,加载开始后,与试验参数情况不同的是,土体应力向桩底区域集中,Y 轴正区域桩底应力集中现象较明显,但相比桩长为 0.8m 时的情况,其应力最大值有所减小。

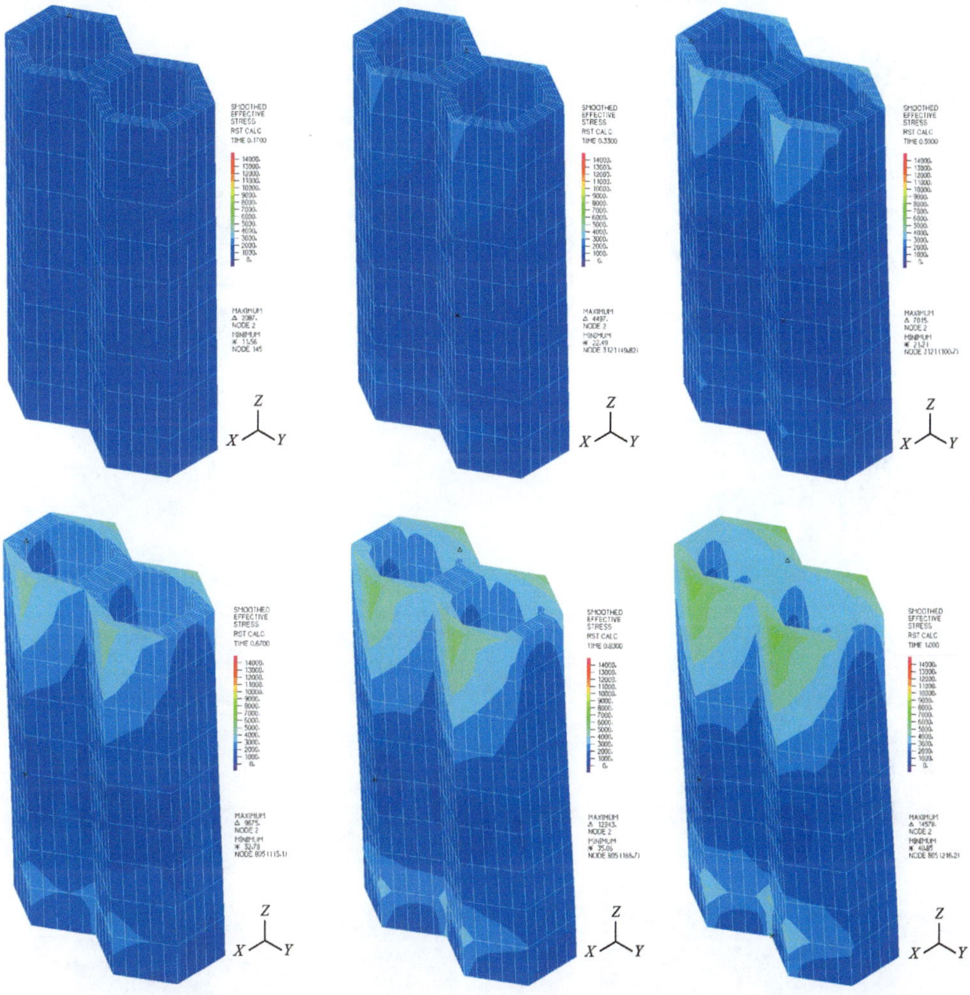

图 6-57 桩长为 1.0m 时双宫格桩应力图

6.4.2.3 双宫格桩沿 Y 方向水平承载力分析

为了探究地基土摩擦角、宫格桩弹性模量和桩长对水平承载力的影响,本书在试验数值模型参数的基础上设置了 3 组模型进行对比。

地基土摩擦角分别设置为 19°、22°和 25°。其中,地基土摩擦角 22°接近于试验地基土摩擦角。在保证其他参数不变的情况下,对 3 组模型施加位移荷载。图 6-59 为双宫格桩地基土摩擦角变化对水平承载力的影响分析图,增大地基土摩擦角能够使双宫格桩水平承载力提高,且变化比较均匀。地基土摩擦角为 22°时双宫格桩水平承载力为 5.1kN,与单宫格桩相比承载力提升幅度较大。因此,对于双宫格桩,提高地基土摩擦角能够使水平承载力提高,但幅度不大。

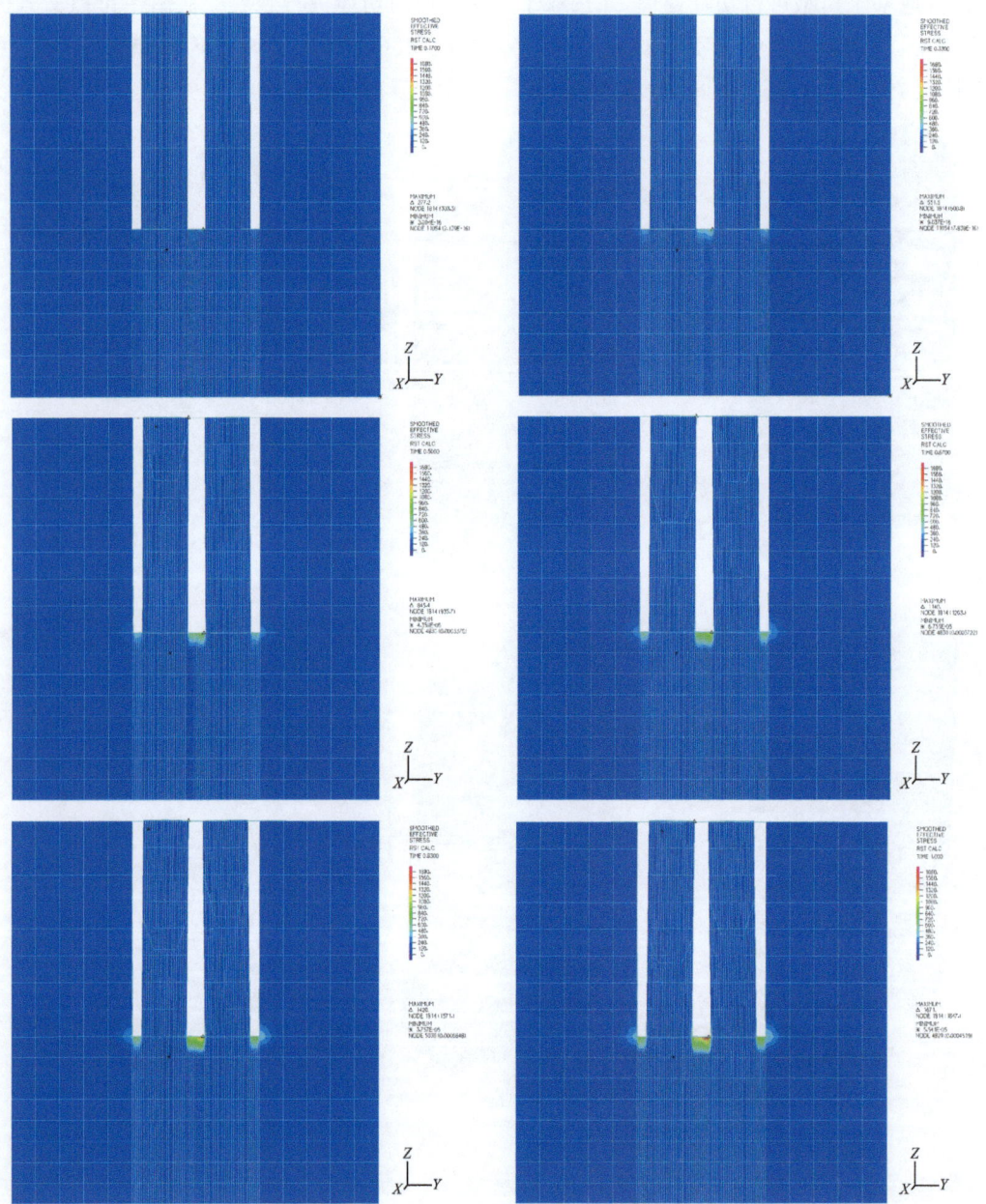

图 6-58　桩长为 1.0m 时双宫格桩地基土应力图

双宫格桩的弹性模量分别设置了 $2×10^5$MPa、$2×10^6$MPa 和 $2×10^7$MPa,其中 $2×10^5$MPa 与试验宫格桩弹性模量接近。在其他模拟参数不变的情况下,对 3 组模型施加位移荷载。图 6-60 为双宫格桩弹性模量变化对 Y 方向水平承载力的影响的分析图。弹性模量为 $2×10^5$MPa 时,双宫格桩水平承载力为 4.5kN,随着双弹性模量变大,宫格桩的水平承载能力大幅度提高;弹性模量为 $2×10^6$MPa 时,水平承载力提高至 14.2kN,继续增大宫格桩弹性模量,水平承载力虽然有所提高,但变化幅度不大。

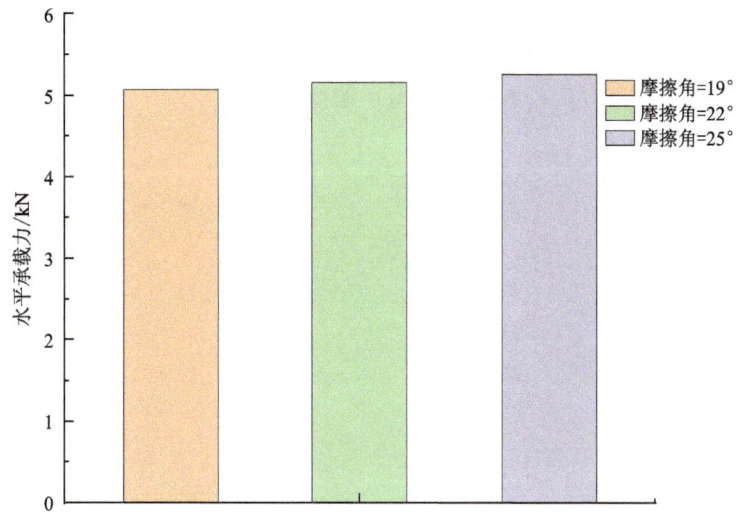

图 6-59 双宫格桩地基土摩擦角变化对 Y 方向水平承载力的影响分析图

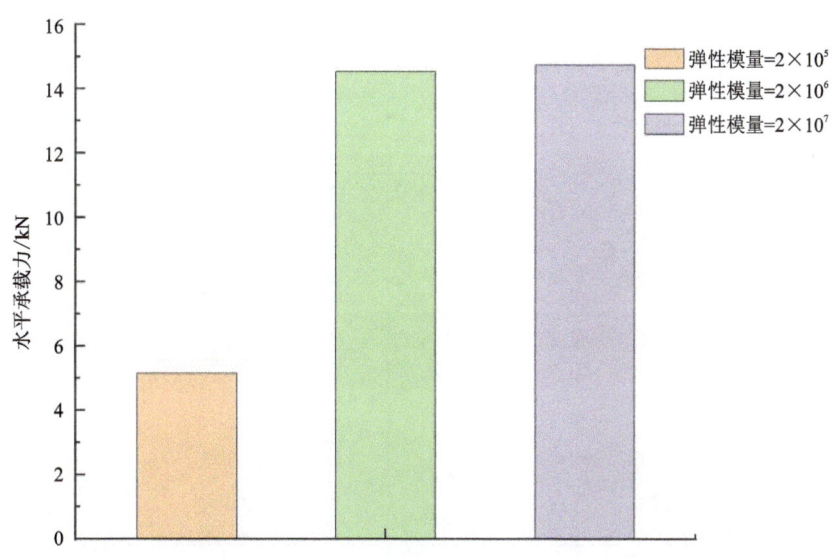

图 6-60 双宫格桩弹性模量变化对 Y 方向水平承载力的影响分析图

双宫格桩的长度分别设置为 0.8m、0.9m 和 1.0m，其中 0.9m 为试验宫格桩的实际长度。在其他模拟参数不变的情况下，对 3 组模型施加位移荷载。图 6-61 为双宫格桩桩长变化对 Y 方向水平承载力的影响分析图。双宫格桩长度为 0.9m 时，水平承载力为 5.1kN，与单宫格桩相比，双宫格桩水平承载力有较大提高。长度为 0.8m 和 1.0m 时水平承载力在 0.5kN 附近，与单宫格桩相比，水平承载能力变化不大。说明双宫格桩的长度和埋深只有在一定范围内才有较大水平承载力，否则十分容易发生倾斜，导致双宫格桩不能发挥原有的作用。

6.4.2.4 双宫格桩沿 X 方向水平承载力分析

图 6-62 为宫格桩地基土摩擦角变化对 X 方向水平承载力的影响分析图。增大地基土摩

擦角能够使双宫格桩水平承载力提高,且变化比较均匀。与 Y 方向加载进行对比可以发现,宫格桩水平承载力的大小和变化趋势均相同,说明双宫格桩在地基土条件相同的情况下,增大地基土摩擦角在 X 和 Y 方向都能提高水平承载能力。

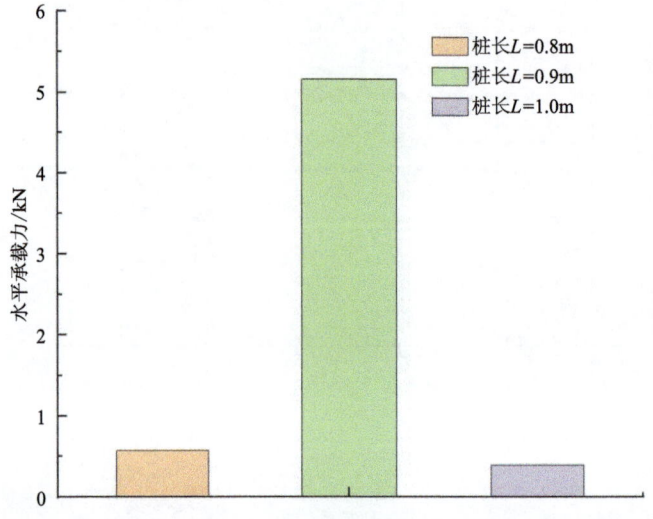

图 6-61　双宫格桩桩长变化对 Y 方向水平承载力的影响分析图

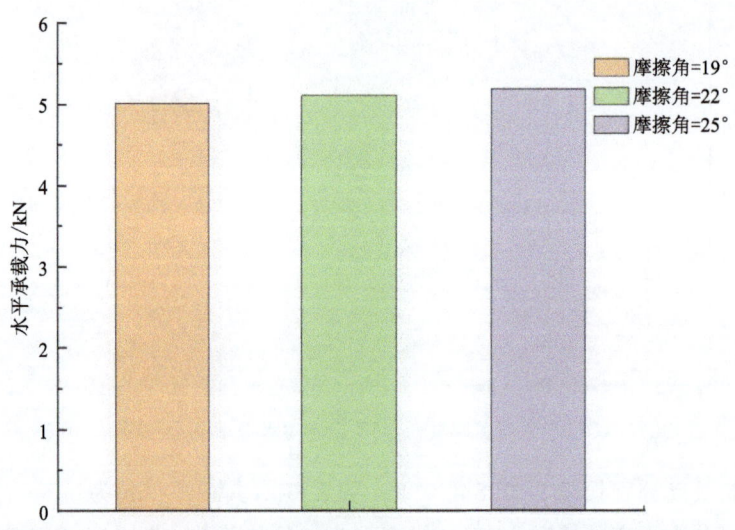

图 6-62　双宫格桩地基土摩擦角变化对 X 方向水平承载力的影响分析图

图 6-63 为双宫格桩弹性模量变化对 X 方向水平承载力的影响分析图。与 Y 方向加载进行对比可以发现,双宫格桩水平承载力的大小和变化幅度均相同,说明材料相同的双宫格桩,增大弹性模量在 X 和 Y 方向都能提高水平承载能力。弹性模量为 2×10^6 MPa 时,双宫格桩在 X 和 Y 方向都有较大水平承载力,继续增大宫格桩弹性模量,水平承载力虽然有所提高,但变化幅度不大。

图 6-64 为双宫格桩桩长变化对 X 方向水平承载力的影响分析图。与 Y 方向加载进行对

比可以发现,双宫格桩水平承载力的大小和变化幅度均相同,说明桩长相同的双宫格桩,增加桩长在 X 和 Y 方向都能提高水平承载能力。双宫格桩桩长为 0.9m 时,在 X 和 Y 方向都有较大水平承载力。说明双宫格桩的长度和埋深只有在一定范围内才有较大水平承载力,否则十分容易发生倾斜,导致宫格桩不能发挥原有的作用。

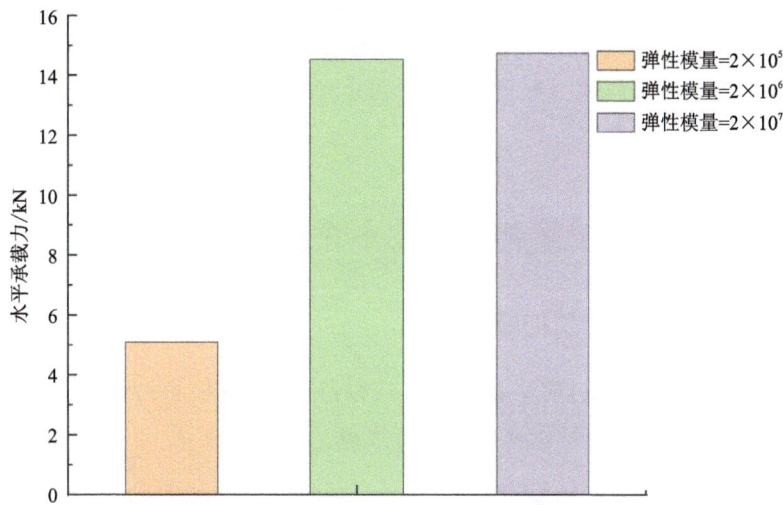

图 6-63　双宫格桩弹性模量变化对 X 方向水平承载力示意图分析图

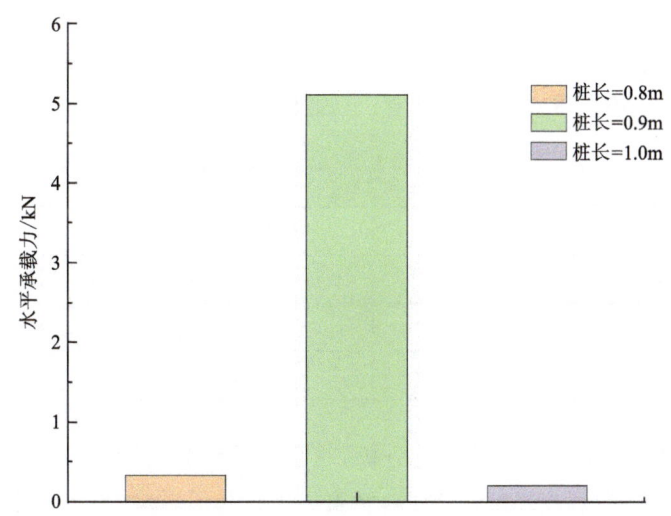

图 6-64　双宫格桩桩长变化对 X 方向水平承载力示意图分析图

6.4.3　本节小结

(1)地基土摩擦角对双宫格桩水平承载能力影响较小,3 组摩擦角不同的宫格桩模拟结果表明,增大地基土摩擦角,水平承载力增大,且变化比较均匀。

(2)宫格桩的弹性模量对双宫格桩水平承载能力影响较大,3 组弹性模量不同的宫格桩模拟结果表明,增大宫格桩弹性模量,水平承载能力变大。

(3) 宫格桩的长度对双宫格桩水平承载能力影响同样较大,3组不同长度的宫格桩模拟结果表明,只有在合适的长度范围内,宫格桩才能有效提供水平承载能力,过长或过短都会导致宫格桩承载能力下降。

(4) 双宫格桩的各项参数基于单宫格桩数值模型,并沿着 X 和 Y 方向分别施加位移荷载。结果表明,与单宫格桩相比,双宫格桩在不同地基土摩擦角、宫格桩弹性模量和桩长条件下,水平承载能力有较大幅度提升。但两个方向加载结果显示,相同参数条件下,双宫格桩在 X 和 Y 方向提供的水平承载能力近乎相同,并不会因为宫格桩的布置形状和受力方向不同而产生差异。

6.5 三宫格桩承受水平荷载数值模拟

6.5.1 三宫格桩数值模拟概况

三宫格桩与双宫格桩类似,模型基于单宫格数值模型,在相同的地质条件下建立三宫格桩基础模型,并沿着 X 方向和 Y 方向分别进行加载。

1. 三宫格桩数值模拟参数确定

三宫格桩数值模型参数与单宫格桩参数基本相同,土体材料为细砂,三宫格桩通过3个单宫格桩连接而成,使用有机玻璃胶水和螺栓将3个单宫格相互连接成一个整体,桩身材料为有机玻璃,承台采用钢制构件,采用螺栓连接。为了研究不同的参数对三宫格桩水平承载力的影响,分别建立了不同参数的数值模型。三宫格桩数值模拟参数如表6-3所示。

表6-3 三宫格桩模拟参数表

	土体摩擦角/(°)	桩体弹性模量/MPa	桩长/m
模型参数	19	2×10^5	0.8
	22	2×10^6	0.9
	25	2×10^7	1.0

为了与单宫格桩、双宫格桩进行对比分析,三宫格桩参数设置与单宫格桩相同。三宫格桩模型土参数设置为弹性模量 2×10^5 MPa,黏聚力 5kPa。三宫格桩为3个正六边形相互连接的空心桩,桩身整体由3个单宫格桩拼成一个整体,使用有机玻璃胶水和螺栓拼装成整体;内部中空,试验时填入地基土。三宫格桩模型参数设置根据单宫格桩试验参数确定,试验模型承台采用3个单独设计的可调节桩径的装配型承台试验模型焊接。

三宫格桩建立了不同桩长的模型,与单宫格桩和双宫格桩对比分析,探究一体式多宫格桩长度对其水平承载力的影响,并与单宫格桩作对比,在桩基土摩擦角为22°、桩基弹性模量为 2×10^5 MPa 的基础上,分别建立了桩长为0.8m、0.9m、1.0m 的3种数值模型,探究其对水平承载力的影响。

2. 三宫格桩数值模型建立与加载方案

三宫格桩数值模型尺寸基于单宫格桩基基础模型,土体模型设置为 2m×2m×1.6m,桩基础模型由 3 个边长为 0.16m、厚度为 0.04m、相对应的两顶点间距离为 0.32m 的单宫格桩组合而成。承台模型同样采用梁单元简化,使用刚性连接与桩基础相连,通过合理调节模型的参数设置,使得承台在加载过程中的受力和位移变化情况与试验更相符。

土体的本构模型采用 Mohr-Coulomb 模型。为了更好地模拟试验时实际宫格桩的连接情况,建模时将宫格桩分为两部分。宫格桩上部承台部分为钢制构件,建模时本构关系选择 Bilinear Elastic-Plastic 模型;桩身采用有机玻璃,建模时本构关系选择 Isotropic Linear Elastic 模型。网格划分以桩身中心为原点,沿着模型边界方向,网格密度由密至疏,竖直方向从底面向上采用拉伸的方法,保证模型整体网格处于连续状态,避免出现应力无法传递的问题,最终建立的数值模型如图 6-65 所示。

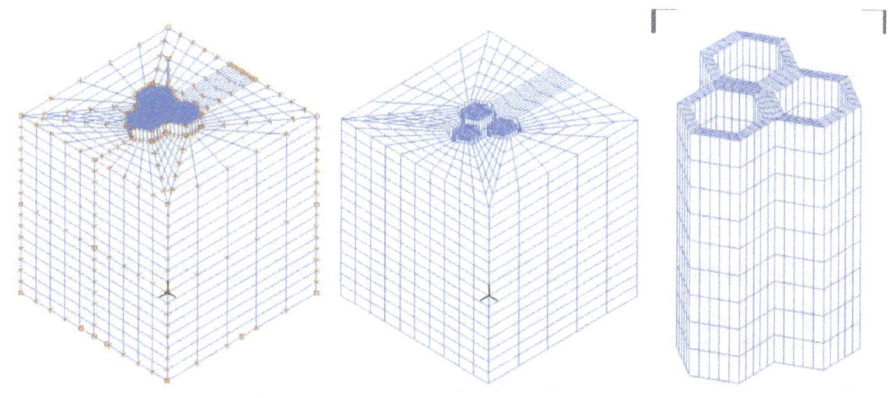

图 6-65　三宫格桩数值模型示意图

三宫格桩数值模型边界条件除了竖直方向地基土自由面不做约束外,其余面均通过刚性约束,以模拟试验时的真实情况。约束设置如图 6-66 所示。

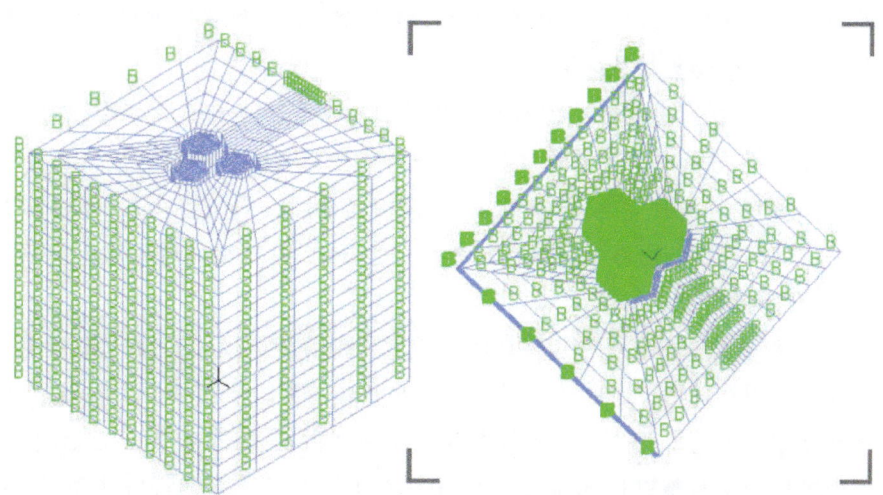

图 6-66　三宫格桩数值模型约束条件示意图

三宫格桩基础数值模拟,通过对承台分别施加 X 方向和 Y 方向的位移荷载,并使位移荷载随时间均匀变化。设置总时长为 1.00s,总步长为 100 步,每一步加载 0.01s。在总时长内,一共加载位移 0.06m。荷载布置如图 6-67 所示。

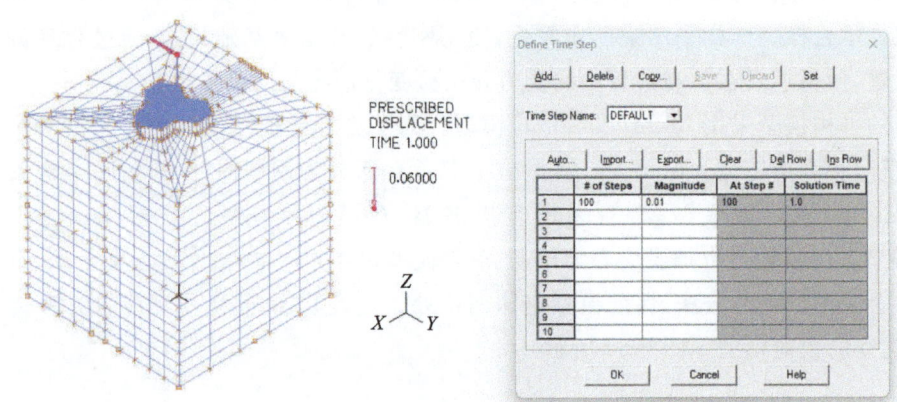

图 6-68　三宫格桩荷载布置及步长设置示意图

三宫格桩的模型参数、建立方式、边界条件设置以及加载方式都与单宫格桩和双宫格桩基础相同,三宫格桩变参数模型根据表 6-3 所示的情况进行单独建模并沿 X 方向和 Y 方向加载,分析不同参数下的位移变化情况和应力变化情况,以及对宫格一体式桩水平承载力的影响,并与单宫格桩和双宫格桩相应参数下的水平承载力做对比,以及分析同参数下三宫格桩不同方向加载的水平承载力。

6.5.2　三宫格桩承受水平荷载数值模拟结果及分析

6.5.2.1　三宫格桩沿 Y 方向加载数值模拟结果及分析

为了与试验结果对比,建立了一组各项参数与单宫格桩试验参数比较接近的三宫格试验参数数值模型,该模型的参数为:地基土摩擦角设置为 $22°$,宫格桩弹性模量为 2×10^5 MPa,宫格桩长度为 0.9m,其余参数与其他模型保持不变。

图 6-69 是试验参数三宫格桩在加载期间的位移变化情况,为了方便观察,时长选取从 0.17s 开始,到加载完成共计 6 个加载过程。从图中可以看到,宫格桩的位移加载从顶部开始,并从上到下不断发生位移变化,加载期间,宫格桩向加载方向发生变形,整体沿着加载方向弯曲,加载完成后,宫格桩顶部位移变化值为设定的 6cm,桩身整体位移从上至下位移逐渐变小,桩身底部几乎没有发生位移。

图 6-70 是试验参数三宫格桩在加载期间的应力变化情况,选取了加载过程中共计 6 个时刻的应力情况进行观察,时长从 0.17s 开始,到加载完成结束。从图中可以看到,宫格桩在开始加载时顶部开始产生应力变化。随着位移荷载不断变大,宫格桩整体应力也随之变大,由位移荷载产生的应力从宫格桩顶部向下延伸,最终在加载完成后到达宫格桩底部。Y 轴方向的两个单桩顶部两端处出现应力集中,X 轴方向的单桩应力集中现象不明显。

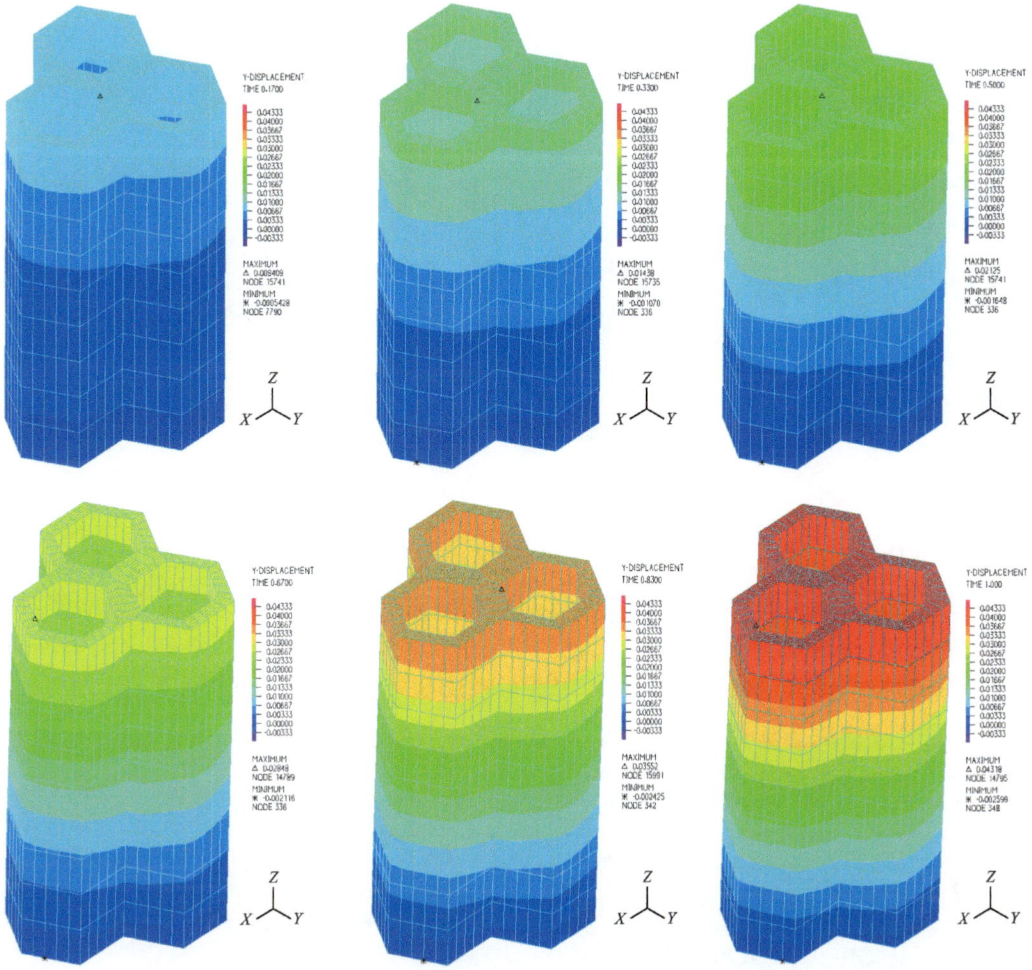

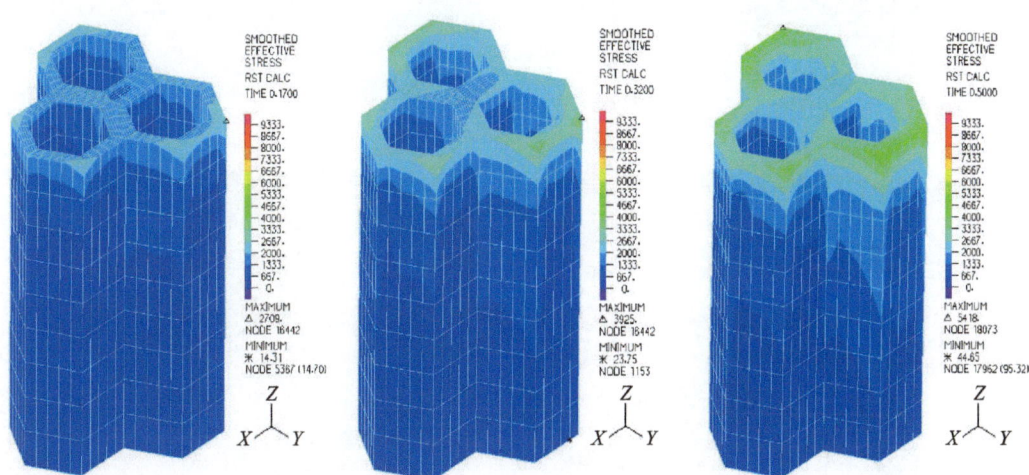

图 6-69　试验参数三宫格桩位移图

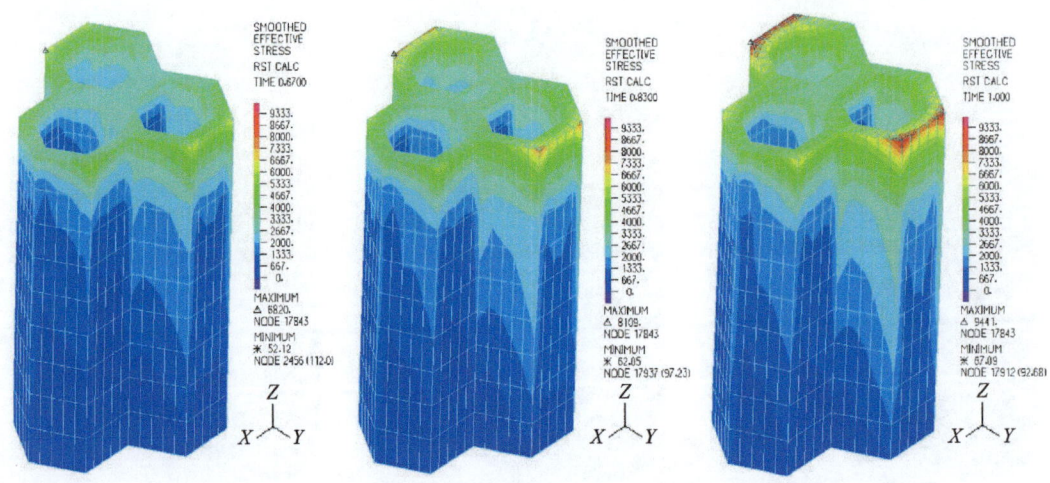

图 6-70　试验参数三宫格桩应力图

图 6-71 是试验参数三宫格桩在加载期间地基土的位移变化情况,选取了加载过程中共计 6 个时刻的位移情况进行观察,时长从 0.17s 开始,到加载完成结束。为了方便观察,将地基土模型进行切片处理,并选取了 $X=0$ 处的切面进行观察。从图中可以看到,随着时间的增加,桩体从顶部开始沿加载方向发生位移引起桩周土体随之变形,受挤压的土体一侧发生隆起变形。桩周土体从上至下位移逐渐变小,底部几乎没有发生位移。加载完成后,地基土最大位移为 0.059m,与宫格桩位移量几乎相同。

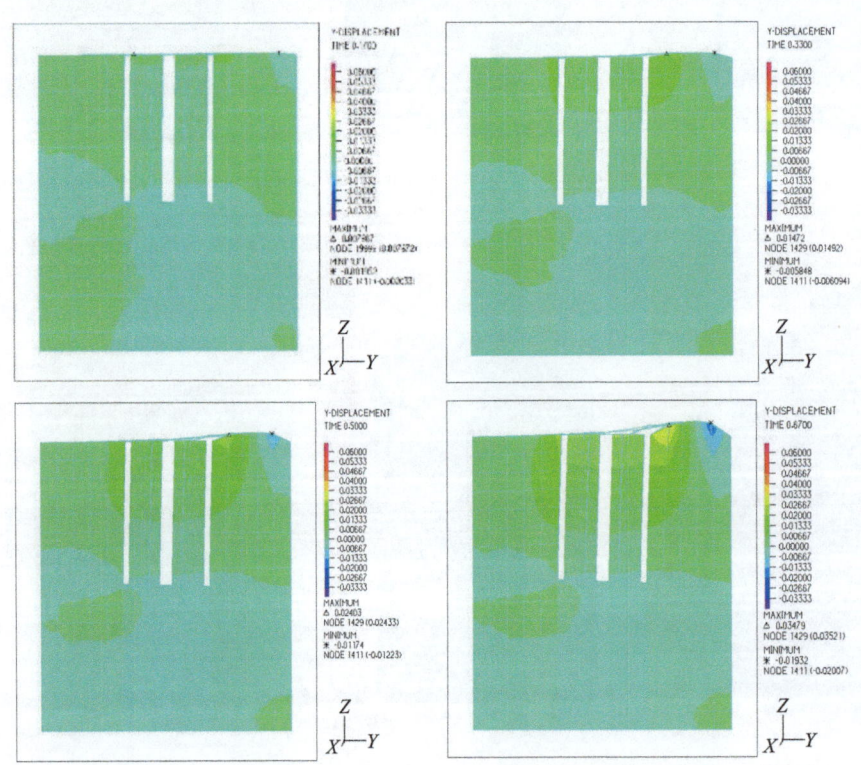

6 宫格桩基础水平承载特性数值模拟研究

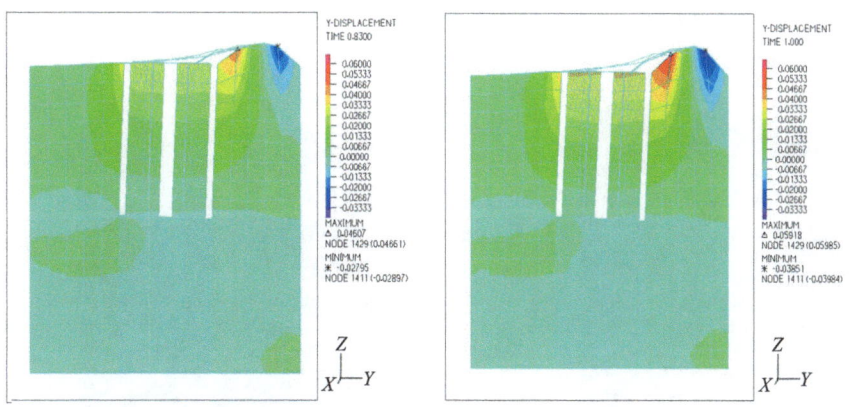

图 6-71　试验参数三宫格桩地基土位移图

图 6-72 是试验参数三宫格桩在加载期间地基土的应力变化情况,选取了加载过程中共计 6 个时刻的应力情况进行观察,时长从 0.17s 开始,到加载完成结束。为了方便观察,将地基土模型进行切片处理,并选取了 $X=0$ 处的切面进行观察。从图中可以看到,加载开始后,宫格桩周围的上部地基土因为宫格桩的挤压产生了应力。随着位移荷载变大,宫格桩不断发生变形,在土体顶部与桩体接触的位置出现应力集中。地基土应力区向下延伸,桩体周围上部的土体有效应力变化较显著,底部几乎无应力产生。

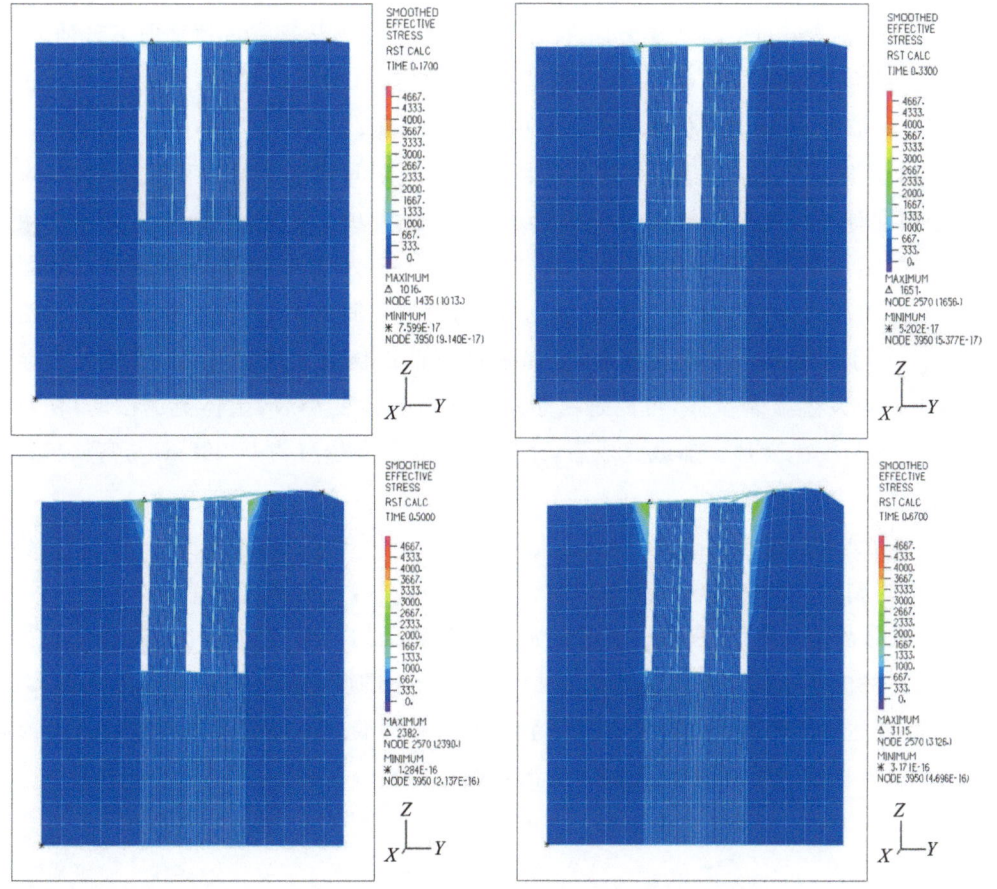

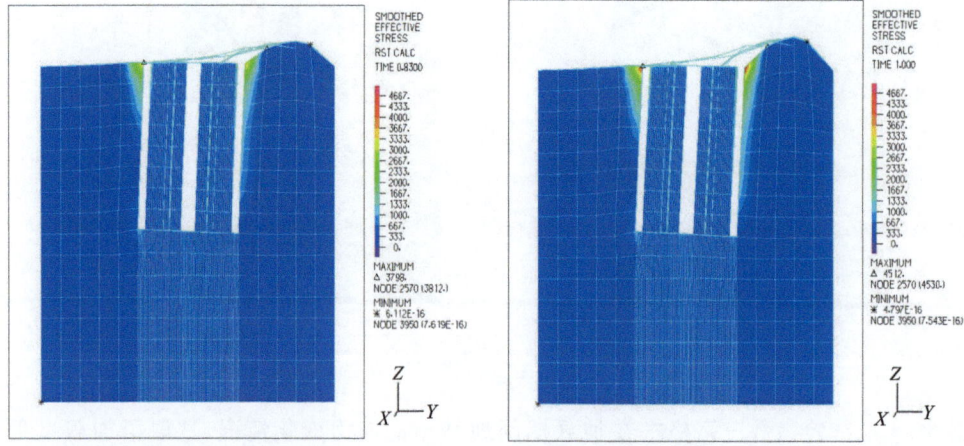

图 6-72 试验参数三宫格桩地基土应力图

在试验参数宫格桩的基础上将地基土的土体摩擦调整为 19°和 25°。

图 6-73 是地基土摩擦角为 19°时三宫格桩在加载期间的应力变化情况,选取了加载过程中共计 6 个时刻的应力情况进行观察,时长从 0.17s 开始,到加载完成结束。从图中可以看到,与试验参数的情况类似,宫格桩在开始加载时顶部开始产生应力变化。随着位移荷载不断变大,宫格桩整体应力也随之变大,由位移荷载产生的应力从宫格桩顶部向下延伸,最终在加载完成后到达宫格桩底部。Y 轴方向的两个单桩顶部两端处出现应力集中且相比试验参数的范围有所扩大,X 轴方向的单桩应力集中现象不明显。

图 6-74 是地基土摩擦角为 19°时三宫格桩在加载期间地基土的位移变化情况,选取了加载过程中共计 6 个时刻的位移情况进行观察,时长从 0.17s 开始,到加载完成结束。为了方便观察,将地基土模型进行切片处理,并选取了 $X=0$ 处的切面进行观察。从图中可以看到,初始阶段土体抵抗水平荷载的能力较大;随着时间的增加,桩体从顶部开始沿加载方向发生位移引起桩周土体随之变形,受挤压的土体一侧发生隆起变形,位移大小显著增大,桩内土体也发生显著位移,可能是由于地基土摩擦角变小后,土体更加松动,在宫格桩的作用下更容易发生变形。加载完成后,地基土顶部最大位移为 0.058m,与宫格桩位移值相差不大。

图 6-75 是地基土摩擦角为 25°时三宫格桩在加载期间的应力变化情况,选取了加载过程中共计 6 个时刻的应力情况进行观察,时长从 0.17s 开始,到加载完成结束。从图中可以看到,与试验参数的情况类似,宫格桩在开始加载时顶部开始产生应力变化。随着位移荷载不断变大,三宫格桩整体应力也随之变大,由位移荷载产生的应力从桩体顶部向下延伸,最终在加载完成后到达桩体底部。Y 轴方向的两个单桩顶部两端处出现应力集中且相比摩擦角为 19°、22°而言,其范围均有所减小,X 轴方向的单桩应力集中不明显。

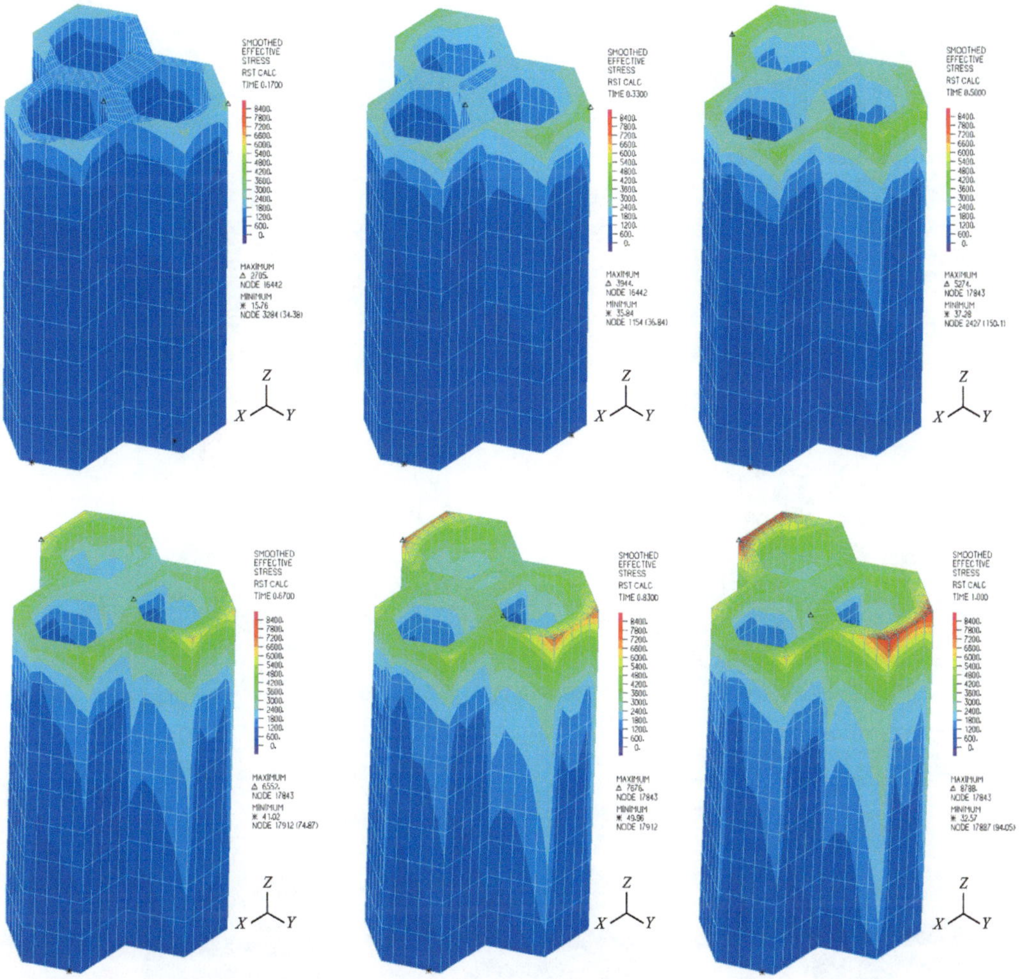

6 宫格桩基础水平承载特性数值模拟研究

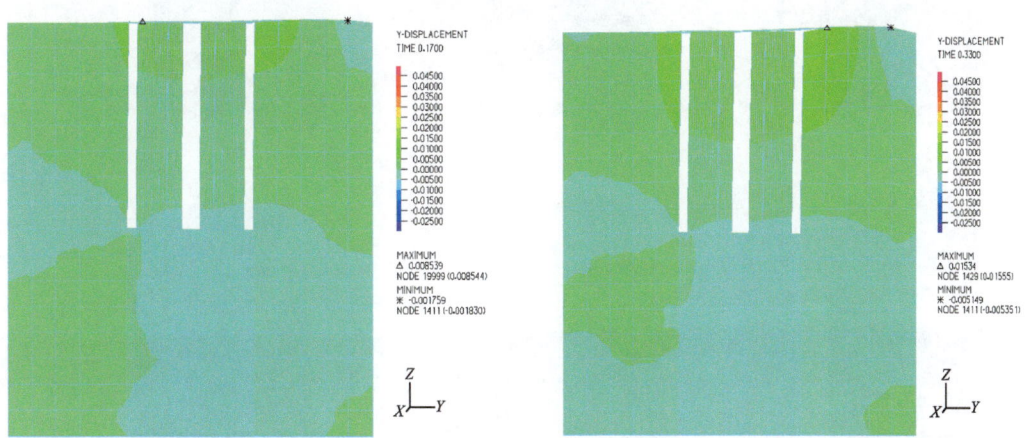

图 6-73 土体摩擦角为 19°时三宫格桩应力图

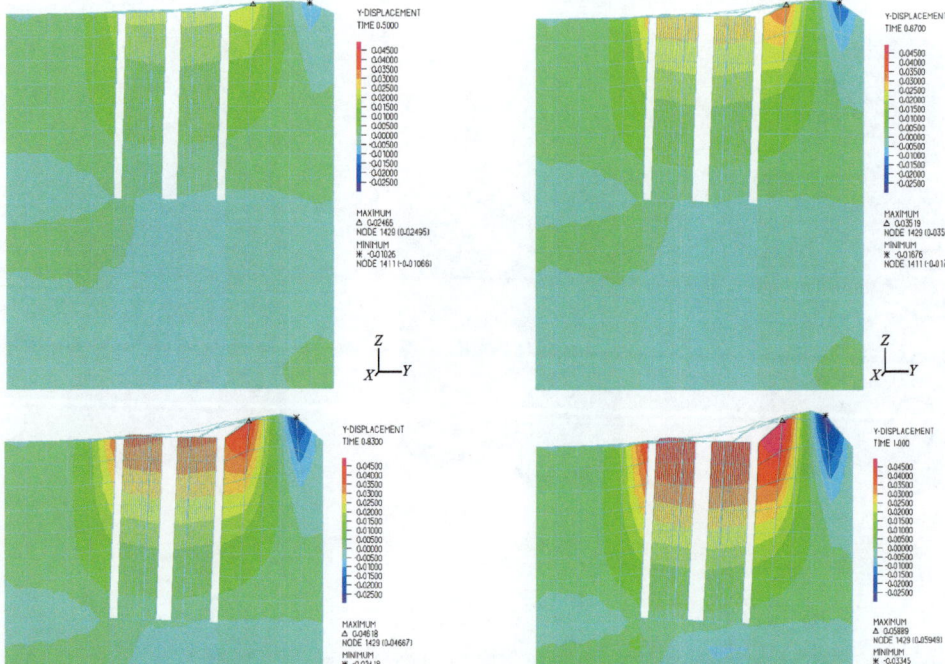

图 6-74 土体摩擦角为 19°时三宫格桩地基土位移图

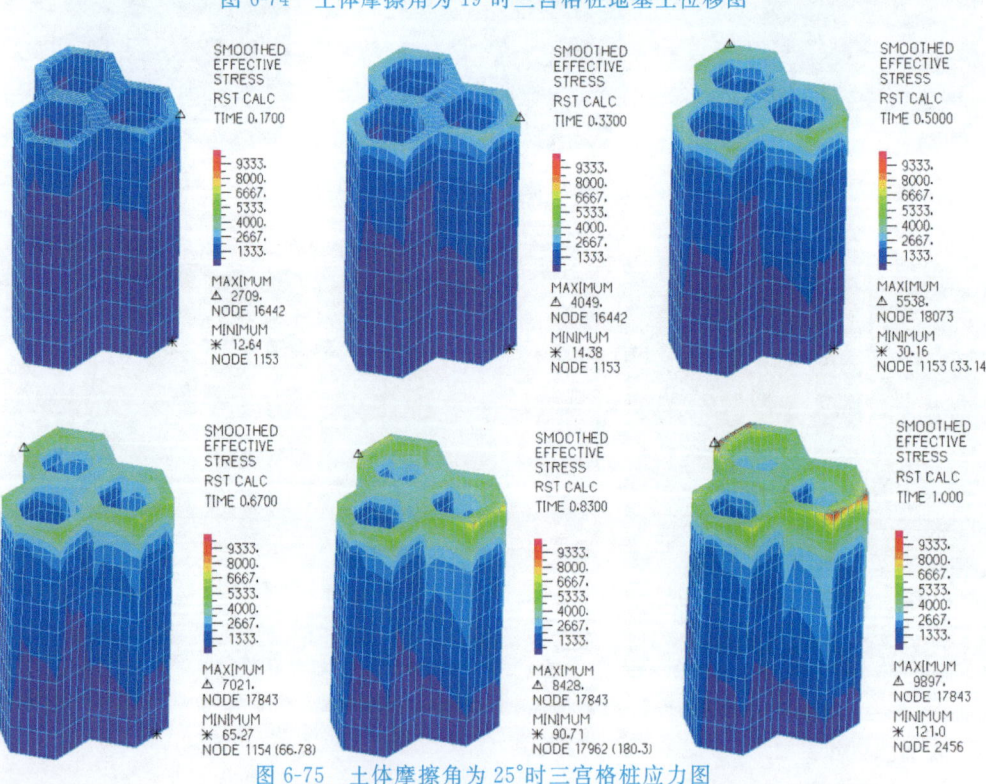

图 6-75 土体摩擦角为 25°时三宫格桩应力图

图 6-76 是地基土摩擦角为 25°时三宫格桩在加载期间地基土的位移变化情况,选取了加载过程中共计 6 个时刻的应力情况进行观察,时长从 0.17s 开始,到加载完成结束。为了方便观察,将地基土模型进行切片处理,并选取了 $X=0$ 处的切面进行观察。从图中可以看到,初始阶段土体抵抗水平荷载的能力较大;随着时间的增加,桩体从顶部开始沿加载方向发生位移引起桩周土体随之变形,受挤压的土体一侧发生隆起变形,位移显著减小,可能是由于地基土摩擦角变大后,土体黏聚力增大,在宫格桩的作用下相对不易发生变形。加载结束后,顶部地基土最大位移值为 0.057m,表明摩擦角增大会使地基土最大位移减小,但位移变化量不大。

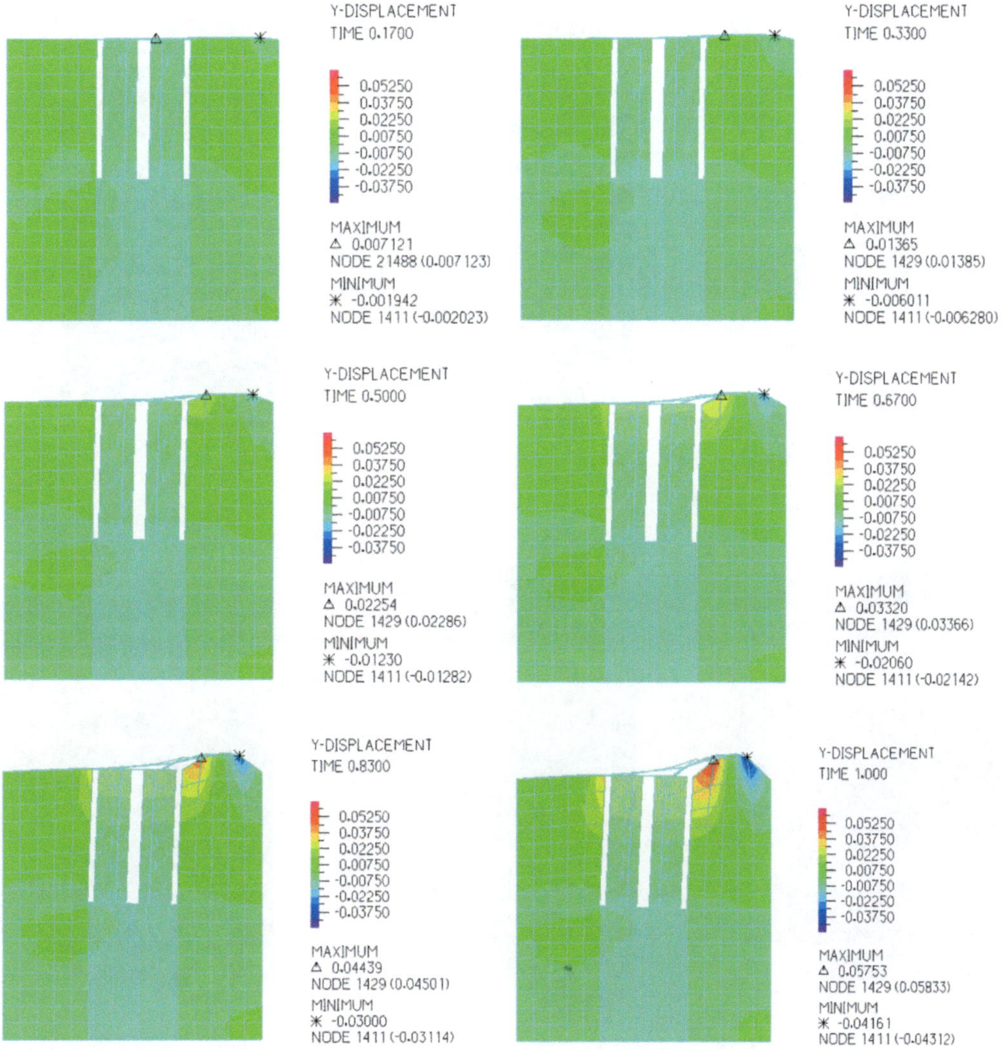

图 6-76 土体摩擦角为 25°时三宫格桩地基土位移图

在试验参数宫格桩的基础将三宫格桩弹性模量调整为 2×10^6 MPa 和 2×10^7 MPa。

图 6-77、图 6-78 是试验参数三宫格桩在改变弹性模量时加载期间的应力变化情况,选取了加载过程中共计 6 个时刻的应力情况进行观察,时长从 0.17s 开始,到加载完成结束。从图中可以看到,三宫格桩在开始加载时顶部开始产生应力变化。随着位移荷载不断变大,整体应力也随之变大,由位移荷载产生的应力从桩体顶部向下延伸,最终在加载完成后到达宫格桩底部。Y 轴方向的两个单桩顶部两端处出现应力集中,X 轴方向的单桩应力集中现象不明显。通过比较得知,随着弹性模量的增大,应力集中范围减小,最大应力值增大。

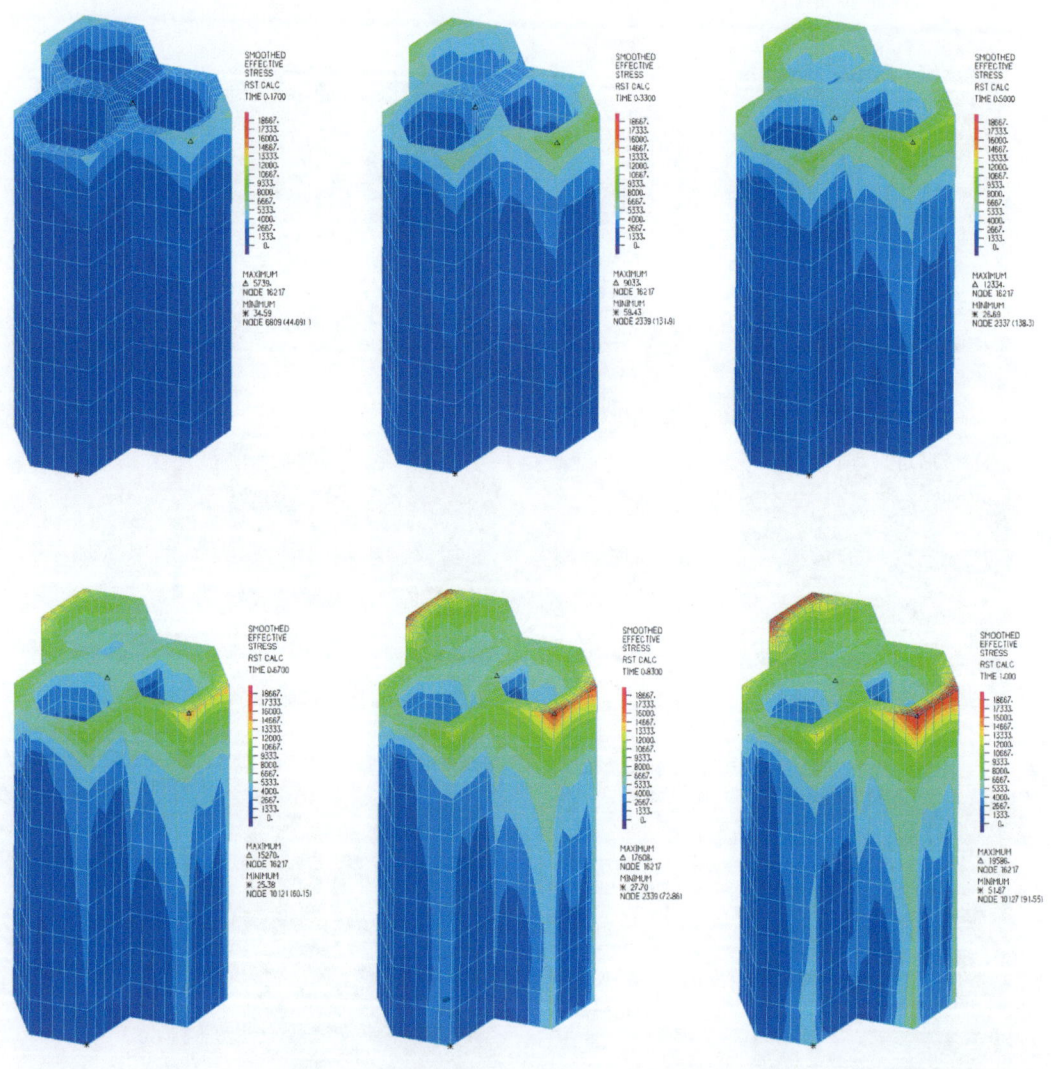

图 6-77　弹性模量为 2×10^6 时三宫格桩应力图

图 6-79、图 6-80 是试验参数三宫格桩在改变弹性模量时加载期间地基土的位移变化情况,选取了加载过程中共计 6 个时刻的位移情况进行观察,时长从 0.17s 开始,到加载完成结束。为了方便观察,将地基土模型进行切片处理,并选取了 $X=0$ 处的切面进行观察。从图中

6 宫格桩基础水平承载特性数值模拟研究

可以看到,随着时间的增加,桩体从顶部开始沿加载方向发生位移引起桩周土体随之变形,受挤压的土体一侧发生隆起变形。同样,初始阶段土体抵抗水平荷载的能力较大。加载结束后,桩周土体从上至下位移逐渐变小。二种情况下地基土最大位移分别为 0.057m 和 0.066m,通过比较得知,随着弹性模量的增大,土体抵抗水平荷载的能力减小,整体位移增大。

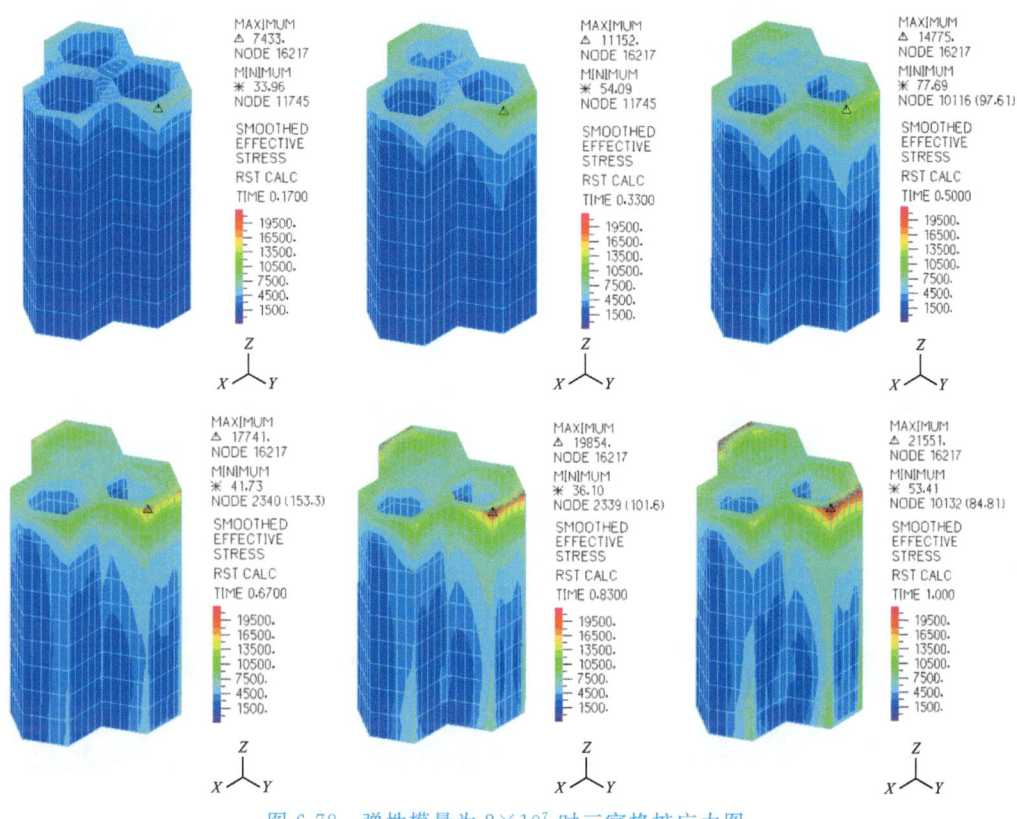

图 6-78　弹性模量为 $2×10^7$ 时三宫格桩应力图

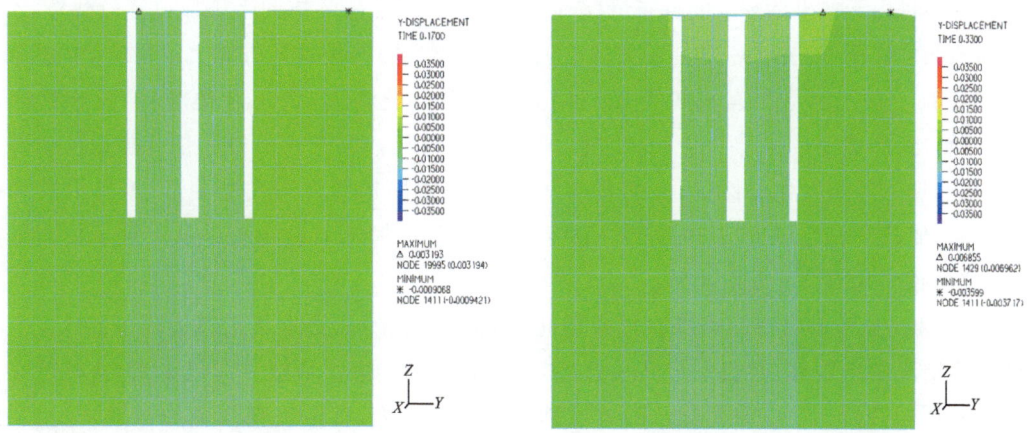

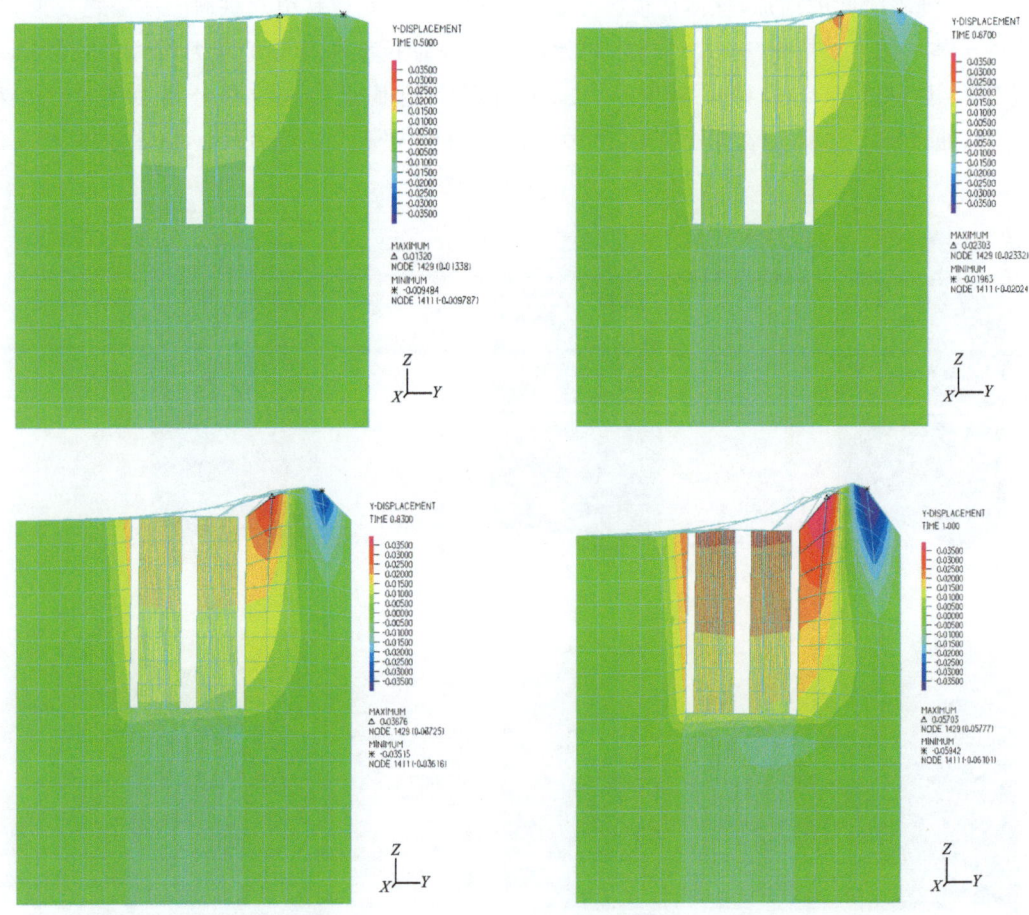

图 6-79 弹性模量为 2×10^6 时三宫格桩地基土位移图

6.5.2.2 三宫格桩沿 X 方向加载数值模拟结果及分析

三宫格桩由于在坐标轴上的分布情况有差异,因此,除了在 Y 方向上施加位移荷载外,还在 X 方向施加位移荷载,三宫格桩在 X 方向上加载的模型参数设置与 Y 方向上加载设置的相同。

图 6-81 是试验参数三宫格桩在加载期间的位移变化情况,为了方便观察,时长选取从 0.17s 开始,到加载完成共计 6 个加载过程。从图中可以看到,三宫格桩的位移加载从顶部开始,并从上到下不断发生位移变化,加载期间,三宫格桩向加载方向发生变形,整体沿着加载方向弯曲,加载完成后,三宫格桩顶部位移变化值为设定的 6cm,桩身整体从上至下位移逐渐变小,桩身底部几乎没有发生位移。

图 6-82 是试验参数三宫格桩在加载期间的应力变化情况,选取了加载过程中共计 6 个时刻的应力情况进行观察,时长从 0.17s 开始,到加载完成结束。从图中可以看到,宫格桩在开始加载时顶部开始产生应力变化。随着位移荷载不断变大,宫格桩整体应力也随之变大,由位移荷载产生的应力从宫格桩顶部向下延伸,最终在加载完成后到达宫格桩底部。Y 轴方向的单桩顶部两端处出现应力集中,X 轴方向的单桩也出现了少许应力集中现象。

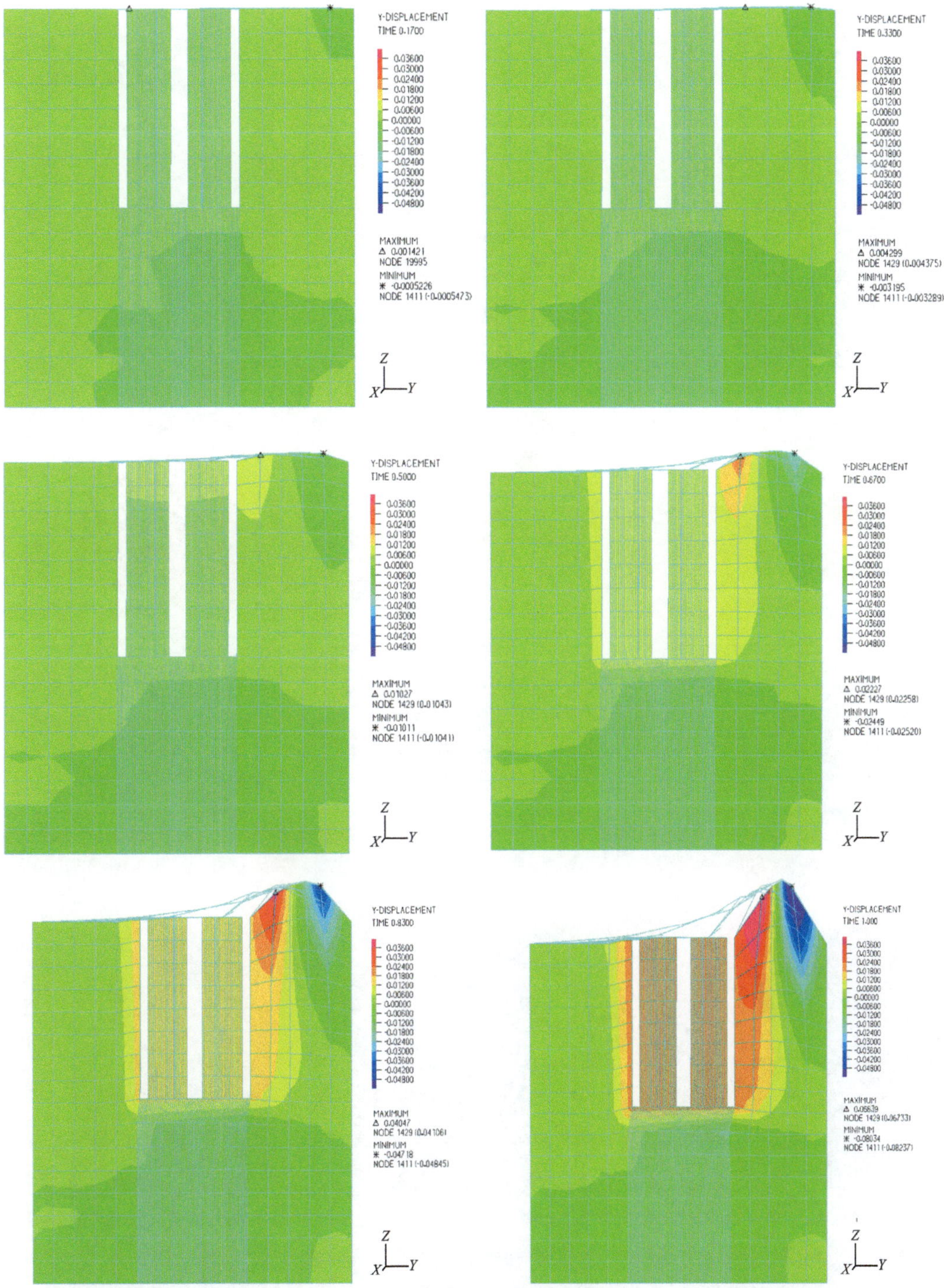

6 宫格桩基础水平承载特性数值模拟研究

图 6-80 弹性模量为 $2×10^7$ 时三宫格桩地基土位移图

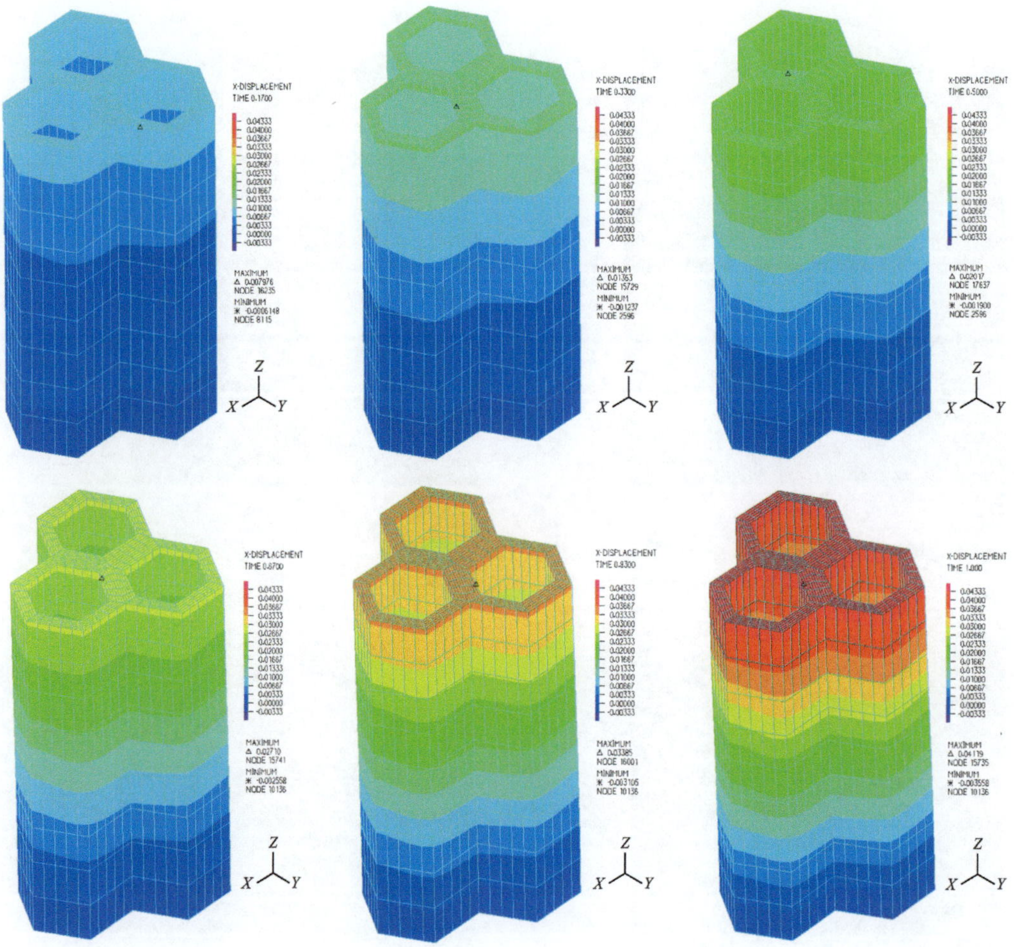

图 6-81 试验参数三宫格桩位移图

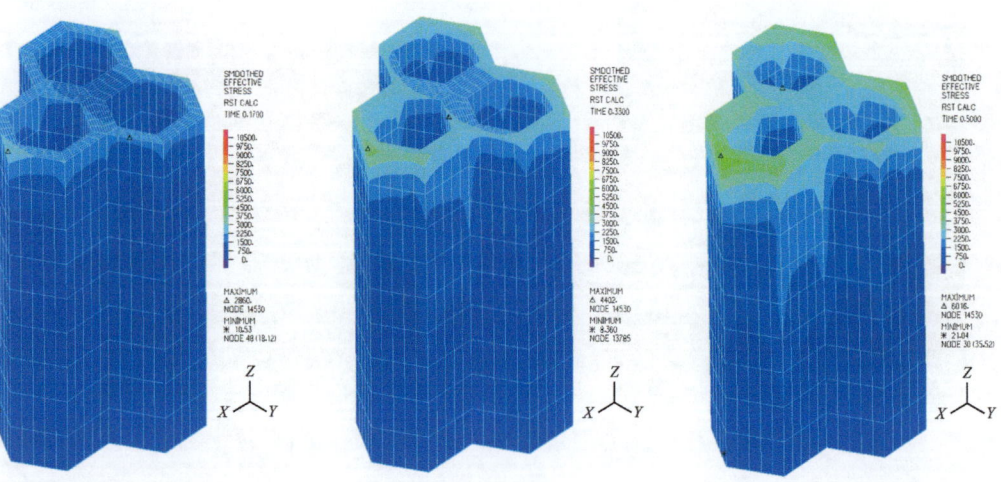

6 宫格桩基础水平承载特性数值模拟研究

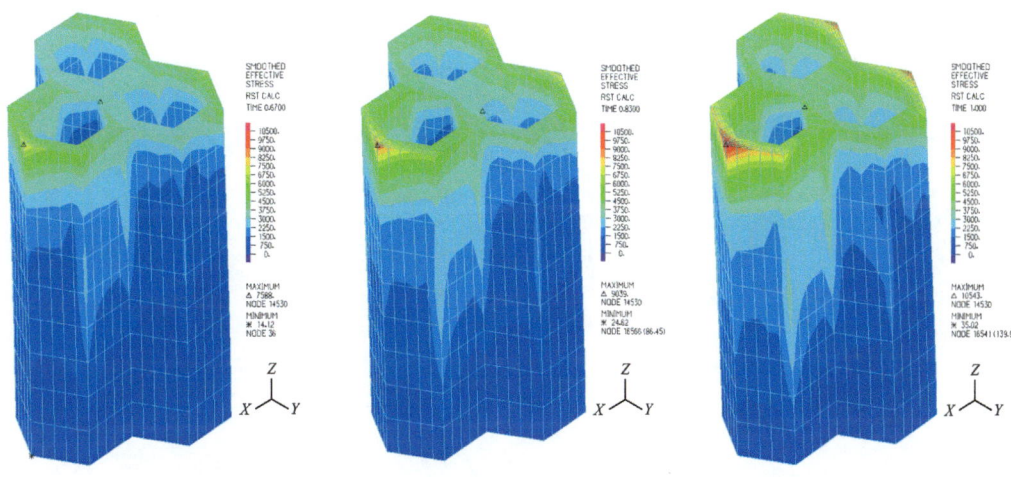

图 6-82　试验参数三宫格桩应力图

图 6-83 是试验参数三宫格桩在加载期间地基土的位移变化情况，选取了加载过程中共计 6 个时刻的位移情况进行观察，时长从 0.17s 开始，到加载完成结束。为了方便观察，将地基土模型进行切片处理，并选取了 $Y=0$ 处的切面进行观察。从图中可以看到，随着时间的增加，桩体从顶部开始沿加载方向发生位移引起桩周土体随之变形，受挤压的土体一侧发生隆起变形。桩周土体从上至下位移逐渐变小，底部几乎没有发生位移。加载完成后，地基土最大位移值为 0.065 8m，与 Y 方向加载产生的最大位移值基本相同。

图 6-84 是试验参数三宫格桩在加载期间地基土的应力变化情况，选取了加载过程中共计 6 个时刻的应力情况进行观察，时长从 0.17s 开始，到加载完成结束。为了方便观察，将地基土模型进行切片处理，并选取了 $Y=0$ 处的切面进行观察。从图中可以看到，加载开始后，宫格桩周围的上部地基土由于宫格桩的挤压产生了应力。随着位移荷载变大，宫格桩不断发生变形，在土体顶部与桩体接触的位置出现应力集中。地基土应力区向下延伸，桩体周围上部的土体有效应力变化较显著，底部几乎无应力产生。

在试验参数三宫格桩的基础将地基土的土体摩擦角调整为 19°和 25°。

图 6-85 是地基土摩擦角为 19°时三宫格桩在加载期间的应力变化情况，选取了加载过程中共计 6 个时刻的应力情况进行观察，时长从 0.17s 开始，到加载完成结束。从图中可以看到，与试验参数的情况类似，三宫格桩在开始加载时顶部开始产生应力变化。随着位移荷载不断变大，三宫格桩整体应力也随之变大，由位移荷载产生的应力从三宫格桩顶部向下延伸，最终在加载完成后到达三宫格桩底部。X 轴方向的单桩顶部两端处出现应力集中且相比试验参数的范围有所扩大，Y 轴方向的单桩应力集中范围也有所扩大。

图 6-86 是地基土摩擦角为 19°时三宫格桩在加载期间地基土的位移变化情况，选取了加载过程中共计 6 个时刻的位移情况进行观察，时长从 0.17s 开始，到加载完成结束。为了方便观察，将地基土模型进行切片处理，并选取了 $Y=0$ 处的切面进行观察。从图中可以看到，初始阶段土体抵抗水平荷载的能力较大；随着时间的增加，桩体从顶部开始沿加载方向发生位移引起桩周土体随之变形，受挤压的土体一侧发生隆起变形，位移显著增大，桩内土体也发生显著位移，最大位移值为 0.064m。

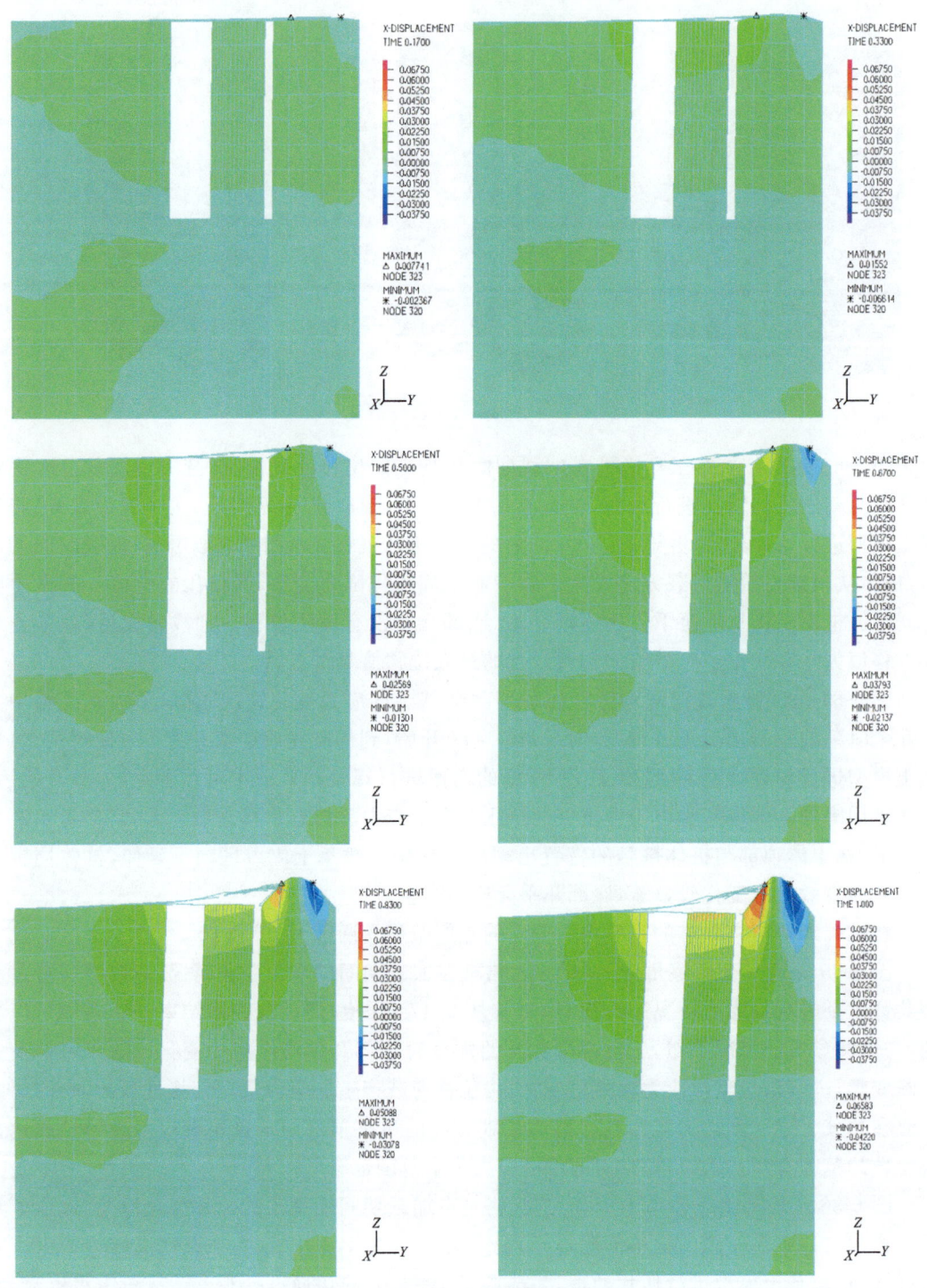

图 6-83 试验参数三宫格桩地基位移图

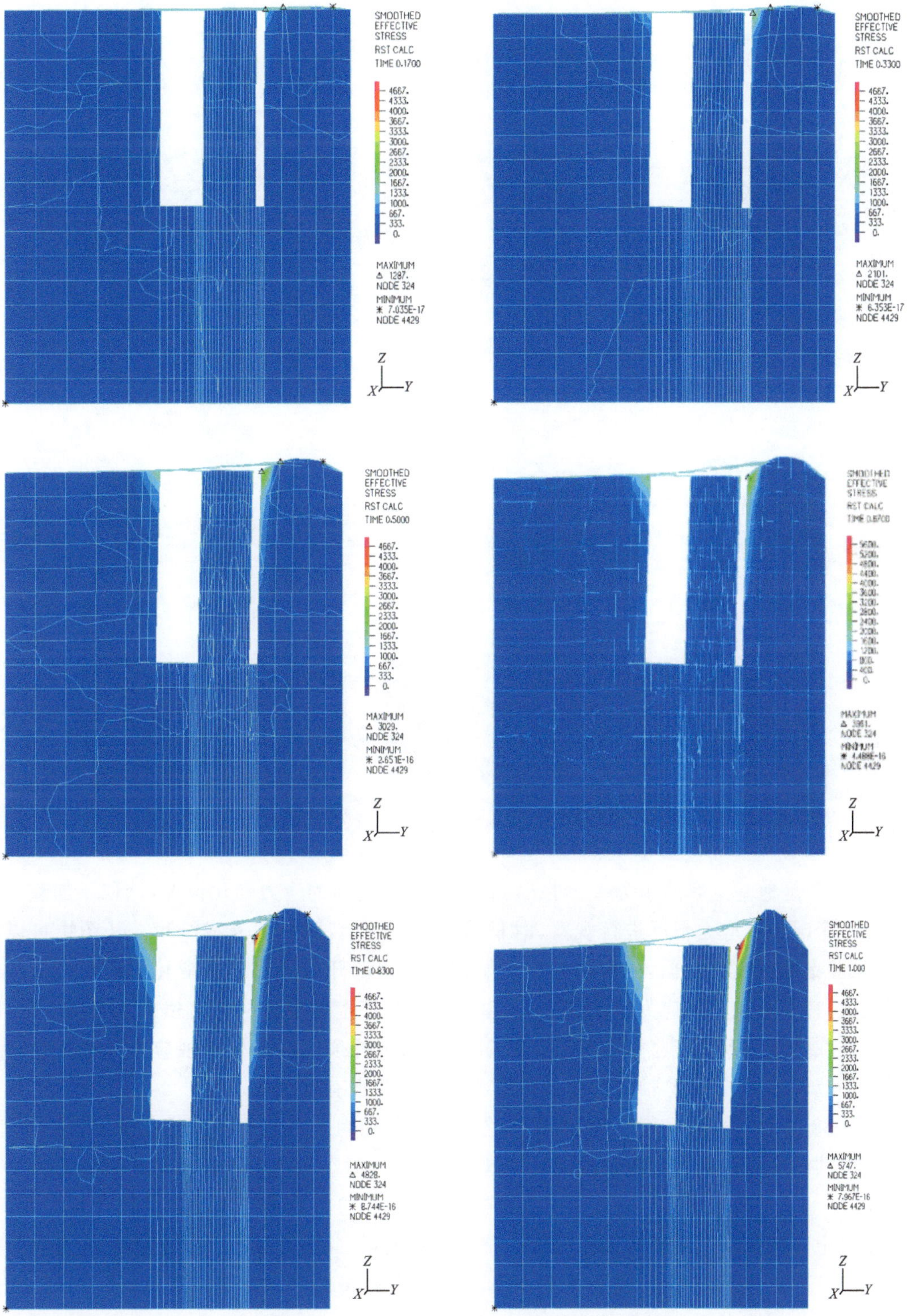

6 宫格桩基础水平承载特性数值模拟研究

图 6-84 试验参数三宫格桩地基土应力图

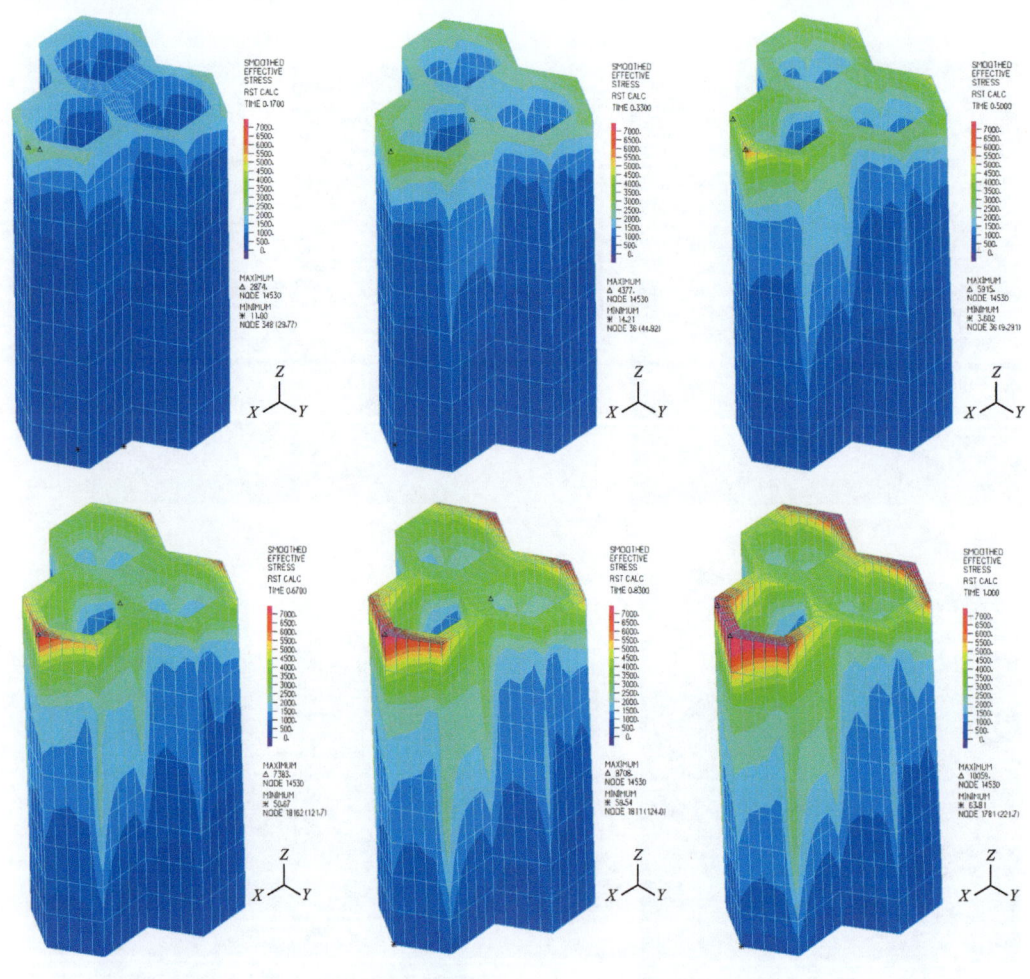

图 6-85　土体摩擦角为 19°时三宫格桩应力图

图 6-87 是地基土摩擦角为 25°时三宫格桩在加载期间的应力变化情况,选取了加载过程中共计 6 个时刻的应力情况进行观察,时长从 0.17s 开始,到加载完成结束。从图中可以看到,与试验参数的情况类似,三宫格桩在开始加载时顶部开始产生应力变化。随着位移荷载不断变大,三宫格桩整体应力也随之变大,由位移荷载产生的应力从三宫格桩顶部向下延伸,最终在加载完成后到达三宫格桩底部。X 轴方向的单桩顶部两端处出现应力集中且相比试验参数的范围有所减小,Y 轴方向的单桩应力集中范围也有所减小。

图 6-88 是地基土摩擦角为 25°时三宫格桩在加载期间地基土的位移变化情况,选取了加载过程中共计 6 个时刻的应力情况进行观察,时长从 0.17s 开始,到加载完成结束。为了方便观察,将地基土模型进行切片处理,并选取了 $Y=0$ 处的切面进行观察。从图中可以看到,初始阶段土体抵抗水平荷载的能力较大。随着时间的增加,桩体从顶部开始沿加载方向发生位移引起桩周土体随之变形,受挤压的土体一侧发生隆起变形。加载结束后,地基土最大位移为 0.064m,说明摩擦角变化对地基土位移影响不大。

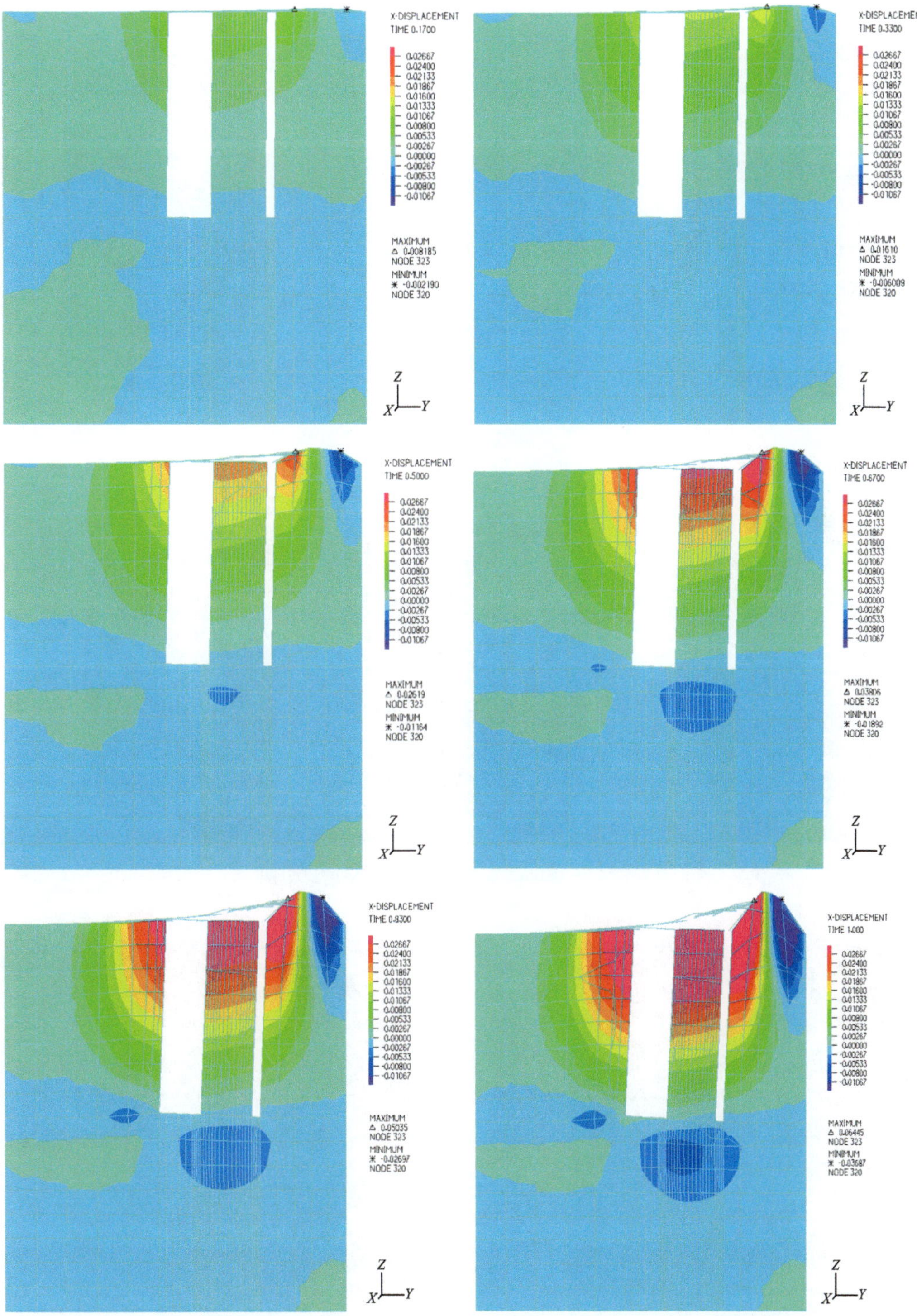

6 宫格桩基础水平承载特性数值模拟研究

图 6-86 土体摩擦角为 19°时三宫格桩地基土位移图

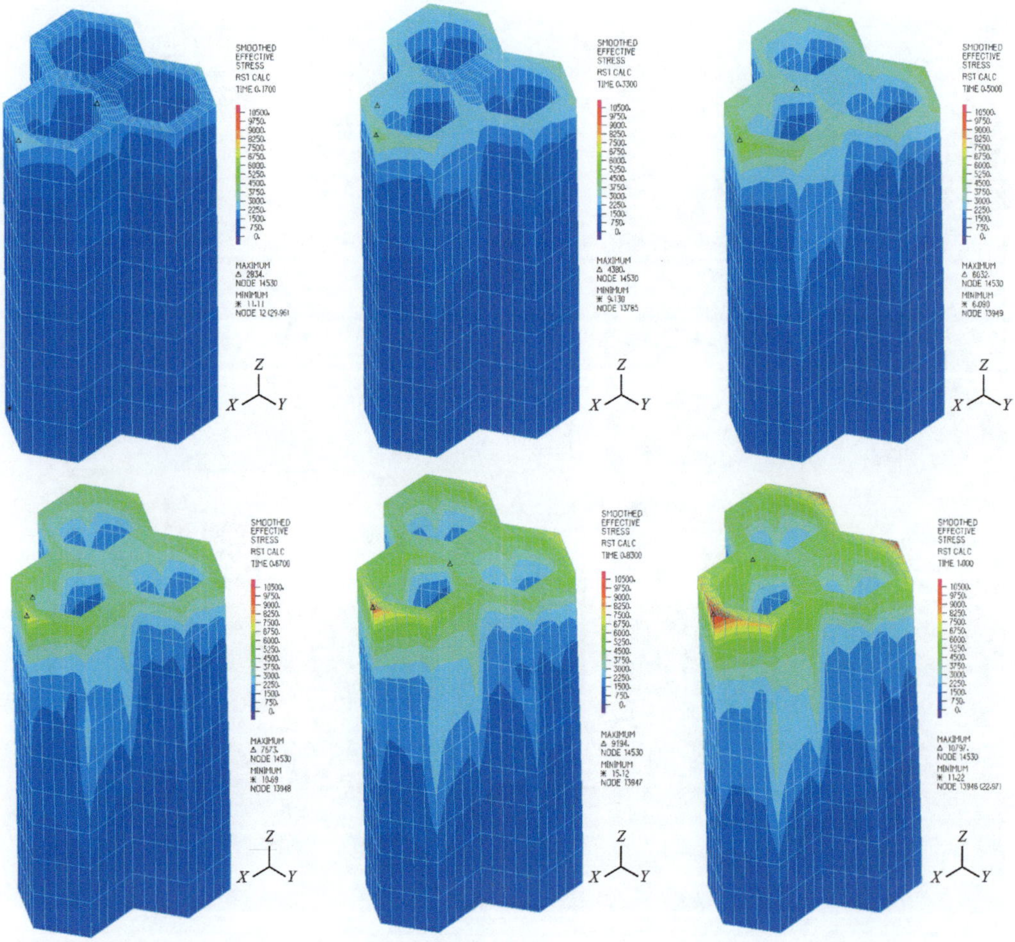

图 6-87 土体摩擦角为 25°时三宫格桩应力图

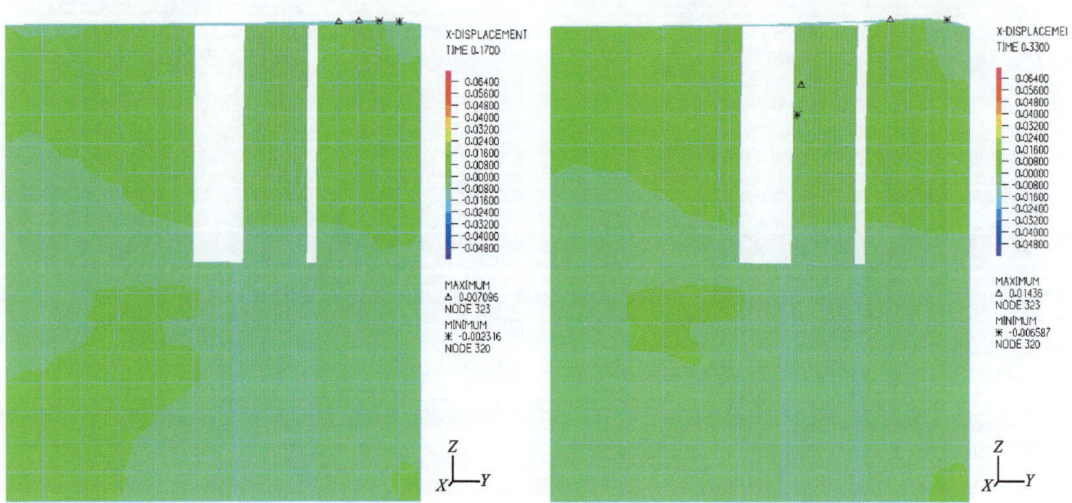

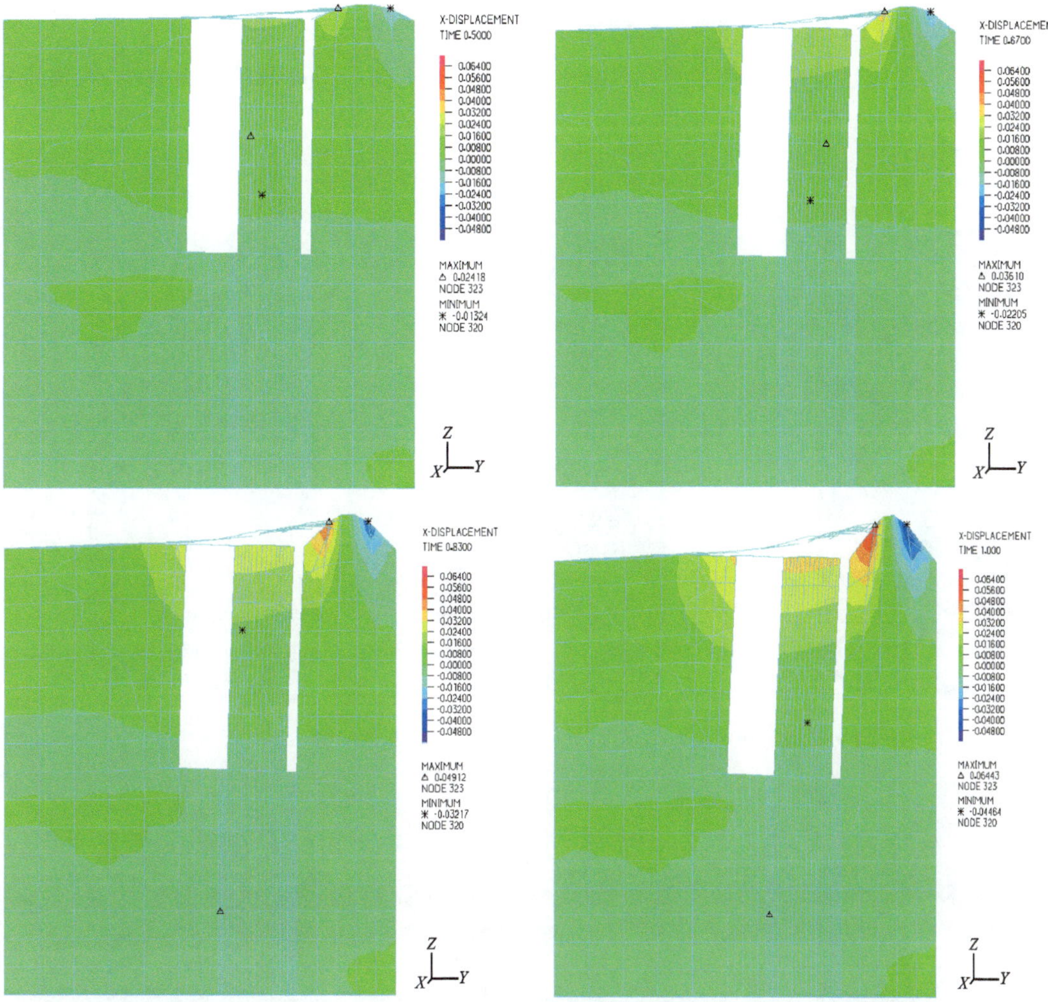

6 宫格桩基础水平承载特性数值模拟研究

图 6-88　土体摩擦角为 25°时三宫格桩地基土位移图

在试验参数宫格桩的参数基础上,将三宫格桩弹性模量调整为 2×10^6 MPa、2×10^7 MPa。

图 6-89、图 6-90 是试验参数三宫格桩在改变弹性模量时加载期间的应力变化情况,选取了加载过程中共计 6 个时刻的应力情况进行观察,时长从 0.17s 开始,到加载完成结束。从图中可以看到,三宫格桩在开始加载时顶部开始产生应力变化。随着位移荷载不断变大,桩体应力也随之变大,由位移荷载产生的应力从桩体顶部向下延伸,最终在加载完成后到达三宫格桩底部。X 轴方向的单桩顶部两端处出现应力集中,Y 轴方向的单桩应力集中现象不明显。通过比较得知,随着弹性模量的增大,应力集中范围减小,最大应力值增大。

图 6-91、图 6-92 是试验参数三宫格桩在改变弹性模量时加载期间地基土的位移变化情况,选取了加载过程中共计 6 个时刻的位移情况进行观察,时长从 0.17s 开始,到加载完成结束。为了方便观察,将地基土模型进行切片处理,并选取了 $Y=0$ 处的切面进行观察。从图中

• 181 •

可以看到,随着时间的增加,桩体从顶部开始沿加载方向发生位移引起桩周土体随之变形,受挤压的土体一侧发生隆起变形。同样,初始阶段土体抵抗水平荷载的能力较大。加载结束后,桩周土体从上至下位移逐渐变小,两种弹性模量下的地基土最大位移值分别为 0.049 8m 和 0.183m。通过比较得知,随着弹性模量的增大,土体抵抗水平荷载的能力减小,整体位移显著增大。

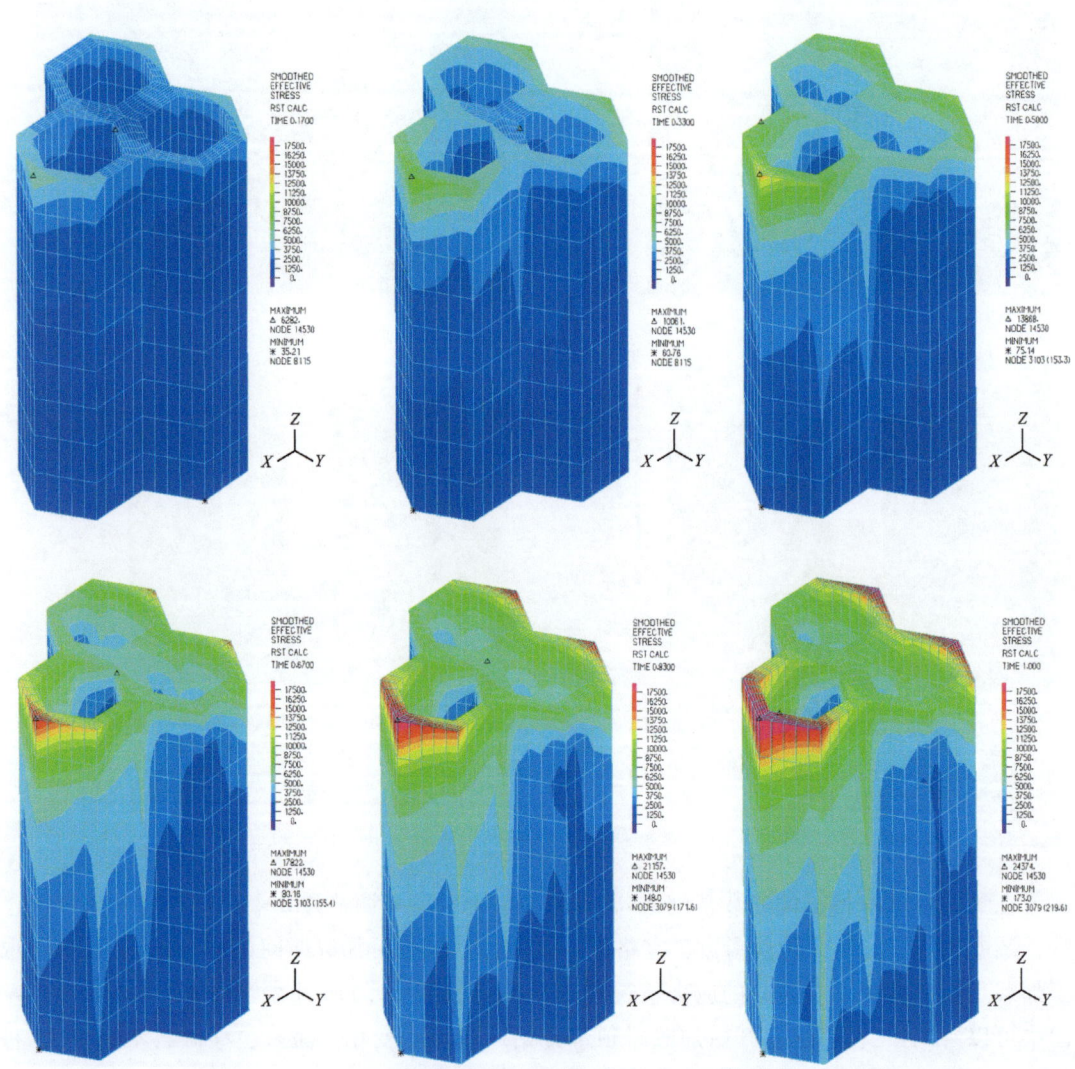

图 6-89 弹性模量为 2×10^6 时三宫格桩桩体应力图

6.5.2.3 三宫格桩沿 Y 方向水平承载力分析

为了探究地基土摩擦角、三宫格桩弹性模量和桩长对水平承载力的影响,本书在试验数值模型参数的基础上设置了 3 组模型进行对比。

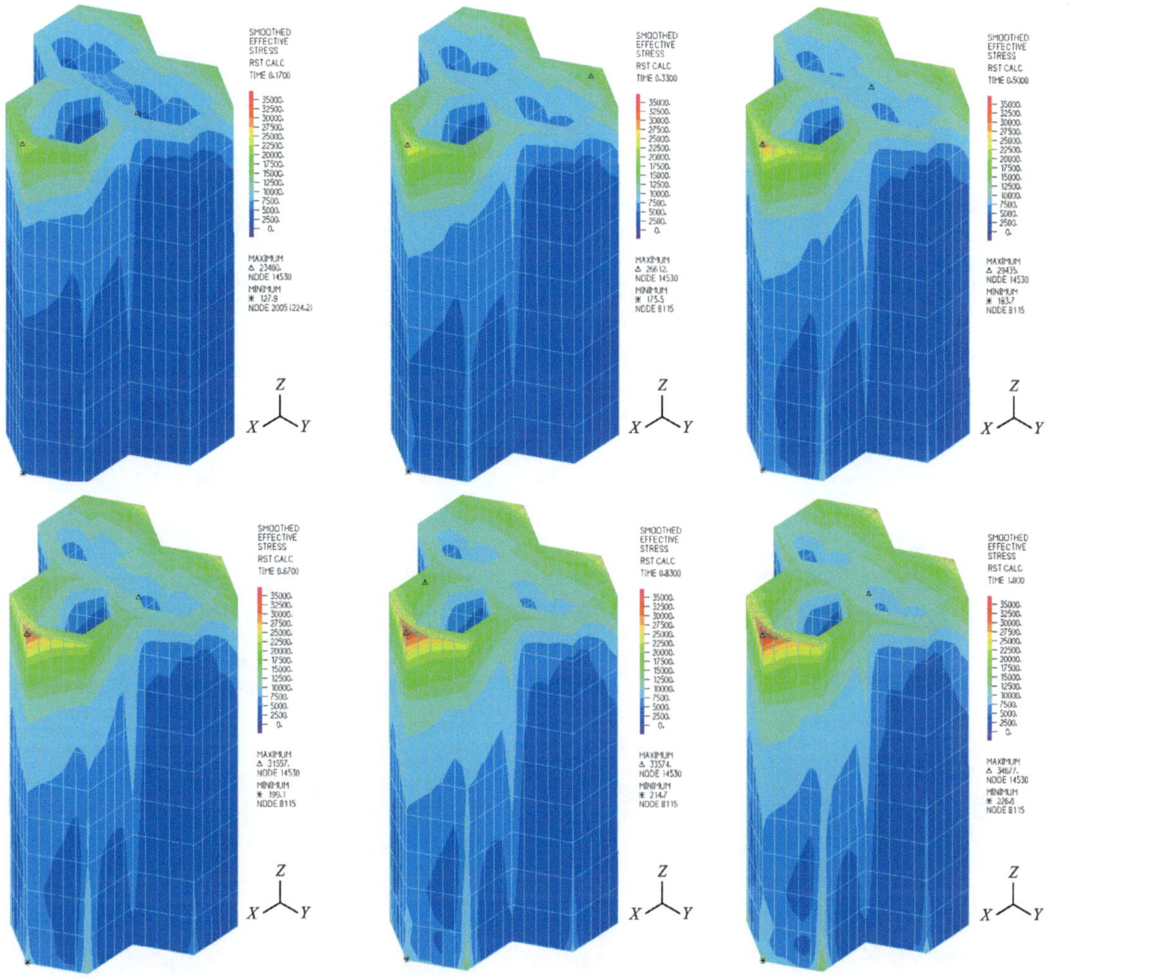

6 宫格桩基础水平承载特性数值模拟研究

图 6-90 弹性模量为 $2×10^7$ 时三宫格桩桩体应力图

地基土摩擦角分别设置为 19°、22°和 25°。其中，地基土摩擦角 22°接近于试验地基土摩擦角。在保证其他参数不变的情况下，对 3 组模型进行位移荷载施加。图 6-93 为三宫格桩地基土摩擦角变化对 Y 方向水平承载力的影响分析图，增大地基土摩擦角能够使三宫格桩水平承载力提高，地基土摩擦角从 19°增大为 22°提高的水平承载能力值略大于从 22°增加到 25°的。地基土摩擦角为 22°时三宫格桩水平承载力为 4.2kN，与单宫格桩相比承载力提升幅度较大。

三宫格桩的弹性模量分别设置为 $2×10^5$ MPa、$2×10^6$ MPa 和 $2×10^7$ MPa，其中 $2×10^5$ MPa 与单宫格桩试验弹性模量接近。在其他模拟参数不变的情况下，对 3 组模型施加位移荷载。图 6-94 为三宫格桩地基土摩擦角变化对 Y 方向水平承载力的影响分析图，三宫格桩弹性模量为 $2×10^5$ MPa 时，水平承载力为 4.2kN，随着三宫格桩的弹性模量变大，水平承载能力有较大提高。弹性模量为 $2×10^6$ MPa 时，水平承载力提高至 10.5kN，继续增大宫格桩弹性模量,水平承载力进一步提高,达到了 17.8kN。相比于双宫格桩,三宫格桩水平承载能力各阶段都高于双宫格桩,尤其是弹性模量变化引起的水平承载力变化值更大于双宫格桩。

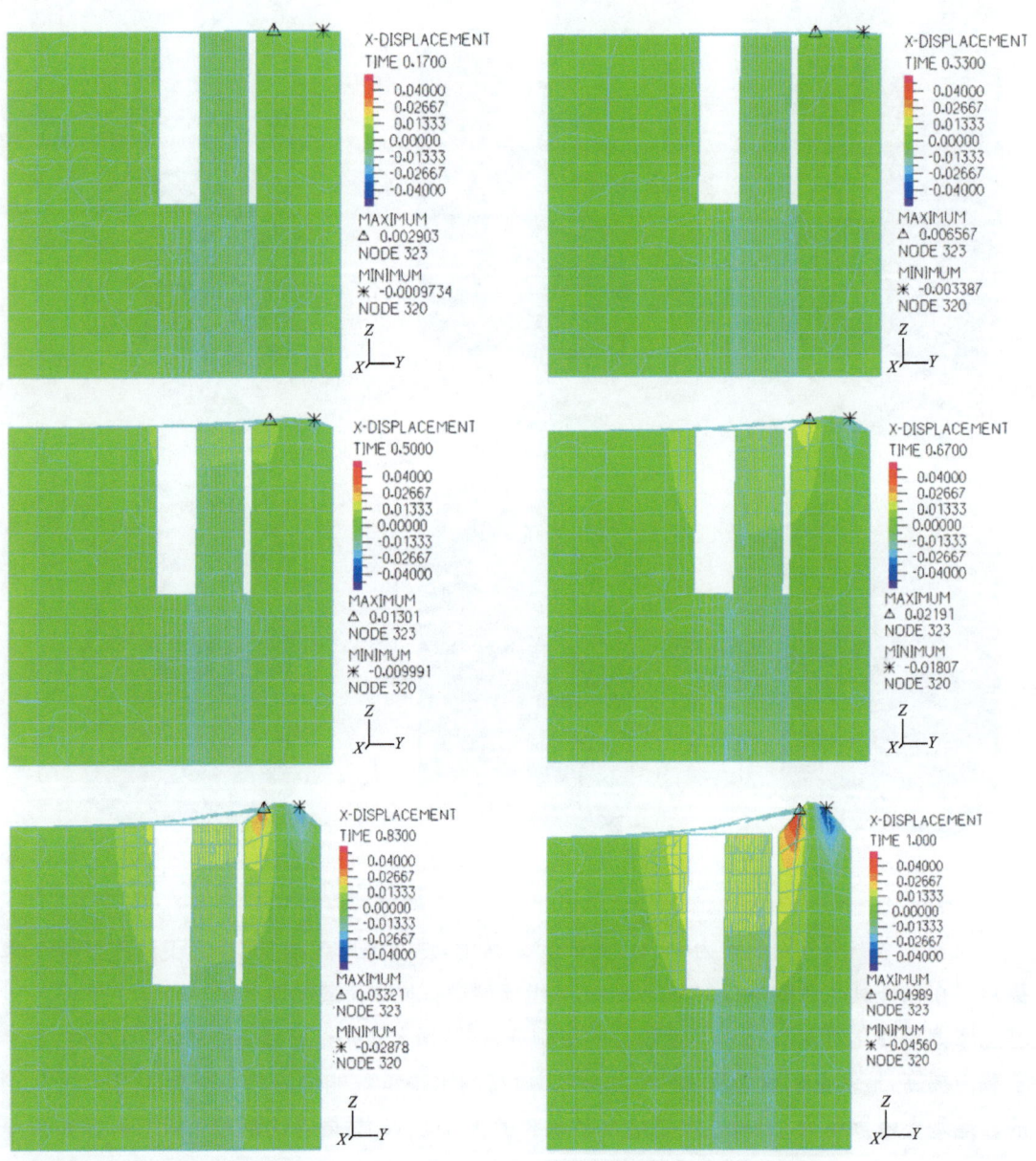

图 6-91　弹性模量为 2×10^6 时三宫格桩地基土位移图

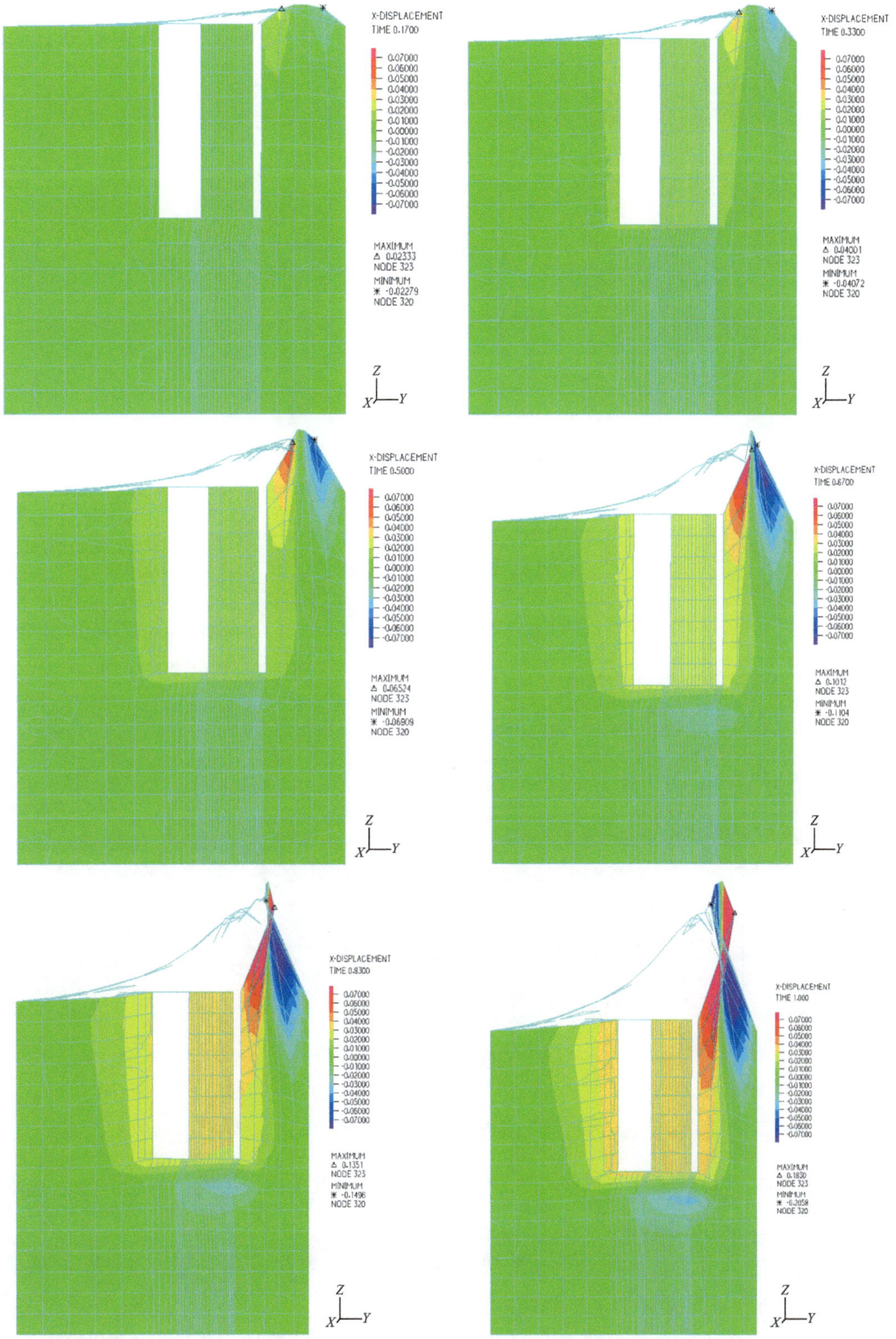

图 6-92　弹性模量为 2×10^7 时三宫格桩地基土位移图

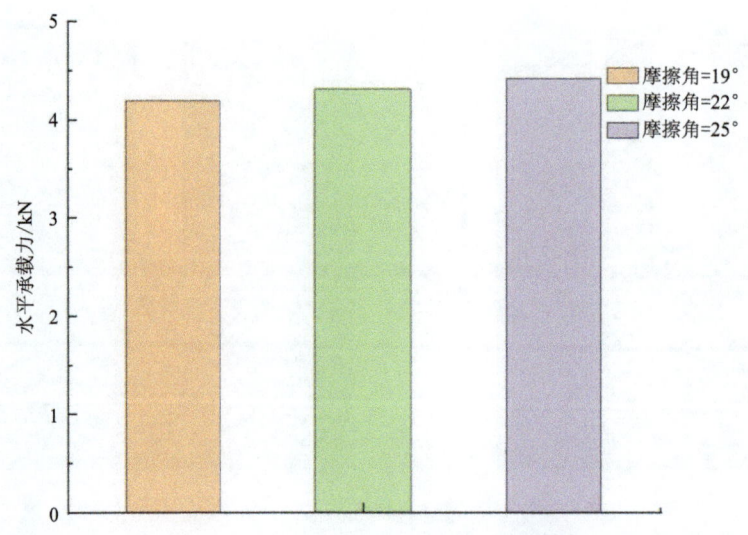

图 6-93　三宫格桩地基土摩擦角变化对 Y 方向水平承载力的影响分析图

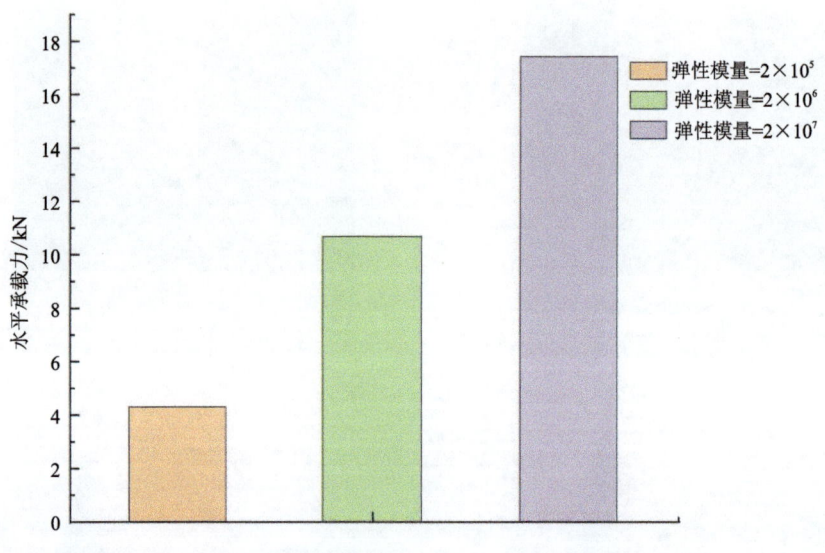

图 6-94　三宫格桩弹性模量变化对 Y 方向水平承载力的影响分析图

6.5.2.4　三宫格桩沿 X 方向水平承载力分析

图 6-95 为三宫格桩地基土摩擦角变化对 X 方向水平承载力的影响分析图。增大地基土摩擦角能够使三宫格桩水平承载力提高,且变化比较均匀。与 Y 方向加载进行对比可以发现,三宫格桩水平承载力的大小和变化趋势均相同,说明三宫格桩在地基土条件相同的情况下,在 X 和 Y 方向都能提高水平承载能力。

图 6-96 为三宫格桩弹性模量变化对 Y 方向水平承载力的影响,与 X 方向加载进行对比可以发现,三宫格桩水平承载力的大小和变化幅度均相同,说明材料相同的三宫格桩,在 X 和

Y 方向都能提高水平承载能力。三宫格桩弹性模量为 2×10^7 MPa 时,在 X 和 Y 方向都有较大水平承载力。

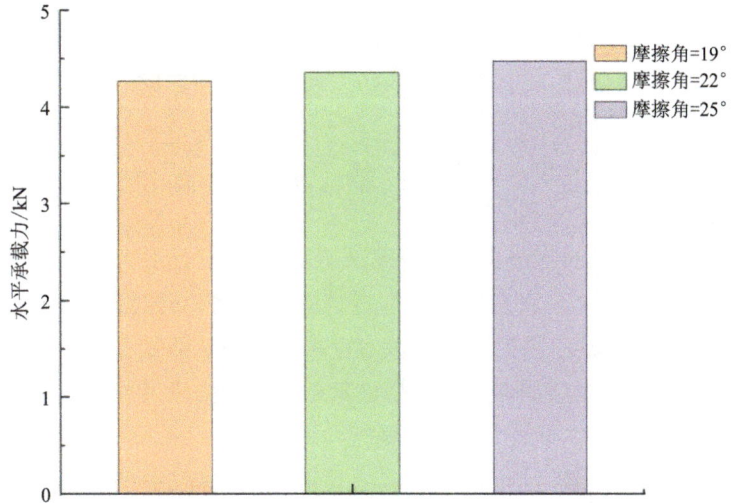

图 6-95　三宫格桩地基土摩擦角变化对 X 方向水平承载力的影响分析图

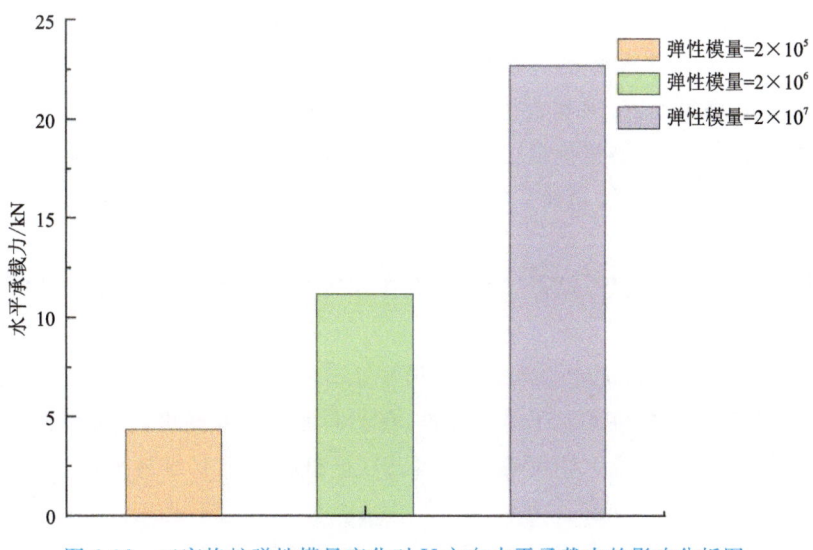

图 6-96　三宫格桩弹性模量变化对 Y 方向水平承载力的影响分析图

6.5.3　本节小结

(1)地基土摩擦角对三宫格桩水平承载能力影响较小,3 组摩擦角不同的宫格桩模拟结果表明,增大地基土摩擦角,水平承载力也增大,且变化比较均匀。

(2)宫格桩的弹性模量对三宫格桩水平承载能力影响较大,3 组弹性模量不同的宫格桩模拟结果表明,增大宫格桩弹性模量,水平承载能力变大。

(3)在相同地基土条件下,三宫格桩水平承载能力仍大于单宫格桩水平承载能力。在相同宫格桩弹性模量条件下,三宫格桩水平承载能力最大,弹性模量为 2×10^5 MPa 时,三宫格桩和双宫格桩水平承载能力相差不大,但相比于单宫格桩仍有较大幅度提升。在 2×10^6 MPa 和 2×10^7 MPa 条件下,三宫格桩水平承载能力显著大于双宫格桩水平承载能力。

(4)三宫格桩在相同参数下,在 X 和 Y 方向上的水平承载能力几乎相同。这表明多宫格桩的水平承载能力并无方向性,可以推测在其他方向上水平承载能力也几乎是相同的。

6.6 结 论

本书基于室内试验完成的宫格桩横向荷载试验,依据试验参数建立了与试验模型相同的单宫格桩,并在此基础上建立了双宫格和三宫格桩数值模型。通过改变地基土摩擦角、宫格桩弹性模量以及宫格桩的长度,探究不同参数对宫格桩水平承载能力的影响。

(1)本项目所用的数值模型能够反映宫格桩基础的水平力学特性。根据室内试验参数建立的单宫格桩试验数值模拟模型施加位移荷载后,得到的水平荷载-位移曲线与室内试验得到的数据基本相同。但在加载后期,相同位移荷载下,数值模型水平承载能力略小于试验得到的结论,而且变化趋势是成线性的。加载完成后,数值模型最大水平承载力与室内试验结果几乎相同。

(2)地基土摩擦角不同的模型水平承载能力差异性不明显。对于单宫格桩而言,当地基土摩擦角为 22°时,水平承载能力最大,地基土摩擦角为 19°和 25°时水平承载力几乎相等。对于双宫格桩和三宫格桩而言,随着地基土摩擦角增大,宫格桩水平承载力提高。

(3)弹性模量不同的宫格桩模拟结果表明,增大宫格桩弹性模量,水平承载能力变大。特别地,对于双宫格桩而言,弹性模量从 2×10^6 增加至 2×10^7 时,水平承载力增大,但变化幅度较小。

(4)长度不同的宫格桩模拟结果表明,只有在合适的长度范围内,宫格桩才能有效提供水平承载能力,过长或过短都会导致宫格桩承载能力下降。宫格桩长度为 0.9m 时水平承载力较大,长度为 0.8m 和 1.0m 时水平承载力显著减小。

(5)双宫格桩和三宫格桩相比于单宫格桩,在不同地基土摩擦角、宫格桩弹性模量和桩长条件下,水平承载能力均有较大幅度提升。而三宫格桩相比于双宫格桩,整体水平承载力显著增大。

(6)双宫格桩与三宫格桩在相同参数下,在 X 和 Y 方向上的水平承载能力几乎相同。这表明多宫格桩的水平承载能力并无方向性,可以推测在其他方向上水平承载能力也几乎是相同的。

主要参考文献

白明智,2012.我国桥梁基础的主要形式及其特点分析[J].黑龙江科技信息(34):280.

常红,夏明耀,傅德明,1998.地下连续墙垂直承载力室内模拟试验研究[J].同济大学学报(自然科学版)(3):279-283.

陈仁朋,顾明,孔令刚,等,2012.水平循环荷载下高桩基础受力性状模型试验研究[J].岩土工程学报,34(11):1990-1996.

陈晓东,龚维明,孟凡超,等,2007.井筒式地下连续墙基础竖向承载特性试验研究[J].岩土工程学报(11):1665-1669.

陈星烨,马晓燕,宋建中,2004.大型结构试验模型相似理论分析与推导[J].长沙交通学院学报(1):11-14.

程谦恭,文华,宋章,2009.矩形闭合墙桥梁基础研究现状及发展趋势[J].建筑技术,40(3):198-203.

丛蔼森,2021.地下连续墙和深基础工程的发展概况与应用[J].地基处理,3(1):1-12.

崔雪婷,张子东,范珊,2019.基于相似理论的力学模型试验材料研究[J].人民珠江,40(5):82-86.

傅德明,王庆国,夏明耀,1997.地下连续墙垂直承载力现场试验研究[J].地下工程与隧道(2):24-31.

郭峰亮,林楠,程康,等,2015.快速维持荷载法在基桩检测中的应用[J].土工基础,29(1):110-113.

郝育森,1990.日本的几种特殊桥梁基础[J].国外桥梁(4):16-26.

黄孝敏,2012.闭合型地下连续墙桥梁基础土拱效应分析[D].成都:西南交通大学.

黄信,2012.水—桥墩动力相互作用机理及深水桥梁非线性地震响应研究[D].天津:天津大学.

霍少磊,龚维明,戴国亮,等,2020.地下连续墙基础竖向承载特性自平衡法试验研究[J].建筑科学,36(11):49-55.

江辉,白晓宇,黄磊,等,2019.波浪、海流环境中跨海桥梁深水桥墩的地震响应特性[J].铁道学报,41(3):117-127.

兰雅梅,刘桦,皇甫熹,等,2005.东海大桥桥梁桩柱承台水动力模型试验研究——第二部分:作用于群桩及承台上的波流力[J].水动力学研究与进展(A辑)(3):332-339.

李桂花,周生华,周纪煜,等,1993.地下连续墙垂直承载力试验研究[J].同济大学学报

（自然科学版）(4):575-580.

李建东,王旭,张延杰,等,2018.黄土地基地下连续墙基础竖向抗压特性试验研究[J].水利水运工程学报(5):89-94.

梁发云,袁周驰,梁轩,2023.深水桥墩地震响应离心振动台试验及数值模拟[J].建筑结构学报,44(7):93-104.

刘博,2015.井筒式地下连续墙桥梁基础的静力承载性能研究和动力响应分析[D].济南:山东建筑大学.

刘豆,耿大新,胡文韬,等,2020.超大直径空心变阶桩沉降算法研究及应用实例[J].地下空间与工程学报,16(2):577-582.

刘洪凯,伍程杰,俞峰,等,2013.路堤荷载下筒桩复合地基沉降的改进算法[J].岩土工程学报,35(S2):638-642.

刘明虎,2021.桥梁地下连续墙基础发展与展望[J].重庆交通大学学报(自然科学版),40(10):41-51.

刘明虎,张喜刚,赵君黎,等,2008.公路桥涵地基与基础设计规范(JTG D63—2007)地下连续墙编制介绍[J].公路(8),74-81.

刘云忠,戴国亮,龚维明,等,2010.黄土地区井筒式地下连续墙基础的长期监测与分析[J].岩土工程学报,32(S2):558-561.

刘占冲,2019.基于静载试验的预应力管桩基础沉降计算[J].科技创新与应用(14):15-17.

柳春光,王晓晓,2019.大跨度连续刚构桥在地震、波浪作用下的动力响应[J].水利与建筑工程学报,17(2):6

律文田,王永和,冷伍明,等,2005.预制静压桩静动载现场试验分析[J].岩土力学(2):251-255.

罗鑫,文华,邹娇丽,2017.变截面井筒式地下连续墙竖向承载性状分析[J].西南科技大学学报,32(1):46-51+69.

孟凡超,王仁贵,徐国平,2011.悬索桥[M].北京:人民交通出版社.

宋波,马勇,张尊科,等,2018.强震下梁与桥台碰撞特性及防撞防落梁措施研究[J].土木工程学报,51(S2):68-75.

宋章,程谦恭,2011.闭合型地下连续墙内土芯承载性状分析[J].高速铁路技术,2(6):18-26.

宋章,程谦恭,龚维明,等,2008.静载荷下黄土地基矩形地下连续墙现场试验研究[J].岩土力学(10):2713-2718.

宋章,程谦恭,李东,2011.闭合型地下连续墙竖向承载性状分析[J].铁道工程学报,28(10):59-65.

孙训方,方孝淑,关来泰,2019.材料力学[M].6版.北京:高等教育出版社.

唐孟雄,1997.地下连续墙竖向承载力弹性分析[J].广州建筑(4):2-6.

王洪,林雪,2017.浅谈地下连续墙桥梁基础研究现状[J].黑龙江科技信息(9):233.

王君杰,赖伟,胡世德,2011.深水高桩基础桥梁地震水动力效应分析[J].同济大学学报:自然科学版,39(5):6.

王磊,吕忠达,王飞,等,2025.深水大直径桥墩水下振动台试验研究[J].桥梁建设,55(1):110-116.

王哲,龚晓南,丁洲祥,等,2005.大直径薄壁灌注筒桩土芯对承载性状影响的试验及其理论研究[J].岩石力学与工程学报(21):118-123.

王哲,龚晓南,张玉国,2005.大直径灌注筒桩轴向荷载-沉降曲线的一种解析算法[J].建筑结构学报(4):123-129.

温清晖,王扬,2015.桥梁闭合型地下连续墙基础竖向承载性能研究[J].中国水运(下半月),15(2):220-222.

文华,程谦恭,陈晓东,等,2007a.矩形闭合地下连续墙桥梁基础竖向承载特性试验研究[J].岩土工程学报(12):1823-1830.

文华,程谦恭,孟凡超,等,2007b.矩形闭合墙桥梁基础墙-土-承台相互作用研究[J].土木工程学报(8):67-73.

文华,程谦恭,宋章,2008.矩形闭合地下连续墙基础负摩阻力模型试验研究[J].岩土工程学报(4):541-548.

文华,李梦妮,邹娇丽,等,2017.变截面井筒式地下连续墙竖向承载力计算研究[J].浙江工业大学学报,45(3):243-248.

吴九江,2014.软土地基格栅式地下连续墙与群桩桥梁基础竖向承载性状对比模型试验研究[J].岩土工程学报,36(9):1733-1744.

吴九江,2015.软土地基中格栅式地下连续墙桥梁基础竖向承载性状研究[D].成都:西南交通大学.

吴九江,2016.基于接触面参数反演的格栅式地下连续墙桥梁基础竖向承载特性数值分析[J].岩土工程学报,38(8):1456-1465.

吴九江,程谦恭,文华,2013.地下连续墙基础在日本的多样化发展[J].工业建筑,43(1):144-149.

吴九江,程谦恭,文华,等,2015.格栅式地下连续墙竖向载荷模型试验研究[J].岩石力学与工程学报,34(12):2580-2592.

夏才初,李永盛,1999.地下工程测试理论与监测技术[M].上海:同济大学出版社.

徐攸在,刘耀府,史玉良,等,1984.长期振动下桩的承载力[J].岩土工程学报(3):57-65.

杨俊杰,2005.相似理论与结构模型试验[M].武汉:武汉理工大学出版社.

杨龙才,郭庆海,周顺华,等,2005.高速铁路桥桩在轴向循环荷载长期作用下的承载和变形特性试验研究[J].岩石力学与工程学报(13):2362-2368.

张波,陈晓东,2010.闭合型地下连续墙基础竖向承载性能数值模拟[J].地球科学与环境学报,32(3):311-315.

张超,2019.深水桥墩流固耦合动力响应分析[D].西安:长安大学.

张超,郭小权,庞浩然,2018.流固耦合作用对深水空心桥墩的自振特性影响研究[J].国防交通工程与技术,16(5):37-41.

张仕旺,2019.深水桥墩的地震动水压力研究[D].哈尔滨:中国地震局工程力学研究所.

张兆亮,2020.多室型闭合地下连续墙基础的承载性状数值模拟研究[D].保定:河北大学.

中交公路规划设计院有限公司,2019.公路桥涵地基与基础设计规范:JTG 3363—2019[S].北京:人民交通出版社.

周宏磊,陶连金,王法,2011.非均质土层中钻孔灌注长桩竖向荷载传递模型及应用研究[J].土木工程学报,44(S1):142-146.

邹娇丽,2017.变截面井筒式地下连续墙桥梁基础竖向承载特性研究[D].绵阳:西南科技大学.

山田清臣,和田克哉,1995.地中連続壁による新しい基礎構造[J].土と基礎,43(11):51-54.

BASACK S, PURKAYASTHA R, 2007. Behaviour of single pile under lateral cyclic load in marine clay[J]. Asian Journal of Civil Engineering (Building and Housing), 8: 443-458.

BROMS B B,1964. Lateral resistance of piles in cohesionless soils[J]. Journal of the Soil Mechanics and Foundations Division,90(3):123-156.

CAO G, ZHU M X, GONG W M, et al., 2020. Dynamic response of axially loaded end-bearing rectangular closed diaphragm walls[J]. Zeitschrift für Naturforschung A,75(7):621-636.

CHEN Q G, WU J J, ZHANG S, et al., 2012. The behavior of a rectangular closed diaphragm wall when used as a bridge foundation[J]. Frontiers of Structural and Civil Engineering,6(4):398-420.

DING X, ZHANG T, LI P, et al., 2016. A theoretical analysis of the bearing performance of vertically loaded large-diameter pipe pile groups[J]. Journal of Ocean University of China. 13(15):57-68.

GOTO H, TOKI K, 1965. Vibrational characteristics and aseismic design of sub-merged bridge piers[J]. Memoirs of the Faculty of Engineering, Kyoto University,27(1):17-30.

LEI G H, SUN H S, 2014. An approximate analytical solution for calculatingground surface settlements due to diaphragm walling[J]. Computers and Geotechnics(61):108-115.

LIN S S, LIAO J C,1999. Permanent strains of piles in sand due to cyclic lateral loads[J]. Journal of Geotechnical and Geoenvironmental Engineering,125(9):798-802.

LITTLE R L, BRIAUD J L, 1988. Full scale cyclic lateral load tests on six single piles in sand[R]. College Station:Texas A&M University:1-150.

LIU H L, AN D, WEN S Q, 2007. Analytical solution to settlement of Cast-In-Situ Thin-Wall concrete pipe pile composite foundation[C]// SHI Y, VAN ALBADA G D,

DONGARRA J, et al (eds). Computational Science-ICCS 2007: 7th International Conference, Beijing, China, May 27-30, 2007, Proceedings, Part I. Berlin, Heidelberg: Springer:1228-1235.

LIU X, ZHANG H Q, YAN Z, et al., 2021. Research on bearing characteristics of grid composite foundation based on silt solidification[J]. Journal of Performance of Constructed Facilities, 35(5):04021070.

LITTLE R L, BRIAUD J L, 1988. Full scale cyclic lateral load tests on six single piles in sand[R]. College Station: Texas A&M University:1-150.

LONG J H, VANNESTE G, 1994. Effects of cyclic lateral loads on piles in sand[J]. Journal of Geotechnical Engineering, 120(1):225-244.

MAHERI M R, SEVERN R T, 1992. Experimental added-mass in modal vibration of cylindrical structures[J]. Engineering Structures, 14(3):163-175.

MATLOCK H, REESE L C, 1960. Generalized solutions for laterally loaded piles[J]. Journal of the Soil Mechanics and Foundations Division, 86(5):63-92.

QIANG O, ZHANG L, ZHAO M H, et al., 2019. Lateral displacement and internal force in diaphragm walls based on principle of minimum potential energy[J]. International Journal of Geomechanics, 19(6):04019055.

REESE L C, 1962. Ultimate resistance against a rigid cylinder moving laterally in a cohesionless soil[J]. Society of Petroleum Engineers Journal, 2(4):355-359.

ROSQUOËT F, THOREL L, GARNIER J, et al., 2007. Lateral cyclic loading of sand-installed piles[J]. Soils and Foundations, 47(5):821-832.

SWANE I C, POULOS H G, 1982. A theoretical study of the cyclic shakedown of laterally loaded piles[R]. Sydney: University of Sydney:1-85.

VESIĆ A S, 1973. Analysis of ultimate loads of shallow foundations[J]. Journal of the Soil Mechanics and Foundations Division, 99(1):45-73.

WANG L, ZHAO Q, WU J, 2023. Numerical study on the group wall effect of nodular diaphragm wall foundation in high-rise buildings[J]. Open Geosciences, 15(1):20220562.

WEN H, CHEN Q, 2009. Diaphragm wall-soil-cap interaction in rectangular-closed diaphragm-wall bridge foundations[J]. Frontiers of Architecture and Civil Engineering in China(3):93-100.

WU J S, HSUS H, 2006. A unified approach for the free vibration analysis of an elastically supported immersed uniform beam carrying an eccentric tip mass with rotary inertia[J]. Journal of Sound and Vibration, 291(3):1122-1147.

WU J, CHEN Q, WEN H, et al., 2016. A load transfer approach to rectangular closed diaphragm walls[J]. Institution of Civil Engineers(169):509-526.

WU J, WANG L J, CHENG Q G, 2017. Soil arching effect of Lattice-Shaped Diaphragm Wall as bridge foundation[J]. Frontiers of Structural and Civil Engineering, 11(4): 446-454.

YAJNHESWARAN B, AKSHAY P R, RAJASEKARAN C, et al., 2015. Effect of stiffness on performance of diaphragm wall[J]. Procedia Engineering(116): 343-349.